新商务系列之信息经济研究②

信息技术经济学

张才明 著

Q&A...

信息技术经济学

Q&A...

信息技术经济学

Q&A...

信息技术经济学

商务印书馆
创于1897 The Commercial Press

2012年·北京

图书在版编目(CIP)数据

信息技术经济学/张才明著. —北京：商务印书馆，2012
（新商务系列. 信息经济研究）
ISBN 978-7-100-08789-6

Ⅰ.①信… Ⅱ.①张… Ⅲ.①信息经济学：技术经济学
Ⅳ.①F062.5 ②F062.4

中国版本图书馆 CIP 数据核字(2011)第 240842 号

信息技术经济学

张才明 著

商 务 印 书 馆 出 版
（北京王府井大街36号　邮政编码100710）
商 务 印 书 馆 发 行
北京市松源印刷有限公司印刷
ISBN 978-7-100-08789-6

2012年11月第1版　开本 787×1092 1/16
2012年11月北京第1次印刷　印张 $23^1/_2$

定价：58.00 元

新商务系列丛书

新商务系列丛书总序

姜奇平

商务印书馆历来重视用人类创造的全部知识财富来丰富自己的头脑。其中一个重要取向，是不断用人类新的知识，更新国人旧的头脑。在上一个社会转型时期，商务印书馆通过对工业文明智慧渊源及思想果实的系统引进，为推动中国从农业社会向工业社会转型，提供了有力的智力支持；在下一个社会转型时期，必将通过对信息文明智慧渊源及思想果实的系统挖掘，为推动中国从工业社会向信息社会的转型再次提供智力支持。从这个意义上可以说，新商务，既是商务印书馆的历史，也是商务印书馆的未来。

我们推出这套“新商务”系列丛书的目的，就是继承商务印书馆的启蒙传统，抓住工业文明向信息文明转型的历史机遇，用下一代经济的先进理念，进行新商务启蒙，为迎接互联网带来的新商业文明浪潮，提供值得追随的智慧。

早在上世纪八十年代，托夫勒就预言人类将从单一品种大规模制造，转向小批量多品种的生产方式。以计算机和互联网为代表的先进生产力，有力推动了这一发展方式的转变。这是继农业生产方式转变为工业生产方式之后，人类发展方式又一次深刻的历史转变。从此，人依靠机器生产转变为机器围绕人生产成为可能，个性化制造和规模化协同创新有机结合将成为重要的生产方式。

人类上一次生产方式转变引发的世界范围的经济、社会、文化变化，包括欧美梦幻般的崛起，人们有目共睹；而对这一次意义更为深远的生产方式的转变，包括中国将对人类做出何种贡献，人们没有理由熟视无睹。

“新商务”系列丛书建立在对“下一代经济”核心理念的发现力之上，通过追踪生产方式转变的历史渊源、现实进展以及未来走向，从中发现新的经典，发现新的规则，发现新的方法。为此，丛书开辟“发现经典”、“发现规则”、“发现方法”三个子系列，以及“信息经济研究”等衍生的子系列。

“发现经典”系列，主要定位于从世界范围信息革命中发现驱动国家转型的力量。通过系统翻译和重新发现世界知名学者的新经济思想和经典著作，为人们探索下一代经济的元逻辑，提供思考线索。“发现规则”系列，主要定位于从中国信息革命的实践中发现具有普遍意义的游戏规则。通过汇集中国学者对新商务实践的总结，为提炼新商务规则提供进一步研究的基础。“发现方法”系列，定位于指导新商务实践。侧重对国内外新商务概念的归纳、对前沿商业模式及其本地化的阐释，以期推动理论与实践的良性循环与可持续发展。

与工业革命“新商务”思想成果的引进不同，除了具有共同特点外，“新商务”系列丛书具有一些特殊性，一是信息革命正在发生，有待成熟，经典、规则与方法都是相对的，在探索中难免失误，恳请读者以批判态度、宽容心态对待；二是中国与世界同步走上信息高速公路，相对以往，中国学者有了更多产生原创发现的机会和条件，我们将以开放心态力推新人，也希望读者与我们共同前行、共同提高。

春江水暖，先下水者当作先知；继往开来，新商务中敢为人先。让我们共勉。

千里之行　始于足下

初识才明，在2008年春天。当他把题为《信息技术经济学框架研究》的博士论文送来评审时，我便为他的选题眼前一亮。我本人也是学技术经济学的，近20年间一直以研究信息化领域的问题为主业。虽然经手的课题多以问题为导向的应用研究居多，需要综合运用多学科的知识，但技术经济学的理论方法工具毕竟用起来更加顺手。另一方面，信息技术经济学子学科的空白，又成为影响我们开展应用研究的制约因素。

因此，才明在完成了博士阶段的学习后，提出想与我合作，过来继续以信息技术经济学理论方法为对象进行博士后阶段的研究工作，这正与我们希望加强和发展技术经济学基础理论的想法不谋而合。于是，2009年9月，他顺利进入中国社科院数量经济与技术经济研究所博士后工作站。与其在站研究任务密切结合，他参加了分别由齐建国研究员和我本人主持的科技部委托课题和所学科建设重点课题，在其中有关信息技术经济学的研究中，发挥了十分重要的作用。

可见，即使不算此前的知识积累，本书也是作者自博士论文选题以来数年辛勤研究的成果。作为他博士后阶段的合作教授，我为本书的正式出版而感到由衷的高兴。祝贺才明！

在信息技术经济学这样一个新的分支学科进行开创性的研究是很不容易的。研究的难度，既来自技术经济学一般理论中不成熟或缺乏共识带来的困惑，又更来自信息技术经济问题本身的特殊性。如果说前者涉及诸多“历史遗留问题”，那么后者则更多是研究者需要面对的新颖挑战。

比如，信息技术不同于一般技术，它不是人的体力的延伸，而是作用于人的脑力；信息技术具有广泛的渗透性，在许多场合它是通过与其他载体、其他技术和非技术要素结合起来发挥作用；信息技术发展会极大降低信息要素的复制与传播成本，同时，知识产权的重要性空前凸显，等等。显然，这些都会影响到技术经济的费用效果评价和技术经济分析的其他方面。因此，现有的技术经济理论和方法在指导我们开展相关应用研究时，虽可以提供一般性指导，但又不能完全满足研究的需要，有必要针对信息技术的特殊性发展出适用的分支学科。

进入博士后工作站后，才明的研究工作得到中国社会科学院和数量经济与技术经济研究所的大力支持，课题被纳入到院、所两级“技术经济学学科建设”重大课题中。配合信息技术经济学基础理论研究，他还先后参与了中国社科院信息化研究中心的6项信息化应用课题，作为我们研究团队的一员，奔赴农村实地考察、组织学术研讨、进行问卷调查和数据分析、撰写研究报告和论文、开展学术交流并在学术会议上发表主题演讲，专业的科研基础和积极的工作态度令他的表现十分出色。2011年3月，才明以“信息技术经济学研究”为题提前完成了博士后出站工作报告，并获得评审专家的一致认同，出站报告成绩为“优秀”。这本书就是在他博士后出站报告的基础上完成的。

《信息技术经济学》一书思路清晰：从现实的信息技术经济问题入手，指出研究信息技术经济学的紧迫性和必然性；再分析如何构造信息技术经济学学科体系；继而根据技术经济学的一般原理和方法，结合信息技术特征，构建了信息技术经济学的学科体系，包括：信息技术经济学概论、信息技术经济学理论、信息技术经济学方法和信息技术经济学应用。全书内容丰富，比如，在信息技术经济学理论中，阐述了信息技术与经济的矛盾统一理论、信息技术经济生产要素理论、信息技术经济比较理论、信息技术时间价值理论和信息技术经济效果理论、信息技术经济标准理论、信息技术经济增长理论和信息技术经济风险控制理论八大理论；在信息技术经济学计算方法中，提出了信息技术经济效果计算方法、信息技术综合评价方法、信息技术经济比较计算方法、信息技术时间价值计算方法、信息技术经济增加值计算方法、信息技术经济标准计算方法、信息技术经济增长计算方法、信息技术经济风险控制方法、信息技术生产率计算方法和其他计算方法，等。

在理论上，《信息技术经济学》一书填补了国内信息技术经济学基础研究领域的空白，界定了信息技术经济的基本概念和研究对象、问题和内容，初步构建了一套较为完整的信息技术经济理论和方法体系；在实际应用上，书中除提出一般信息技术经济评价应用方法外，还以软件信息技术经济研究为专题，进一步阐述了如何应用信息技术经济学理论方法的问题。总之，这是一本理论价值和实际应用价值兼具的著作。完成这一研究，对于一位年轻的科研工作者来说，实属不易。这不仅需要不断探索和敢于创新的学术勇气，更需要扎实的专业基础和前沿知识。才明利用跟随我国技术经济学主要创始人徐寿波院士学习技术经济10多年的专业积累，利用在中国社会科学院数量经济与技术经济研究所形成的学科优势，利用在中国社科院信息化研究中心不断学习信息化理论和参与应用实践的便利，以博士论文和博士后科研工作报告为基础总结和提炼，形成专著，真是可喜可赞。

作为才明的博士后合作导师，我非常欣慰地看到他的专著《信息技术经济学》出版。我也非常乐意将这部专著推荐给关心和思考信息技术经济学发展和研究的学者同行、业内人士和广大读者。

当然，本书的出版仅仅是信息技术经济学理论与方法发展的一个起点。书中的某些观点方法可能还难免有不成熟之处，理论和方法都有待不断完善。更重要的是，当我们放眼实践，信息技术的创新历经半个多世纪快速发展至今仍处于“蜂聚期”，信息化的应用在明显改变当今社会面貌的基础上仍在向新的广度和深度拓展，层出不穷的实践问题呼唤着信息技术经济学更伟大的理论创新。千里之行，始于足下。通过《信息技术经济学》的出版，我希望才明在未来的学术生涯里继续前进，更希望有更多的学者尤其是青年学者关注和研究信息化和技术经济问题，关注和研究信息技术经济问题，为信息技术经济学的发展贡献力量。

中国社科院数量经济与技术经济研究所研究员
中国社科院信息化研究中心主任、博士生导师

致　谢

本书的形成首先要感谢中国工程院徐寿波院士。他一直非常关心信息技术经济学的研究进展，经常询问，至今还经常给予我很多具体指导。徐院士是我硕士、博士导师。可以说我是在他的引领下进入了技术经济的学术殿堂，包括信息技术经济学的研究课题，也是在他的直接指导下开启的。我相信未来还会获得他的更多指导！感谢徐老师！

我还要真诚感谢我亦师亦友的博士后合作导师汪向东研究员。汪老师指导我的过程真正体现了大家风范，认真负责的学术态度和温文尔雅修养都让我折服不已。汪老师常常和我讨论学术课题的研究方法、方向和一些注意事项，却又不限制我的思维，保证了我不发生方向错误又让我拥有充分的学术自由。和汪老师的合作真正让我感觉到做学问从未有过的“舒服”。本书的完成很大功劳在于汪老师。也感谢师母丁老师的支持和鼓励。她让我感到温暖。感谢一汀，和一汀的交流让我感觉到年轻，感到轻松。

感谢姜奇平老师。和姜老师讨论学术和课题问题，是非常愉快和开心的事情。姜老师常常大量阅读和分析文献，常常第一时间拥有最新数据。姜老师在学术和课题上的精彩观点和精辟分析不仅仅体现了他深睿的智慧，也折射出他一贯勤奋的作风，让我仰慕不止，是我学习的楷模。同时感谢他对本书的认可，并推荐出版！

我还要感谢同研究室的叶秀敏博士、周红老师。非常幸运能和这么优秀与和谐的团队在一起学习和工作。

也感谢社科院数技所的领导和其他老师的帮助和支持！尤其是齐建国副所长、王宏伟老师等都在学习和工作上给我很多帮助。

最后特别要感谢的是商务印书馆的范海燕主任。没有姜老师、范主任和商务印书馆的支持，本书难以出版发行！

感谢我的家人！

感谢本书的所有文献作者！

张才明

2011年8月15日

前　言

本书是作者在博士毕业论文和博士后科研工作报告的基础上，在承担并完成国家科技部重大专项课题《技术经济方法研究》（批准号：2009IM020400）的子课题《信息技术经济评价》和中国社会科学院数量经济与技术经济研究所重大科研课题《信息技术经济学研究》两个课题的基础上，从技术经济学的角度进行深入和系统的研究信息技术经济问题，最后形成《信息技术经济学》一文。

本书从现实的信息技术经济问题入手，分析提出和研究信息技术经济学的紧迫性和必然性，回答为什么要提出信息技术经济学研究这个课题；然后再分析如何构造信息技术经济学学科体系，分析构造信息技术经济学学科体系的原则和方法，从而回答为什么是这样的一个学科体系；再根据技术经济学的一般原理和方法，结合信息技术特征，同时借鉴工程经济学、信息经济学等相关理论和方法，归纳并提出技术经济学分支学科——信息技术经济学学科体系及其大致组成内容，包括信息技术经济学概论、信息技术经济学理论、信息技术经济学方法和信息技术经济学应用，以及信息技术经济学与信息经济学的异同分析。在此信息技术经济学基础上，还对信息技术经济评价理论与方法和软件技术经济理论与方法进行专项实证性研究。

归纳起来，本书路径是：现实信息技术经济问题——信息技术经济学研究的紧迫性和必要性——如何构建信息技术经济学——信息技术经济学学科体系构造（概论、理论、方法和应用）——信息技术经济评价理论与方法——软件技术经济理论与方法——信息技术经济学与信息经济学异同分析。总体分为三部分：信息技术经济学提出背景、信息技术经济学学科体系和信息技术经济学实证体系，如图：

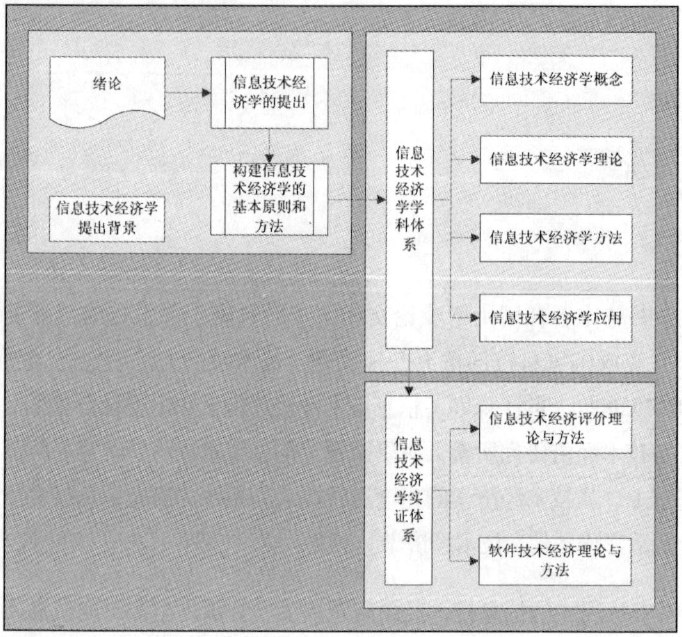

本书力图在以下几点做出一些尝试创新：

一是提出了构建信息技术经济学应该遵循的原则及构建信息技术经济学的流程和方法。本书详细地从科学的客观发展规律和学科的客观发展规律上、结合信息技术本身的发展规律以及技术经济学一般体系、技术经济学分支学科五个方面阐述了构建信息技术经济学应该遵循的原则；从一般学科构建流程规律阐述了信息技术经济学的构建流程和方法。

二是努力提出了一个初步系统的信息技术经济学学科体系以及其基本构成内容：即信息技术经济学概论、信息技术经济学理论、信息技术经济学方法和信息技术经济学应用，并把每一部分进行充实和丰富，使得初步有了一个系统的学科框架体系。

三是把一般技术经济理论引入到信息技术经济理论研究领域，并结合信息技术特征讨论了八大信息技术经济理论：即信息技术与经济的矛盾统一理论、信息技术经济学生产要素理论、信息技术经济比较理论、信息技术时间价值理论、信息技术经济效果理论、信息技术经济标准理论、信息技术经济增长理论和信息技术经济风险控制理论。其中在信息技术经济效果理论和信息技术经济增长理论进行尝试创新：提出信息技术经济效果理论模型和信息技术经济增长理论模型。

四是把一般技术经济方法引入到信息技术经济方法研究领域，结合信息技术特征，阐述了十大信息技术经济学方法，即信息技术经济效果计算方法、信息技术综合评价方法、信息技术经济比较计算方法、信息技术时间价值计算方法、信息技术经济增加值计算方法、信息技术经济标准计算方法、信息技术经济价格计算方法、信息技术经济增长计算方法和信息技术经济风险控制方法等。其中在信息技术经济效果计算方法和信息技术经济增长计算方法上进行了努力创新：提出五种信息技术经济效果系数的计算方法和信息技术经济效果的计算方法及预测方法；提出宏观和中观信息技术经济增长计算模型和方法，并以数据校验。

五是参考一般技术经济综合评价方法，结合信息技术的特征，提出了信息技术经济评价指标体系，即基于技术评价、经济评价、社会评价、环境与资源评价、战略评价五个方面的综合评价指标体系，并借鉴一般技术经济定量评价模型方法，给出可定量计算模型。

六是对软件技术经济进行系统的研究，分别在软件技术的经济性分析上、软件技术全要素生产率分析上和软件开发、比较和应用评价理论和方法上进行深入研究和分析。提出了软件技术的外部正效应及需求、成本、供给和市场均衡特征，以及盗版软件市场的修正理论和方法；提出了软件技术全要素生产率的估算方法，并通过实证得出政策建议；提出了软件技术开发评价指标和方法。

本书除了上述创新的内容外，还进行了其他方面的首次探索，包括从社会经济发展的客观要求和信息技术发展的内在要求上阐述构建信息技术经济学的紧迫性和必要性，对信息技术进行了软硬分类，对信息技术经济学与信息经济学的异同进行了分析等。

毫无疑问，由于笔者的水平有限，以及研究的时间限制，离真正完全掌握信息技术经济学还有距离，期待在未来的学术生涯中，继续从事信息技术经济学的研究，继续为信息技术经济学的建设和发展做出努力和尝试。

张才明

2011年8月15日于北京

目录

图索引

表索引

1

绪论

1 绪论

1.1 背景及意义

1.1.1 背景

随着信息技术的不断进步和社会经济的不断发展，人们碰到的信息技术经济问题越来越多，人们要解决的信息技术经济问题也越来越多。信息技术拥有一般通用目的技术的特点，又不同于一般通用目的技术。信息技术通常是通过作用于脑而产生经济效果，一般通用目的技术是作用于人的体力而产生经济效果。信息技术的应用特征使得有必要在基于一般技术经济理论和方法基础上开展系统的信息技术经济研究，为技术经济学分支学科的发展和丰富做出努力。

本人硕士、博士导师都是老一辈技术经济学者、中国工程院徐寿波院士。我从事研究的课题和学术方向都是技术经济，至今十多年。我进入中国社会科学院数量经济与技术经济研究所做博士后期间，中国社会科学院数量经济与技术经济研究所设立了一个由本人合作导师汪向东研究员主持的重大研究项目:《信息技术经济学研究》。该项目也是《技术经济学学科建设》重大课题的重要组成部分，本人作为核心研究人员承担项目研究。2009年年底，国家科技部给中国社会科学院数量经济与技术经济研究所下达了重大专项课题《技术经济方法研究》（批准号：2009IM020400）。本人作为主要研究人员完成了其中的子课题《信息技术经济评价》部分。依托上述研究课题，本人博士后出站报告选定了《信息技术经济学研究》一题，并形成了近30万字的博士后科研工作报告。

在上述科研成果的基础上，经过加工整理和删改，形成本书《信息技术经济学》。

1.1.2 意义

信息技术经济学的研究和提出，具有很重要的理论和实践意义。

A. 在理论方面：

一是通过信息技术经济学研究，可以为人们创建一门新的技术经济学分支学科——信息技术经济学提供一定的参考基础。信息技术经济学面对特殊的研究对象，探讨和揭示信息技术与经济的关系和发展变化规律，从而形成有别于技术经济学其他分支学科的理论和方法体系；形成信息技术经济学理论和方法体系。

二是通过信息技术经济学研究，扩大和延伸技术经济学的研究空间，有助于技术经济学学科体系的丰富和发展。具有自身特殊性的信息技术和信息化领域的特殊问题，以及具有信息技术本身特点的信息技术经济理论和方法体系对技术经济学学科建设与发展具有重要作用和积极意义。

B. 在实践方面：

一是通过信息技术经济学研究，运用信息技术经济效果评价理论和方法，有助于人们选出较优的信息技术方案，以便减少信息技术风险和不良后果，科学利用先进的信息技术，提高社会经济活动的效率和效益。

二是通过信息技术经济学研究，运用信息技术经济增长理论和方法，揭示信息技术与社会经济发展的相互关系和客观规律；促进技术创新与进步，促进信息化的发展，实现信息化带动工业化，为国民经济发展提供强劲支持。

三是通过信息技术经济学研究，运用信息技术经济评价理论和方法，有助于人们解决各种信息技术经济评价和评估问题，从而平衡信息化过程中不同主体之间的利益关系，增进信息化应用主体的经济福利，并促进信息化过程中社会整体利益的最大化。

四是通过信息技术经济学研究，综合运用信息技术科学，经济科学和管理科学，有助于国家、经济部门和企事业单位甚至个人的各种宏观、微观信息技术上的决策建立在科学基础上，不断提高科学决策能力和经营管理水平。

1.2 国内外研究现状

1.2.1 国内研究现状

20世纪以来，我国有很多信息经济学和管理学专家进行过一些有关问题的研究，并取得了一系列研究成果。上世纪末，国内一些研究机构对信息技术与宏观经济发展的关系就做过专门研究。例如，原邮电部电信研究院技术经济研究中心利用相关分析的方法，得出了电信发展对于国民经济具有强大的促进作用；原电子部的专家经过实证研究，认为信息技术在改造传统产业方面投入产出一般都有1:4以上的“倍增”，有些领域甚至达到1:20以上。2000年，中国社科院数量经技所的李晓东博士在其学位论文及后来出版的专著中，讨论了信息技术与经济结构调整之间的关系①。文章中详细论述了信息技术在我国经济结构调整中的地位与作用；提出了信息技术日益成为全球经济结构调整的决定因素；并且测算出我国工业间接信息产业部门的感应度②为7.4228，其基本含义是信息产业部门每提高一个点的产值，社会整体的经济产值将被拉动提高到7.4228点的水平，说明了信息产业部门在经济结构中的重要位置和影响。2000年6月，《中国软科学》杂志刊登了复旦大学管理学院李子卯的文章《信息技术经济研究现状与展望》③。文章详细总结出了国内现有信息技术经济研究主要分布在信息技术与组织管理，信息技术生产力，信息技术（软件）工程经济，信息技术项目组织形式、跨组织信息系统管理与竞争，跨组织系统与企业供应链、战略联盟和虚拟组织六个方面，并介绍了这六个方面的研究现状和取得的成果。作者在信息技术经济研究展望中还提出了信息技术经济研究现存的两大挑战：一是建立跨学科的系统研究方法、改变问题驱动的研究方法；二是准确测定或预测信息技术（项目）的价值及价值充分实现的途径。这六个信息技术经济方面的研究内容和本书将要研究的内容有很大不同。本书研究的是信息技术

① 李晓东 .www.people.com.cn 财经 \ 宏观［J］. 北京：2000年08月02日 .

② 感应度：是对于产业结构影响的一个参数指标，主要反映某一产业对经济结构的影响 .

③ 李子卯 . 信息技术经济研究现状与展望［J］. 北京：中国软科学 .2000年6月 . 第40 ~ 45页 .

经济学学科体系及其组成内容，而李子卯没有提出信息技术经济学学科体系及其内容，但在文章的关键词中首次提出了“信息技术经济学”字样，这为本书的研究提供了一定参考，特别是作者提到的两大挑战也正是本书研究的目的之一。2001年周先波先生公开出版了《信息产业与信息技术的经济计量分析》[①]一书。书中论述了信息与信息化指数测算模型和计量方法方面的进展和改进工作，讨论了信息需求及其弹性的经济计量分析；系统阐述了信息产业的投入产出分析；并分析了通信投资与经济增长的关系、通信需求量与价格弹性的关系以及长途固定电话的经济计量问题等内容。2002年吉林大学靖继鹏教授出版了新的《应用信息经济学》[②]，书中对信息、信息商品、信息产业、信息资源等进行分析，详细讨论了信息技术与社会经济发展的关系、信息经济测度理论和方法、信息经济的效益评价等问题。同年8月，张小蒂和倪云虎出版《网络经济》[③]一书。书中以互联网应用为主的网络为研究对象，利用经济学原理和方法，介绍和分析了网络与网络产品、网络需求分析、供给分析、市场均衡与正反馈分析、消费者行为分析、网络企业组织与行为分析等内容。2003年公开出版的汪向东研究员等著的《中国：面对互联网时代的“新经济”》，研究了信息技术的典型代表互联网技术对经济的影响和传统技术有极大不同，互联网经济或新经济在宏观上表现为“一高三低”：高经济增长、低失业、低通货膨胀和低财政赤字；在资源投入、技术特征、市场竞争、企业运行、组织方式、规制政等各个方面表现不同[④]。该著作还提出了基于信息技术特点，“新经济”对经济和社会的发展带来深远的影响。2003年清华大学的王斌在其硕士论文《信息技术产业与经济增长的关系研究》中研究信息技术产业的发展和经济增长以及生产率之间的相互关系。2003年许晶华先生出版了专著《信息技术与经济增长——理论、方法与实证研究》[⑤]。专著中从信息技术的内生性和外部性以及产业聚

① 周先波．信息产业与信息技术的经济计量分析［M］．广州：中山大学出版社．2001年．
② 靖继鹏．应用信息经济学［M］．北京：科学出版社．2002年．
③ 张小蒂 倪云虎．网络经济［M］．北京：高等教育出版社．2002年．
④ 汪向东等．中国：面对互联网时代的“新经济”［M］．北京：三联书店出版．2003年．第10～15页．
⑤ 许晶华．信息技术与经济增长——理论、方法与实证研究［M］．兰州：兰州大学出版社．2003年．

集问题入手，对信息技术促进经济增长进行了较全面的研究，并对发达国家、新兴工业化国家和中国进行了实证分析。2003年，由中国生产力促进中心协会和国家行业标准工作组编著的《企业信息化技术规范》从书开始发行，开始了企业应用软件商品化的技术标准方面研究。2005年马费成、靖继鹏教授共同主编了《信息经济分析》①，书中大量运用产业组织理论和方法对信息、信息技术、信息产品和信息市场进行经济分析，同时还提到了信息系统的经济分析、信息技术的评价与选择等内容。

2006年笔者在《北京交通大学学报》上发表了《构建信息技术经济学学科体系》，第一次提出建立信息技术经济学学科体系，2007年又在《中国国情国力》上发表了《应重视信息技术经济效果评价》，提出了信息技术经济效果评价思路和方法。2008年蒋训林发表文章《我国信息技术产业的投入产出分析》，成系统地运用投入产出表，计算出直接消耗系数矩阵和列昂惕夫逆矩阵，探讨了信息技术产业与其他产业之间的结构关系。2008年笔者在博士论文《信息技术经济学框架研究》中正式提出了信息技术经济学框架内容：信息技术经济概论、信息技术经济理论、信息技术经济方法和信息技术经济应用。同年6月笔者发表《信息技术的概念与分类问题研究》，被《新华文摘》2008年10月转载。2009年1月，成红和张中培发表了《信息化战略及信息化对社会的综合影响研究》，论文分析了信息化对经济、管理和生产要求的影响；2009年3月梁水源发表了《北美企业信息技术经济效益的内审评估》，介绍了加拿大从管理会计的角度对企业信息技术经济效益的评估方法。2010年张红历、周勤和王成璋在《中国软科学》上发表《信息技术、网络效应与区域经济增长：基于空间视角的实证分析》，得出了信息技术发展对我国省域经济增长有显著促进作用，省域间经济增长有显著的空间溢出效应，但是信息技术发展自身的空间溢出对经济增长的促进作用还不显著的结论。2011年3月，马艳和郭白滢在《经济学家》杂志中发表《网络经济虚拟性的理论分析与实证检验》，以马克思的劳动价值论为基础，结合网络经济虚拟性的根本特征，对网络经济发展过程中不同阶段表现出

① 马费成，靖继鹏．信息经济分析［M］．北京：科学技术文献出版社．2005年．

的特征给出一个政治经济学的解释。

自1995年开始，在原国家信息办的主导下，国内一些研究机构和专家开始进行信息化测评理论方法的探讨和实测工作，逐步形成一系列成果。世纪之交，国家信息化的测评被正式纳入信息产业部官方认可的信息化推进工作体系，在政府的支持下成立了专门的信息化测评机构。近十年，国内信息化的测评从国家信息化向企业信息化、政府信息化、部门信息化等领域不断拓展，相关的理论方法也不断得到深化和发展。

上述学者研究这些与信息技术经济有关问题时大部分都运用信息经济学的理论和方法，也就是经济学的理论和方法，取得了很多研究成果。笔者归纳这些成果大致如下：一是在信息经济研究领域，而且大部分是信息产业、信息商品、信息经济等有关问题的研究。这部分学者研究的方法主要是从信息不对称和信息属性上入手。二是在信息管理研究领域，这部分学者涉及某些具体的信息技术经济问题的研究，比如信息技术的选择和评价、企业管理信息系统的选择和评价、企业信息化测评等方面的研究，有的还给出了企业信息化的相关标准等。三是在信息技术科学研究领域，主要是信息技术方面的自然科学研究者，由于信息技术是其重要的研究对象，不可避免地也会涉及信息技术经济问题。比如信息技术特点和特征、信息技术的技术评价指标和标准、信息技术的可行性、生命周期等分析。四是在情报图书管理学研究领域，这主要是由于情报图书管理学与信息经济学的交叉所造成。

以上研究成果都有重大意义。笔者认为：一、不同学科有不同的理论和方法，即使对同一个具体问题，也可以从不同的学科角度进行研究；用经济学理论和方法解决的问题可以叫信息经济问题；用管理学理论和方法解决的问题可以叫信息管理问题；用技术经济学理论和方法解决的问题可以称为信息技术经济问题。上述学者的研究角度绝大部分是从经济学或管理学理论和方法的角度，而本书的研究角度是从技术经济学理论和方法的角度进行研究，“技术经济学理论和方法具有明显的中国特色[①]”，

① [瑞典] 埃里克·达克 李和译. 中国的技术经济学 [J]. 北京：数量技术经济译丛. 1983年1月.

本书的着力点就是把一般技术经济理论和方法引入信息技术领域。二、从构建一个基于有中国特色的技术经济学理论和方法上的分支学科——信息技术经济学的角度看，这些研究成果提供了一个很好的基础，但还处于学科体系的“混沌”状态，没有形成一个成系统的学科体系。

从文献调研来看，目前只查到李小卯在发表的文章中，把信息技术经济学作为一个专门的关键词提出来了。站在技术经济学的角度看，作为一门成系统的专门学科体系或学科来说，信息技术经济学和信息技术经济学学科体系及其基本组成内容还未见于相关文献，因此有必要开展这方面的研究。

1.2.2 国外研究现状

在国外，由于信息技术的发展比我国要快，在其社会经济活动中，信息技术所发挥的作用也比我国要大得多。因而早在上世纪就有专家进行信息技术的经济性问题研究，这些研究都是从经济学角度进行的，注重经济性分析。技术经济学是侧重于技术和经济并重的一个应用性学科。在国外无论是学科理论、方法，还是学科名词，都是没有技术经济学这门中国特色的学科[①]，也没有作为技术经济学分支学科的信息技术经济学。国外学者研究信息技术经济问题都是采用经济学的基本理论和方法，从西方经济学的角度来研究具体的信息技术的经济性问题。近年来国外又出现了运用产业组织理论和分析方法来研究信息技术的经济性问题。

1999年戴尔·W. 乔根森（Dale W. Jorgenson）和凯文·J. 斯提洛（Kevin J. Stiroh）利用经济增长理论分析了信息技术对经济增长的贡献[②]。他们还专门用美国近20年的经济增长速度为例，来力图实证信息技术与经济增长的倍增关系。2000年，第一本关于信息技术的经济

① [瑞典] 埃里克·达克 李和译. 中国的技术经济学 [J]. 北京：数量技术经济译丛. 1983年1月.

② Dale W.Jorgenson and Kevin J.Stiroh.Information Technology and Growth [M]. USA:MIT Press.January 11. 1999.

性分析方面的书籍公开发行。琳达·罗（Linda Low）出版了《信息技术和媒体的经济学》[①]一书。书中运用产业经济学的基本理论和方法，详细讨论了信息技术的市场结构、竞争均衡和产品定价、企业经营和人力资源策略以及政府政策等。2001年7月，加利福尼亚大学伯克利分校的哈尔·R.范里安（Hal R. Varian）教授出版论文集[②]：文集中利用经济学中常用的价格理论、竞争理论和边际方法，讨论了信息技术的边际成本、收益和范围；分析了信息技术价格问题和市场竞争问题；解析了信息技术领域的竞争与垄断的双重现实问题等。2003年，淳·阿克拉河（Atsushi Akera）和阿亚拉·迦南（Ayala Canaan）等运用管制经济学的基本原理和方法讨论了信息技术的价值和影响以及国家应该采取的管制政策[③]。2003年，美国德克萨斯州大学的哈桑·卡乌索格卢（Hasan Cavusoglu）教授发表专著*The Economics of Information Technology Investments*，提出了信息技术投资的回报计算问题，并且提出什么样的信息技术值得投资，什么样的信息技术不值得投资。2005年，著名学者埃里克·塞文特（Eric Thivant）和雷特·布齐迪（Laid Bouzidi）合作出版了*The Economics of Information Technologies Standards*，首次从经济学的角度提出了信息技术标准问题，而不是仅仅从技术本身考虑。2006年5月，著名的信息经济学者哈尔·R.范里安和他的两位加利福尼亚大学伯克利分校同事约瑟夫·法雷尔（Joseph Farrell）和卡尔·夏皮罗（Carl Shapiro）一起重新出版了*The Economics of Information Technology*[④]，该书可以说是代表西方国家对信息技术经济学的最新成果，基本上包含了目前所有经济学界对信息技术经济的理解，涵盖了信息技术与市场结构、产品定价、边际成本与收益、规模经济、需求与供

---

① Linda Low.Economics of Information Technology & the Media［M］.USA:MIT Press.March . 2000.

② Hal R. Varian. Economics of Information Technology［M］.USA: California University Press. 2001.

③ Atsushi Akera Ayala Cnaan Ken Fleischmann Chou Chun Bo Ma.The Politics and Economics of Information Technology［M］.USA:Simon Press.Spring. 2003.

④ Hal R. Varian, Joseph Farrell, Carl Shapiro.*The Economics of Information Technology*［M］. England: Cambridge University Press. 2006.

给、竞争均衡与信息技术标准、信息技术产业的聚集性、知识产权与产业规制等多个方面的内容。

近年来，国外对信息技术与知识管理方面的研究成为主要热点之一。2008年4月，马塞洛·雷森迪（Marcelo Resende）在*Latin American Business Review*刊物上发表“Information Technology and Organizational Practices: An Exploratory Sectoral Analysis”[①]，分析并对比了信息技术的应用与组织实践变革对绩效的影响，他采用两组实证数据，一组反映采用的信息技术水平包括微机应用、软件和网络应用等；另一组反映采用现代组织实践包括采用全面质量管理、统计控制、内部准时制和改进组等做对比分析，发现广泛应用信息技术的企业更容易实现组织变革和实践，绩效更为突出，且呈现正向且显著的相关性。2008年12月，罗伯特·尤魏勒（Robert Urwiler）和马克·弗雷利克（Mark N. Frolick）在*Information Systems Management*杂志上发表“The IT Value Hierarchy: Using Maslow's Hierarchy of Needs as a Metaphor for Gauging the Maturity Level of Information Technology Use within Competitive Organizations”[②]，从马斯洛的层次理论出发，推导出信息技术的应用在竞争力的组织成熟度模型，更好地解释和讨论价值日益复杂的信息技术在广大企业内的使用。2009年12月彼得·E. 厄尔（Peter E. Earl）发表了“Information Technology and the Economics of Storing, Spreading and Generating Knowledge”[③]，论文讨论信息技术在知识生产、扩散和存储中的价值作用，尤其是在线知识的零边际成本的扩散和出版，使得信息技术革命将为获取知识产生更大的平等，其效率影响也

① Marcelo Resende.Information Technology and Organizational Practices: An Exploratory Sectoral Analysis [J] .Latin American Business Review: Routledge (STJD): 2008 ~ 04.

② Robert Urwiler; Mark N. Fralick.The IT Value Hierarchy: Using Maslow's Hierarchy of Needs as a Metaphor for Gauging the Maturity Level of Information Technology Use within Competitive Organizations [J] .Information Systems Management: Taylor & Francis (STJD): 2008 ~ 12.

③ Peter E. Earl.Information Technology and the Economics of Storing, Spreading and Generating Knowledge [J] .Prometheus:Routledge (STJD). 2009 ~ 12.

将更为广泛。同年，苏珊娜·佩鲁斯·洛佩斯（Susana Pérez López）、乔斯·曼纽尔·蒙特斯·匹昂（José Manuel Montes Peón）和卡米洛·乔斯·瓦兹奎斯·奥尔达斯（Camilo José Vázquez Ordás）等发表了“*Information Technology as an Enabler Of Knowledge Management: An Empirical Analysis*”①，他们实证研究了162家西班牙公司，发现信息技术的应用对工作发现能力有直接影响，工作能力绩效有赖于知识管理的过程：知识生成、知识转移、知识编码和储存，而这些与信息技术密不可分。2011年1月，洛克努扎曼（Rokonuzzaman）、M. 乔杜里（M. Choudhury）和基尔提·普拉萨得（Kiriti Prasad）在 *Journal of Software* 上发表“Economics of Software Reuse and Market Positioning for Customized Software Solutions ”一文，从经济学的成本与费用效率角度讨论了软件开发重用率中的共性和客户化市场需求的个性如何糅合以达到平衡的问题。

在国外，相关的学科还有工程经济学、信息经济学、管理学等学科。这些学科的部分理论和方法对研究信息技术经济问题也有很多值得借鉴的地方。

归纳国内外的研究现状，可以发现：所有的有关信息技术经济问题的研究理论与方法都是经济学理论和方法，所有的研究领域和成果都可以看作是从属于信息经济学或经济学范畴。无论从国内还是国外来看，专门从技术经济学的角度研究信息技术与经济之间的关系目前还未见相关文献。大部分国内外学者都是从经济学的角度来研究信息技术的经济性。从某种程度上看，这也是由于技术经济学的中国特色和中国技术经济学学科本身发展造成的。国外由于没有这门技术经济学，因而也不存在利用技术经济学的理论和方法来分析信息技术经济问题，更谈不上它的分支学科——信息技术经济学的研究。国内由于信息技术的发展相对落后于国外，加上近年来西方经济学的兴起，造成了国内学者利用技术

---

① Susana Pérez López;José Manuel Montes Peón;Camilo José Vázquez Ordás.Information Technology as an Enabler Of Knowledge Management: An Empirical Analysis［J］. Knowledge Management and Organizational Learning: Springer US: 2009 ~ 05.

经济学理论和方法来分析信息技术经济问题的缺乏，相反利用经济学理论和方法来讨论信息技术经济问题却越来越增多。我国技术经济学学科本身近年来的发展，尤其是理论和方法上的发展缓慢，客观上也造成了利用技术经济理论和方法体系来研究信息技术经济问题的不足。本书探讨的是利用技术经济学理论和方法分析信息技术经济问题，并努力构建和阐述技术经济学一门新的分支学科——信息技术经济学的基本学科体系及其组成内容。为了实证信息技术经济理论和方法体系，本书还将开展信息技术经济评价和软件技术经济研究。

1.3 思路与方法

本书的研究思路是从现实的信息技术经济问题入手，分析研究信息技术经济学的紧迫性和必然性，回答为什么要提出信息技术经济学研究这个课题；然后再分析如何构造信息技术经济学学科体系，分析构造信息技术经济学学科体系的原则和方法，从而回答为什么是这样的一个学科框架；再根据技术经济学的一般原理和方法，结合信息技术特征，同时借鉴工程经济学、信息经济学等相关理论和方法，归纳并提出技术经济学分支学科——信息技术经济学学科体系及其大致组成内容，包括信息技术经济学概论、信息技术经济学理论、信息技术经济学方法和信息技术经济学应用以及信息技术经济学与信息经济学的异同分析。在信息技术经济学基础上，本书还将对信息技术经济评价进行研究，依托中国社会科学院数量经济与技术经济研究所承担的科技部课题：技术经济方法研究[①]，也作为承担子课题"信息技术经济评价"的研究成果，提出信息技术经济评价指标和模型。

归纳起来，本书总的研究思路是：现实信息技术经济问题—信息技术经济学研究的紧迫性和必要性—如何构建信息技术经济学—信息技术经济学学科体系构造（信息技术经济学概论、信息技术经济学理

① 国家科技部重大科研项目：技术经济方法研究（批准号：2009IM020400）.

论、信息技术经济学方法和信息技术经济学应用）—信息技术经济评价理论与方法研究—软件技术经济理论与方法研究—信息技术经济学与信息经济学异同分析—总结。信息技术经济评价理论与方法研究和软件技术经济理论与方法研究都是从实证应用角度进行信息技术经济研究。

本书将主要采取定性分析与定量分析相结合、调查问卷、案例法和实地访谈、逻辑推理和概括相结合、理论研究和实证研究相结合、归纳与总结相结合的方法，同时还将采用微观分析与宏观分析相结合，个案研究与总体研究相结合、纵向比较与横向比较相结合等方法来进行研究。在把握技术经济学的一般理论与方法的基础上，力图准确把握信息技术经济学这一分支学科的特殊性，提出一个相对完善的信息技术经济学学科基本体系，并尽量充实和完善其组成内容。

1.4 本书的内容结构安排

本书的内容结构一共分为8章。

第1章绪论部分，分5节。第1节介绍本书的研究背景和意义；第2节介绍国内外有关的研究现状；第3节介绍本书的研究思路和方法；第4节介绍本书的内容结构安排；第5节是本章小结。

第2章信息技术经济研究的提出，包括5节。第1节阐述信息技术经济学是技术经济学重要的新兴研究领域；第2节论述了信息技术经济学研究丰富和发展了技术经济学理论和方法，客观上和主观上能够促使技术经济学学科的发展；第3节从社会经济发展的客观要求阐述了开展信息技术经济学研究的紧迫性；第4节从信息技术发展的内在要求阐述开展信息技术经济学研究的必然性；第5节是本章小结。

第3章构建信息技术经济学的基本原则和方法，分4节。第1节从科学的发展规律、学科的发展规律、技术经济学一般体系、信息技术的发展规律和其他技术经济学分支学科体系五个方面阐述构建信息技术经济学时应该遵循的原则；第2节阐述学科体系构建的一般流程和信息技术经济学学科的构建方法，以及信息技术经济学学科体系及其基本组成内容的简单介绍；第3节论述信息技术经济学特点；第4节是本章小结。

第4章信息技术经济学。本章是本书的重点部分，一共分为5节。第1节是信息技术经济学概论。第1节第1小节介绍信息技术经济学的有关基本概念，包括信息的概念与分类、信息技术的概念与分类、新一代信息技术、重点发展的关键信息技术、信息技术产业概念与分类、信息技术的特征、信息技术的生命周期发展规律、信息技术的作用、经济与技术经济、信息技术经济的概念。本节重点内容落在信息技术的概念及其软、硬分类的必要性，分析为什么要进行信息技术的软、硬分类及其好处以及信息技术的特征和作用。第1节第2小节介绍信息技术经济学的研究对象，第1节第3小节介绍信息技术经济学的研究目的和意义，第1节第4小节介绍信息技术经济学的研究任务和内容，第1节第5小节介绍信息技术经济学的研究方法和程序等。第2节是信息技术经济学理论，包括8小节。分别是信息技术与经济的矛盾统一理论、信息技术经济学生产要素理论、信息技术经济比较理论、信息技术时间价值理论、信息技术经济效果理论、信息技术经济标准理论、信息技术经济增长理论和信息技术经济风险控制理论。第3节是信息技术经济学方法，包括11小节。分别是信息技术经济效果计算方法、信息技术综合评价方法、信息技术经济比较计算方法、信息技术时间价值计算方法、信息技术经济增加值计算方法、信息技术经济标准计算方法、信息技术经济价格计算方法、信息技术经济增长计算方法、信息技术经济风险控制方法、信息技术全要素生产率计算方法和其他计算方法等。第4节是信息技术经济学应用，从宏观经济和微观经济两小节来介绍信息技术经济学的应用。第5节是本章小结。

第5章信息技术经济评价理论与方法，分4节。第1节阐述了信息技术经济评价原则。第2节详细阐述了信息技术经济评价理论，分别建立了信息技术经济评价的技术评价指标、经济评价指标、社会评价指标、环境与资源评价指标、战略评价指标五大评价指标体系。第3节介绍了信息技术经济评价方法与模型。第4节是本章小结。

第6章软件技术经济理论与方法。也是本书重要部分之一，分7节。第1节是软件技术，阐述了软件技术的概念、分类和特征。第2节是软件技术产业，阐述了软件技术产业概念、软件技术产业特征和软件技术产业市场结构，并提出了软件技术产业市场结构特征是具有竞争性的垄断市场结构。第3节是软件技术经济基础理论，包括软件技术效用理论、软件技术外部性理论及外部性修正、软件技术消费者行为理论、软件技术需求理论、软件技术成本理论、软件技术供给理论和软件技术供求均衡理论。第4节软件技术全要素生产率理论与应用，该节回顾了全要素生产率相关文献和模型计算，同时也回顾了软件行业的全要素生产率研究状况，分析了本书使用的理论和模型，然后介绍了数据收集和变量说明，以我国上市软件公司为例，进行我国上市软件公司的全要素生产率实证研究，并就得出的实证研究结果进行解析，最后本书在该节中还得出了相关结论并提出政策建议。第5节是软件开发技术经济评价理论与方法，包括3小节。第1小节是软件开发模式与开发流程；第2小节是软件开发成本确定与方法；第3小节是软件开发技术经济评价理论与方法，包括软件开发技术评价、软件开发过程评价和软件开发评价指标与方法。第6节是软件比较技术经济评价理论与方法，包括单方案与多方案软件比较技术经济评价理论与方法两小节。第7节是本章小结。

第7章信息技术经济学与信息经济学的异同分析，包括3小节。分别是信息经济学概述、信息技术经济学与信息经济学的相同点分析和不同点分析。

第8章是本书的后记部分。阐述了本书完成后的不足部分以及未来继续开展研究的初步设想和展望。

1.5 本章小结

随着信息技术不断进步和社会经济的不断发展，越来越多的信息技术经济问题需要研究和解决。从技术经济学角度出发，有必要专门研究关于信息技术经济问题的学科问题。本章阐述了本课题的研究背景和重大意义，说明了为什么开展本书课题的研究，同时归纳总结了当前国内外在信息技术经济问题上的研究现状，分析了本书研究的必要性；本章还给出研究思路和方法、本书的基本内容和结构安排。

2

信息技术经济学的提出

2 信息技术经济学的提出

从目前查找到的文献来看，虽然有学者把“信息技术经济学”作为论文的一个关键词提出来过[①]，但从技术经济学角度上，未见“信息技术经济学”及其学科体系的有关文献，也未见信息技术经济学学科体系基本组成内容，没有查到有信息技术经济理论、信息技术经济方法或者信息技术经济学应用等关键词或文献内容。笔者认为，信息技术经济学是技术经济学重要的新兴研究领域之一；信息技术经济学研究将丰富和发展技术经济理论和方法；信息技术经济学研究的提出具有十分紧迫性和必要性[②]。

对信息技术和经济之间的关系开展专门研究，并形成一门技术经济学的分支学科，是技术经济学学科建设和发展的一个重要的新兴研究领域，或者是说信息技术经济学是技术经济学重要的新兴研究领域之一。研究信息技术经济理论和方法，必须高度重视并基于信息技术的特征。信息技术的这些特征也必然反映在信息技术与经济的关系上，从而为技术经济学注入新的内容，信息技术经济学研究丰富和发展了技术经济理论和方法。信息技术经济学的提出具有十分紧迫性和十分必要性。紧迫性表现在社会经济发展的客观要求：现有的社会经济活动中的各种信息技术经济问题层出不穷，需要有系统的比较全面的结合信息技术特征的技术经济理论和方法来进行专门研究和解决，需要有一个专门的信息技术经济学基本理论方法；必要性表现在信息技术发展的内在要求：信息技术本身发展的内在因素促使信息技术经济学的提出成为自然而然的事情。

① 李子卯．信息技术经济研究现状与展望［J］．北京：中国软科学．2000版6月．第40页．

② 张才明．构建信息技术经济学学科体系［J］．北京：北京交通大学学报（社会科学版）．2006年12月．第5卷第4期．第19~20页．

2 信息技术经济学的提出

2.1 信息技术经济学是技术经济学重要的新兴研究领域之一

技术经济学是我国首创的学科，主要研究技术与经济之间的关系，并寻求其最佳结合的交叉应用经济学科。它以马克思主义政治经济学中社会再生产理论和价值学说为指导，吸收了前苏联的技术经济论证、西方的工程经济学、费用效益分析、可行性研究以及日本的经济性工学等众多学科的精华，适应中国国情逐步形成的①。

技术经济学发展至今，先后有多个分支学科创立，如能源技术经济学、农业技术经济学、工业技术经济学等。这些分支学科分别研究各门类技术与经济之间的矛盾统一关系和发展变化规律。

自上世纪中叶以来，电子信息技术已经发展成为单独的一门大类技术，它越来越广泛的应用，汇成了全球信息化的浪潮。信息化不仅至今方兴未艾，而且已经给经济社会带来巨大深刻的变化。对信息技术和经济之间的关系开展专门研究，并形成一门技术经济学的分支学科，是技术经济学学科建设和发展的一个重要的新兴研究领域②。

作为技术经济学的一个分支学科，信息技术经济学理应成为研究信息技术和经济之间的矛盾关系及其发展变化规律的科学。比起技术经济学，其研究对象是更加具体化了的"技术"和"经济"。通过信息技术经济学研究，明确信息技术经济学学科体系的基本组成及其具体内容，不仅能拓展技术经济学理论和方法在信息化领域的应用，而且有利于进一步丰富和发展技术经济学本身。

2.2 信息技术经济学研究丰富和发展了技术经济理论和方法

信息技术拥有通用目的技术（General Purpose Technology：GPT）

① 中国社会科学院数量经济与技术经济研究所网站，http://iqte.cass.cn.

② 张才明 汪向东 姜奇平.开展信息技术经济研究 丰富技术经济学科［J］.太原：技术经济与管理研究.2010年6月.第6页.

的特征，其应用领域广泛、扩散性强，且更新周期短、初始投入巨大，具有高风险、高收益以及高度路径依赖等特性。它又不同于其他通用目的技术：它不再直接作用于人的体力，而是更多地作用于人的智力。特别是以软件和互联网为代表的"软信息技术"，这一特点更为明显。研究信息技术经济理论和方法，必须高度重视并基于信息技术的特征。信息技术的这些特征也必然反映在信息技术与经济的关系上，从而为技术经济学注入新的内容，丰富和发展技术经济理论和方法①。

信息技术与经济的矛盾统一理论、信息技术经济生产要素理论、信息技术经济比较理论、信息技术时间价值理论、信息技术经济效果理论、信息技术经济标准理论、信息技术经济增长理论、信息技术经济风险控制理论等，都是对技术经济相关理论体系的继承和发展；信息技术经济效果计算方法、信息技术综合评价方法、信息技术经济比较计算方法、信息技术时间价值计算方法、信息技术经济增加值计算方法、信息技术经济标准计算方法、信息技术经济价格计算方法、信息技术经济增长计算方法、信息技术经济风险控制方法等，都是对技术经济相关方法体系的运用和丰富。信息技术经济学就是技术经济学理论和方法在信息技术领域中的运用。信息技术经济学应用既是信息技术经济学的实践，本身也是技术经济学应用范围的扩展。

2.3 信息技术经济学研究具有紧迫性

开展信息技术经济学研究具有现实的紧迫性，它主要表现在社会经济发展的客观要求②。

上世纪90年代以来，人类社会就已经迈入了信息社会。现代信息

① 张才明 汪向东 姜奇平．开展信息技术经济研究 丰富技术经济学科［J］．太原：技术经济与管理研究．2010年6月．第6页．

② 张才明．构建信息技术经济学学科体系［J］．北京：北京交通大学学报（社会科学版）．2006年12月．第5卷第4期．第19~20页．

技术开始在全球各行各业得到应用。进入本世纪，信息技术更是席卷全球，几乎所有的行业和经济活动都离不开现代信息技术，每一次产业结构的优化和经济的规模增长几乎都有信息技术的大发展和大应用的因素。笔者曾经利用技术经济学中的投资利用效果系数的计算方法算过，我国1996年至2005年间，信息技术行业的投资利用效果系数大约是全社会平均投资利用效果系数的2倍多。而根据原我国信息产业部副部长娄勤俭先生介绍：我国信息技术的平均投入产出达到了1:5—1:10[①]。可见信息技术对经济的影响非常大，因而有必要进一步研究信息技术和经济之间的关系，发现并掌握它们之间的规律，为我国经济建设更好地服务。

然而，随着信息技术的发展和社会的不断进步，人们掌握和可利用的信息技术越来越多，这样，为了达到同一的预定目标，可以采用的信息技术方案也越来越多。如何最有效利用和比较评价这些信息技术方案，不仅涉及许多硬件上的信息技术经济问题，而且还涉及大量软件上的信息技术经济问题。先进信息技术不一定经济，不一定就能带来高效益，在现实经济生活中常常碰到这种问题。比如，20年前，电报在我国广大地区还是一种先进比较昂贵但效率却很高的信息沟通方式。人们在远距离状态下有什么急事，通常都会使用电报业务。而现在人们却已经很少使用，取代的是广泛的电话和传真甚至电子邮件等信息交流方式。“小灵通[②]现象”也是一个典型。“小灵通技术”作为固定通信技术的一个延伸品，虽然可以支持一定范围内的移动通话，但通话质量比较差，经常容易掉线，而且需要众多的中转基站，每隔500 ~ 2000米的中转基站不仅仅带来了辐射问题，还造成了城市视觉的污染，占据了宝贵的城市空间。正因为如此，“小灵通技术”在日本、美国和欧洲等发达国家早已被淘汰，甚至被明令禁止使用和推广，但在我国上世纪末却大有市场，而且一度占据了近1/5的城市“移动”通信市场，直到进入本世纪才开始衰落。至今用户数不及手机用户的1/10。这说明了在一定的社会经济环境背景下，

---

① 娄勤俭.在2004年“IT年会”上的讲话［J］. 北京:http://tech.tom.com/1126/2826/20041114-138782.html.

② 小灵通：是一种通信技术，固定电话网络借助于每隔400~1000米范围内的一个基站，实现移动通话。

2 信息技术经济学的提出

一定的时间内，落后的信息技术不一定就不经济。而世界上最先进的移动通信技术"铱星"[①]，作为一种先进的卫星通信技术，可以在世界任何一个角落甚至珠穆朗玛峰、南极和北极都可以清晰地接听移动电话，但却由于长期没有一定规模的客户和市场支持，长期亏损，最终还是破产了。这说明了在一定的社会经济环境背景下，先进的信息技术也不一定有好的经济效果，不一定就经济。

信息技术经济问题在微观经济上同样也有这些类似的情况。比如同样是上世纪90年代的我国著名大型企业的海尔集团和实达集团，"海尔集团通过信息化每年节省成本近8,000万元，而实达集团却被信息化闹得大伤元气，几乎破产"[②]。为什么同样搞企业管理信息化，同样采用的是国际著名的德国思爱普（SAP）公司的企业信息化解决方案All-in-One[③]，而结果却相差如此之大呢？这一系列问题都是实际社会经济活动中的信息技术经济问题，需要专门信息技术经济研究才能回答。可以预见，在以后很长时间内，各种各样的信息技术经济问题还将越来越多，而要分析和解决这些大量的实际存在的各种信息技术经济问题，不可能简单地凭经验或者单凭一般技术规律来进行处理，很有必要探索出一套新的理论和方法体系，比如信息技术经济评价理论和方法、信息技术经济效果理论和方法等来适应和解决这些新的信息技术经济问题。

然而迄今为止，虽然有很多国内外学者对某些具体的信息技术的经济性问题进行过研究，比如信息技术的分类分析、运用产业组织理论和方法对信息产品市场进行经济性分析；具体某项信息产品效益的定性分析等；这些成果都解决了一些特定的信息技术经济问题，但还没有专门的信息技术经济评价体系，没有系统的信息技术经济效果评价体系，不能独立的形成一门研究信息技术经济问题的学科体系，也不能构建成一

① 铱星：是国际著名通信技术公司摩托罗拉公司在20世纪90年代启动的最先进的移动通信技术，以铱星命名，它借助于环球卫星，可以让任何人在地球的任何角落都能清晰地使用移动通信。

② 曲维枝.信息产业与我国经济社会发展[M].北京：人民出版社.2002年版.第17页.

③ All in One: 德国思爱普公司推出的一套完整的企业全面 ERP 系统解决方案的品牌名.http://www.sap.com.cn.

门研究信息技术经济问题的学科。因而有必要从技术经济学的角度专门研究信息技术经济问题，形成一套相对完整的涵盖信息技术经济理论、方法和应用的基本框架体系；既而有助于人们创建一门技术经济学的新的分支学科——信息技术经济学；并有助于人们解决社会经济活动中各种各样的实际存在的信息技术经济问题，有助于人们从多种信息技术方案中寻找技术上可行、经济上合理的最佳方案，以保证通过最适当的投入实现最大可能的效益。信息技术经济学基本体系所包含的理论、方法和应用体系将是综合技术经济学和信息技术科学的理论、方法和应用体系的一个基本体系。在学科属性上表现为技术经济学的一个分支即信息技术经济学。

总之，社会经济的实践和发展，不断创新的信息技术的广泛应用迫使人们必须加强信息技术经济问题的研究，加强信息技术经济评价和经济效果理论和方法体系研究，加强信息技术经济应用研究，也就是说，信息技术经济学研究的提出从很大程度上是实际社会经济发展的必然要求。

2.4 信息技术经济学研究具有必要性

开展信息技术经济学研究具有内在的必要性，其必要性主要体现在信息技术发展的内在要求上[①]。

信息技术本身的发展在纵向表现为技术水平将越来越高，也就是更能真实地描述、反映、加工和传递、控制各种信息；在横向表现为集成和综合性的提高，也就是集成和综合表象描述、信息反映、信息加工和传递、信息控制等多层次功能，功能上将越来越走向智能化，在信息反馈、应用和控制功能上越来越发达。随着信息技术在纵向和横向上的不断发展，带来的信息技术经济问题也将在纵向和横向上发生变化。在纵向上，信息技术经济问题将越来越专业、越来越深入，因而也需要新的

① 张才明．构建信息技术经济学学科体系［J］．北京：北京交通大学学报（社会科学版）．2006年12月．第5卷第4期．第19~20页．

更加深刻和更加专业细致的学科理论和方法来解决；在横向上，信息技术经济问题将越来越复杂、越来越综合，因而客观上也需要新的更加综合的、跨多种学科的理论和方法来解决。因此，可以说，随着信息技术的进步和社会经济的发展，信息技术经济问题的多样性、复杂性和深入性促使人们也要进行综合、归纳和总结技术经济学、信息技术科学乃至经济学和管理学的理论和方法，这种新的理论和方法体系又有别于其他学科的理论和方法体系，基于新的理论和方法体系，就有可能形成一门新的专门关于信息技术经济问题的学科理论和方法，形成信息技术经济学基本体系。

信息技术的不断发展的本质动因是业务应用的驱动，是社会经济发展带来的业务应用需求的驱动。这使得信息技术的任何发展不可避免地与社会经济密切联系起来，也使得信息技术与经济问题不可分割，信息技术经济问题天然就存在，而信息技术越发展，信息技术与社会经济的关联越紧密，信息技术经济问题就越复杂，人们也就越需要系统的有关信息技术经济问题的学科理论和方法体系来解决这些问题。这种成系统的专门关于信息技术经济问题的学科理论、方法与应用体系就很有可能构成信息技术经济学学科体系的基本内容。

另外，信息技术的技术可行性问题一般是信息技术科学的研究内容，信息技术的经济可行性问题是技术经济学的研究范围。信息技术科学考虑了信息技术的技术可行性问题，考虑了信息技术的质量和生命期等问题，但很少考虑成本和收益问题，很少考虑信息技术的经济性问题。在本书之前，就有一些学者开始研究信息技术的经济方面的某些特定问题，比如信息技术的分类分析、运用产业组织理论对信息技术产品进行经济性分析；具体某项信息技术产品效益的定性分析等。这些研究在很大程度上推动了信息技术经济问题领域的研究，但这些研究还是从属于某一个具体问题的研究，从属于不同的学科，没有构成一个学科和学科体系。从学科发展的范畴来说，这些成果还属于学科的"混沌"状态，没有发展成为一个完整的专门研究信息技术与经济之间矛盾关系和发展规律的学科，不可能涵盖所有信息技术经济问题，远远没有实现信息技术经济问题研究的"臻美"。运用技术经济学的理论和方法，同时考虑信息技术科学的理论和方法，结合信息技术的特征，就有可能形成一门专门的关于信息技术经济问题的学科理论和方法体系即信息技术经济学基本体系，从而有助于信息技术科学发展实现"臻美"，也有助于信息技术经济问题研究实现"臻美"。所以，信息技术经济学研究的提出是信息技术本身的发展规律的内在客观要求。

总之，信息技术本身的发展，基于已有的理论和方法，基于现有的成果和信息技术本身的特征，人们有可能创建一门专门的、比较全面的关于信息技术经济问题研究的学科体系，进而实现从技术经济学角度，借助相应的信息技术经济理论和方法体系来分析和解决不断出现的各种信息技术经济问题。

2.5 本章小结

本章主要给出了信息技术经济学研究课题的提出原因。信息技术经济学研究课题的提出，既有主观因素，也有客观因素。有机遇，但不是偶然，具有一定社会经济背景和客观要求。本章首先说明了信息技术经济学是技术经济学重要的新兴研究领域之一；并阐述了信息技术经济学研究丰富和发展了技术经济理论和方法；同时从社会经济发展的客观要求和信息技术发展的内在要求两方面阐述了开展信息技术经济学研究的紧迫性和必要性；信息技术经济学研究的提出有助于人们建立一门技术经济学的新的分支学科——信息技术经济学。

3

构建信息技术经济学的原则和方法

3 构建信息技术经济学的原则和方法

3.1 构建信息技术经济学的基本原则

任何一门学科体系都不可能随意构建，必须遵循一定的原则。这些原则就是构建学科的出发点和基本准则。它决定了所构建的学科的基本方向和结构组成。作为从属于技术经济学范畴的信息技术经济学来说，要构建它的学科体系，笔者认为，应该遵循以下五个方面的原则。

3.1.1 遵循科学的发展规律原则

信息技术经济学要成为一门新兴的科学，或者要成为一门综合性的边缘性交叉科学，它就必须遵循科学的发展规律，才能成为一门科学。科学的发展规律包括科学的基本形成规律和发展变化规律。信息技术经济学的构建必须遵循科学的基本形成规律和发展变化规律，基于这两个准则，信息技术经济学才是科学的，才能成为一门科学。

科学是研究客观世界的知识和方法论体系。科学是对现象进行观察、认知、描述、实验性的研究及理论上的解释①。"科学学"是研究科学和科学活动的发展规律及其社会影响的一门学科，也是自然科学和社会科学高度综合的一门学科②。

"科学学"告诉人们，任何一门科学都是经过长时间的积累和发展形成的。科学的基本形成规律大致上都是：科学问题的提出——科学事实的考察——科学假设的检验——科学理论体系的建立与发展③。信息技术经济学若要成为一门新兴科学，它的构建就必须要遵循这个基本形成规律，即信息技术经济问题的提出——信息技术经济事实的考察——信息技术经济假

① 赵长林．科学学的发展与命题［J］．聊城：聊城大学学报（社会科学版）．2005年第5期．第13页．

② 刘茂才 张伟民．科学学辞典［M］．成都：四川省社会科学院出版社．1985年6月．第166页．

③ 赵长林．科学学的发展与命题［J］．聊城：聊城大学学报（社会科学版）．2005年第5期．第13页．

设与检验——信息技术经济理论与方法体系的建立与发展[①]。也就是说，首先由于现实社会经济活动中出现越来越多的信息技术经济的科学问题，迫使人们不停地进行信息技术经济科学的事实考察，并进行相关研究，进行信息技术经济科学的假设检验。在此基础上，才能逐步建立和发展成为信息技术经济科学的理论和方法，形成信息技术经济学学科体系。所以，信息技术经济学的构建不能凭空而成，必须有确实存在的社会信息技术经济问题和相关事实的考察、检验、研究与发展才能构建。信息技术经济学的构建必须遵循这一科学本身的形成规律。事实上，信息技术的发展和信息技术经济问题上的研究，包括本书的研究，都遵循了上述路径。

除了遵循科学形成的基本规律外，科学作为一种复杂的认识现象和社会现象，科学本身的发展变化规律也有很多，信息技术经济学的构建必然也要遵循科学本身的发展变化规律。科学本身的发展变化规律有很多，比如：臻美规律、渗透规律和优化规律[②]。

一、臻美规律是指在科学本身的发展过程中，总是显示出一种不断追求更美的更高境界的自动趋向[③]。

恩格斯说过："所面对的美的整个自然界形成一个体系，即各种物体相互联系的总体。"[④]科学发展变化中的臻美规律表现为三种形式：一是对矛盾统一性的追求，在一定意义上说，科学研究的宗旨就是从复杂多样的现象世界中揭示其矛盾统一的本质，并不断提高对其本质的认识；二是对简单性的追求，本质的或统一的东西往往又是非常简单性的东西，因而对统一性的追求往往也是对简单性的追求；三是对对称性的追求，万物都存在对称，科学理论和方法也具有对称性[⑤]。

① 张才明．构建信息技术经济学学科体系［J］．北京：北京交通大学学报（社会科学版）．2006年12月．第5卷第4期．第20页．

② 马来平 鲁衍平．科学发展的几条常见规律［J］．贵州：贵州社会科学．1992年第10期．总第118期．第27~31页．

③ 同上．

④ 恩格斯．自然辩证法［M］．北京：人民出版社．1971年．第54页．

⑤ 马来平 鲁衍平．科学发展的几条常见规律［J］．贵州：贵州社会科学．1992年第10期．总第118期．第27页．

信息技术经济学构建遵循臻美规律原则主要表现在：一是必须强化科学理论和指导思想，遵循科学的技术经济学基本理论。没有技术经济科学的理论和方法做指导思想，就不能构建成一个基于技术经济理论和方法之上的科学的信息技术经济学学科。二是必须丰富研究方法，臻美规律为信息技术经济学研究方法提供了指导和方向，比如对称性要求考虑问题的两面性，有宏观的信息技术经济问题就有微观的信息技术经济问题；简单性要求信息技术经济的理论和方法都应该切实可行，应用操作方便等。三是必须提供信息技术经济评价标准，什么是美的，怎样才算是美的，这就必须有一个评价标准。对于信息技术经济学来说，这是学科内容必须回答的问题，也是学科内容的一个重要组成部分，而且随着信息技术的发展以及社会经济的进步，信息技术经济评价标准还需要不断提高和改进，从而符合“臻美规律”。某种程度上，科学发展变化中的“臻美规律”也是信息技术经济学的提出和构建的内在动力，同样也是未来信息技术经济学的不断完善、丰富和发展的内在动力。

二、渗透规律，是指科学知识之间普遍存在着的信息交换以及信息的移入和吸收等规律性的现象[①]。

渗透规律的表现形式主要有三种：一是工具的渗透，科学知识的渗透往往表现为科学工具的渗透，比如同一种工具可以应用在很多科学研究中；二是方法的渗透，科学方法和科学工具一样都是科学研究的手段，随着科学技术的不断发展和进步，科学方法和科学工具一样都有很强的渗透功能；三是概念和原理的渗透，尤其是对于交叉性的科学研究，如控制论的概念渗透到工程建设，形成工程控制论，渗透到经济学，形成经济控制论，渗透到军事，形成军事控制论；热力学原理渗透到化学形成化学热力学，化学原理渗透到生物，形成生物化学等[②]。当然，这种渗透不是无条件的。它必须有中介，如学科的发展、社会经济的发展和需要、学者的创新等等。

---

① 马来平 鲁衍平．科学发展的几条常见规律［J］．贵州：贵州社会科学．1992年第10期．总第118期．第29页．

② 同上．第29~30页．

科学发展变化中的渗透规律对于构建信息技术经济学学科有重要意义，在新学科研究的工具、方法上必须充分考虑已有的各个学科的工具和方法，信息技术经济学就是典型的技术经济学渗透到信息技术领域的科学和信息技术与经济学的相互渗透，因此信息技术经济学及其组成内容包括概论、理论和方法等也必须根据渗透规律的原则来源于母学科——技术经济学、信息技术科学，同时借鉴信息经济学及经济学和管理学等其他学科知识，进行学科创新。

科学发展变化中的渗透规律是信息技术经济学及其形成和发展的基本路径和方法。技术经济学、信息技术科学和经济学，甚至还有管理学等都是比较成型和独立的学科体系和科学体系，时间上也比较早。在信息技术飞速发展的今天，在信息技术经济问题异常广泛的今天，人们为了解析或解决各种信息技术经济问题，必然要借助现有的这些学科体系的理论和方法，结合信息技术自身的特点，经过创新和发展，就可能构建出一门新的学科框架，甚至有可能发展成一门学科体系。信息技术经济学及其建立和发展的基本路径就是技术经济学和信息技术科学相互渗透、相互应用和交叉影响所形成的。可以说，信息技术经济学就是技术经济学的一个分支学科，是技术经济学在信息技术领域中的应用和发展，是技术经济学学科本身的一个延伸和发展。同时信息技术经济学也是信息技术科学在技术经济学，乃至经济学和管理学上的新的渗透。

三、优化规律，是指科学知识在和谐统一的基础上，经过选择的作用，整体上总是朝着优化方向发展的规律性现象①。

随着时间的推移，科学的发展变化还表现为新旧理论或对立理论的选择或优化合并，有的经过优化合并成为一种新的科学理论。科学学的这个规律实际上也就是哲学上的“否定之否定规律”。信息技术经济学及其建立也必然遵循这个规律。

科学发展变化中的优化规律是信息技术经济学及其形成和发展的基

① 马来平 鲁衍平．科学发展的几条常见规律［J］．贵州：贵州社会科学．1992年第10期．总第118期．第31页．

本形态。科学发展变化中的优化规律对于信息技术经济学及其构建和发展具有特别的指导意义。它要求信息技术经济学学科是开放性的，绝对不是一个死板和固定的，也不是简单由技术经济学、信息技术科学或经济学、管理学等科学一起拼凑，而应该是一个综合优化了多学科的交叉理论和方法体系的学科体系，是技术经济科学在信息技术领域的新发展，要能够吸收并借鉴其他学科有关理论和方法，并且可以随着信息技术的发展和社会经济的进步能够不断优化、进步和发展的学科。信息技术经济学同时在学科概念、理论、方法和应用上又不同于技术经济学、信息技术科学或经济学、管理学等科学。

科学发展的其他一些规律，信息技术经济学的创建和发展中也需要遵循。

总之，科学的形成和发展规律，是构建信息技术经济学必须遵循的首要原则，也是将来信息技术经济学完善和发展中必须遵循的首要原则。

3.1.2 遵循学科的发展规律原则

一门新兴学科的建立必须遵循学科的发展规律才能成为一门学科。学科的发展规律包括学科的基本形成规律和发展变化规律，信息技术经济学要成为一门学科，必须遵循学科的基本形成规律和发展变化规律，信息技术经济学要作为技术经济学未来新兴的一门分支学科，也必须遵循学科的基本形成规律和发展变化规律，同时也需要遵循技术经济学的基本形成规律和发展变化规律。

“学科是指对同类问题所进行的专门科学研究，从而实现知识的新旧更替；学科活动不断导致新学科的现有知识体系的系统化和再系统化”①。“学科学就是一门以学科为研究对象的新学科，主要任务是研究学科的定义、分类、结构、模型、形态、特征、更替、衍生、周期、战略、动力、方法、传播、证伪、流派、组织、管理和预测的一般规律，它涉及哲学、

① 陈燮君．学科学导论——学科发展理论探索［M］．上海：三联书店上海分店出版．1991年7月．第1页．

时间学、空间学、系统论、控制论、科学学、战略学、决策科学等多种学科”[①]。

上面两节内容，涉及“科学”与“学科”，“科学学”与“学科学”。它们的概念、内涵从上面分析中可以看出来有很大的差别，但相互之间又有许多关联关系。科学具有一种普遍性，而学科仅限于学科领域，对它们进行专门的研究就构成了“科学学”与“学科学”，但“科学”不等于“科学学”，也不等于“学科学”；同样，“学科”也不等于“科学学”和“学科学”；“科学学”与“学科学”最大的差别是“科学学”的范畴通常更大，它本身就是一门学科，也可以成为一门“学科学”；而“学科学”通常是一门研究学科的具体学科，范围要小些，虽然它本身也是一门科学和学科，但不能成为并替代“科学学”。

“学科学”告诉人们任何一门学科的形成都是有其本身的基本规律，美国著名科学哲学家托马斯·库恩（Toms Kuhn）提出了著名的“范式”[②]概念即著名的托马斯·库恩学科范式，并以此来规定一门学科形成的基本规律。库恩认为，一门学科有一个范式支配，或称“科学基质”规定。学科的范式就是“是什么—为什么—怎么做—何处用”四维逻辑关系。“是什么”指的就是具体某个学科的概念或者基本定义。比如基本的名词、基本的概念和学科的研究对象、研究内容等；“为什么”指的是具体某个学科的理论体系；“怎么做”指的是具体某个学科的方法体系；“何处用”指的是具体某个学科的应用体系。要形成一门学科就必须具备这四个方面，具备了这四个方面才可能基本形成一门学科。学科范式是给学科研究者指明解决研究难题途径和方法的指路明灯。这是因为学科范式有两个基本功能——认识功能和纲领功能[③]。范式的认识功能是指人们通过对学科范式的掌握来学习和认识学科，范式的纲领功能是指学科范式不仅隐含着选择问题的

① 陈燮君．学科学导论——学科发展理论探索［M］．上海：三联书店上海分店出版．1991年7月．第3页．

② 范式：指给学科研究者指明解决研究难题的途径和方法。见托马斯·库恩．科学革命的结构［M］．北京：北京大学出版社．2003年．第3页．

③ 托马斯·库恩．科学革命的结构［M］．北京：北京大学出版社．2003年．第26页．

标准，从而规定了学科的问题范围，而且提供了解决这些问题的途径和方法。总之，一个学科的工作者或研究者掌握了该学科的范式，就能识别他应该研究与解决的问题，并能找到解决这些问题的途径和方法。也就是说，学科范式具有定向功能，对学科的研究范围进行限制，从而使得每个学科得以细致而深入的研究。

（1）学科范式是选择问题的标准，从而规定了学科的研究范围；学科范式决定了信息技术经济学的合理边界，保证信息技术经济学研究既不盲目扩大研究范围，也不任意缩小研究领域，从而使得信息技术经济学研究有一个合理内核，并按一定的规则和轨迹发散与拓展。

（2）可提供解决问题的途径和方法。学科范式为信息技术经济学工作者或研究者指明解决问题的思路和方向，并用有别于其他学科的独特方法，去探究和解决问题。

简而言之，信息技术经济学工作者或研究者掌握了信息技术经济学的范式，就能识别他应该研究与解决的问题，并能找到解决这些问题的途径和方法。也就是说，信息技术经济学范式具有定向功能，它对信息技术经济学的研究范围进行限制，从而使得信息技术经济学区别于相关学科，使信息技术经济学得到细致深入的研究。

对于信息技术经济学学科而言，由于有了技术经济学这个成熟的大学科做参照，有了信息技术的专业科学方面的研究，具有很多基础，归纳和总结出信息技术经济学的学科范式中“是什么—为什么—怎么做—何处用”是完全有可能的。“是什么”就是信息技术经济学的有关基本概念和分类以及信息技术的经济性分析。这里会有很多信息技术科学中的基本概念和分类，部分的是结合技术经济学中的“是什么”的内容进行归纳和综合，给予具有信息技术特征而又符合技术经济学规范的有关基本概念和分类，同时运用技术经济学理论和方法，从软、硬信息技术两个方面分析信息技术的经济性以及信息技术经济学自身的研究对象、研究内容和研究方法等，这部分内容笔者将在信息技术经济学概论部分阐述。“为什么”就是信息技术经济学的理论体系，对于基本理论体系而言，是带有信息技术特征的信息技术经济学理论。这部分内容笔者将在信息技术经济学理论部分阐述。“怎么做”就是信息技术经济学的方法体系。在信息技术经济计算方法上就可以有不同于一般技术经济计算方法，信息技术经济问题毕竟有其特殊性，这部分内容笔者将在信息技术经济学方法部分阐述。“何处用”就是信息技术经济学的应用体系。信息技术经济学的应用体系是非常广泛的。由于信息技术经济问题不同于其他专业领域的技术经济问题，所以，信息技术经济学的应用体系也会有部分自己的特殊性。

总之，信息技术经济学构建也必须遵循学科本身的基本形成规律，符合这个学科范式，符合信息技术经济学的四个条件的学科范式：“是什么—为什么—怎么做—何处用”。这也是信息技术经济学基本组成内容所要回答的问题。对于信息技术经济学本身而言，也是需要遵循这个规律，必须要回答信息技术经济学本身是什么？研究对象是什么？为什么是这样的？怎样构成的？有什么应用？等等。

除了遵循这个学科范式的基本形成规律外，随着学科研究的不断进步和社会经济的不断发展，学科本身的发展变化也越来越呈现出许多客观规律。信息技术经济学要成为一门学科，必然也要遵循学科本身的发展变化规律。

一、学科向纵横两个方向加强发展。

学科的发展在纵向和横向两个方向加强发展，而且都越来越深、越来越专业。典型的学科发展变化模式是：横向发展表现为学科的交叉发展，如技术经济学横向发展表现为技术经济学的分支学科越来越多，比如信息技术经济学；纵向的发展表现为学科的细化，如技术经济学纵向发展表现为技术经济学理论和方法体系的丰富和优化，比如带有信息技术特征的信息技术经济学理论和方法体系。

二、交叉学科越来越发达。

在学科之林，越来越多的学科体现在交叉学科性质上，许多新建学科也都是交叉学科。交叉学科越来越多、越来越发达的现象的重要驱动原因就是由于各学科在横向领域的深入发展。信息技术经济学本质上也是信息技术科学在技术经济学、管理学和经济学方向的交叉发展和技术经济学在信息技术领域应用和发展的双重交叉而形成的一门交叉学科。

三、学科的发展过程表现为由综合到细化,由细化到综合,并不断循环。

学科的发展一直是处于运动和发展变化的过程中，而这种变化的表现形式很多就是由综合到细化，由细化到综合的往返变化的过程。我国技术经济学科自从上世纪60年代开始创建，发展至今已经有了几十门分支学科。所有的技术经济学分支学科的理论基础和方法基础都是来源于技术经济学理论和方法体系，一方面随着分支学科的越来越多，技术经济学的学科体系也将越来越丰富，信息技术经济学这一技术经济学的分支学科也是技术经济学这个大学科体系的又一次细化和丰富。另一方面，在所有这些技术经济学及其分支学科中，理论和方法体系一直处于不断优化和发展中，学科内容也不断丰富。尤其是其分支学科的理论和方法体系，由于各自都具有自身的技术特征因素，带来了其本身的理论和方法及应用特征与其他学科的不同。信息技术经济学的学科体系就是信息技术科学和技术经济学学科的运动和发展变化所造成的。在很大程度上，信息技术经济学的提出和产生是信息技术科学和技术经济学学科的运动和发展变化的必然，是技术经济学和信息技术科学的越来越丰富、越来越优化的具体表现之一。信息技术经济学本身的发展，未来也有可能发展更细化，比如在软信息技术的代表互联网或软件领域，就很有可能会发展成互联网技术经济学或软件技术经济学。

四、新学科的建立大都是以社会经济的发展需求为基础和前提。

任何一门学科的建立和产生都是有其深刻的社会经济背景，特别是经济社会科学的发展和分化，都是以社会生产力的大发展或社会生产关系的大变动为前提，它绝不是凭空产生。信息技术经济学的建立和发展也不例外，也是以社会经济的发展为基础和前提。进入上世纪90年代以来，以计算机技术和通讯技术为代表的全球信息技术得到巨大发展和应用，其广度和深度都前所未有，所暴露出来的信息技术经济问题也是越来越多、越来越广、越来越突出，这些现实的信息技术经济问题解决的好，对经济的发展和社会的进步是非常巨大，因此，从技术经济学发展的角度上来说，正是这种深刻变化和发展的社会经济背景，在需求上和目的上驱动了信息技术经济学的产生和发展。

五、学科的建立是由混沌走向清晰。

任何一门学科的创建和发展过程都是从掺杂在其他学科里的附属地位到从其他科学里分离、独立出来，外延和内涵比较清晰、屹立于众学科之林的一个过程以至成为世界性的“显学”。从相关文献中可以看出，已经有一些学者研究了信息技术问题，也有学者研究了技术经济问题，信息技术经济问题的一些专门领域或主题也有一些学者研究了，并且都取得了很多的研究成果。但作为系统的信息技术经济学学科理论和方法体系乃至学科组成体系还未见相关文献。前辈学者的相关研究和成果，为信息技术经济学的提出和建立奠定了一定的基础，信息技术经济问题有关研究成果从技术经济学的分支学科体系的角度来说，虽然没有一个清晰的学科框架和理论方法体系，仍是一个“混沌”状态。但是，任何学科都是由混沌走向清晰，“混沌”状态中的成果在多年发展后，将会发展成为一个“清晰”状态，这是学科发展变化的客观规律。总之，由混沌走向清晰的学科发展规律指引了信息技术经济学的提出和构建。

六、学科发展的应用性得到特别的加强。

在现代，学科发展的目的性越来越偏重于它的应用性，偏重于促进社会经济的发展。如果学科的应用性得不到发展，那么该门学科也将越来越没有生命力，尤其是应用学科，必须具有实用性。比如就技术经济学的发展而言，其应用性就得到越来越强的发展，加上信息技术在社会经济中的重要地位，信息技术经济问题的广泛出现，为技术经济学在信息技术领域的应用提供了契机。反过来，也正是学科越来越偏重于应用性，促使了应用性的学科越来越多、越来越发展。两相结合，促使了新的应用性学科信息技术经济学的产生和建立成为可能。信息技术经济学的提出和构建，有助于信息技术经济学学科体系的完善，在某种程度上也能够促进信息技术在社会经济的应用，促进社会经济水平的提高。

总之，信息技术经济学构建必须要遵循学科的发展规律原则，包括遵循学科的形成和学科的发展变化规律的原则。

3.1.3 遵循技术经济学框架原则

信息技术经济学是技术经济学的一个分支学科，它理应遵循技术经济学形成和发展的规律，符合技术经济学学科特点①。

作为一门科学，技术经济学不是在某一年突然出现的。它的产生既要有一定的经济理论为基础，又要有社会实践需要的推动，因此，技术经济学在其正式诞生以前，与它相关的研究工作已经存在。如1952 ~ 1962年，我国学者开始对劳动生产率、技术进步、技术改造、厂址选择、技术措施、技术经济定额、技术经济分析、生产专业化协作、农业布局、生产力布局等技术经济问题进行初步研究，并取得了一定成果。但是，这一时期尚未有人提出要专门创立一门技术经济学科。1962年，中央科学小组要起草我国第二个科学技术发展规划纲要，于光远同志提出对技术政策的制定要讲求经济效果，技术要与经济结合。并嘱徐寿波同志做些调查，国外研究这些问题的叫做什么科学。当时据徐寿波同志调查，苏联有莫斯科工程经济学院，但没有“工程经济”学科，只有部门经济学科。在各个部门经济学科及其实践应用中，有所谓技术经济指标、技术经济分析、技术经济论证的说法，但没有“技术经济”学科一说。至于改革开放后引进的西方工程经济、可行性研究、价值工程、费用效益分析等文献在当时完全没有。因此，徐寿波同志向于光远同志做了汇报，建议创建学科的名称为“技术经济”。后来，于光远同志召开专家论证决定采用这个名字。接着，1963年1月至4月徐寿波同志会同国家科委有关人员，负责起草了全国“技术经济”科学技术研究规划纲要。同年中共中央和国务院正式批准了1963 ~ 1972年我国第二个科学技术

① 张才明．构建信息技术经济学学科体系［J］．北京：北京交通大学学报（社会科学版）．2006年12月．第5卷第4期．第21页．

发展规划纲要，其中就有“技术经济”科学技术，它同工业科学技术、农业科学技术等并列在一起，列为七大科学技术领域之一。至此，我国技术经济学的创建期开始了[①]。随后，在1963年2月25日，于光远同志以笔名在《光明日报》上发表了“加强农业技术经济学的研究”一文。同年9月19日，徐寿波教授在《人民日报》上发表文章倡导积极开展技术经济研究。这两篇文章的发表揭开了我国技术经济学研究的序幕。

从1963年开始，徐寿波同志负责承担了“技术经济”科学技术发展规划纲要中技术经济学方法论研究课题，先后完成五个分报告，1965年完成二十多万字的研究总报告《技术经济方法论》[②、③、④、⑤]，报告中论述了技术经济学的研究对象、任务、内容、步骤以及有关理论方法和应用等问题。徐寿波教授在1964率先公开发表文章讨论了技术经济的研究目的、任务与方法，这也是我国技术经济研究领域第一次明确提出了技术经济的研究目的、任务与方法，为创建时期的技术经济研究奠定了基础。1980年徐寿波教授出版了我国第一部技术经济学著作——《技术经济学概论》，标志着技术经济学的诞生。书中认为技术经济学是一门研究技术和经济矛盾关系的科学，系统地论述了技术经济学的研究任务、内容、方法和步骤，提出了技术方案的经济衡量标准和技术经济比较原理和技术经济效果理论，并建立了技术经济计算方法体系。

进入20世纪80年代后，国内大批学者包括著名的代表人物有中国工程院李京文院士、傅家骥教授、郑友敬研究员、齐建国研究员、吴岐山教授、赵树宽教授、陶树人教授等等积极开展技术经济研究，取得了很

① 徐寿波. 我国技术经济学发展的几个问题 [J]. 北京：数量经济技术经济研究. 1987年1月.

② 徐寿波.《关于技术经济方法论问题（之三）》[J]. 北京：中国科学院综考会研究报告. 1963年10月.

③ 徐寿波.《技术经济方法论问题（之二、之四）》[J]. 北京：中国科学院综考会研究报告. 1964年11月.

④ 徐寿波.《技术经济方法论问题（之一、之五）》[J]. 北京：中国科学院综考会研究报告. 1965年6月.

⑤ 徐寿波.《关于技术经济方法论问题》[J]. 北京：中国科学院综考会研究报告. 1965年6月.

多成果，这些成果促进和丰富了技术经济学的创建和发展。

经过众多前辈学者们的努力，技术经济学发展至今，其学科的理论、方法和应用体系已经相对成熟，其学科已有可供参考的相对稳定的体系，并且具有明显的中国特色，为国外所没有[①]。以徐寿波院士的专著《技术经济学》为例，概括起来，技术经济学学科体系和基本内容可以归纳如下：

一、技术经济学概论

1. 技术经济学的产生和发展历史

2. 技术经济学的研究对象

技术经济学研究对象是技术经济问题，即技术经济学是一门研究技术和经济矛盾关系的科学，是研究技术和经济发展变化规律的学科[②]。

3. 技术经济学的研究目的和意义

技术经济学的研究目的是帮助人们从多种技术方案中寻找技术上可行、经济上合理的最佳方案，以保证通过最适当的投入实现最大可能的经济效益[③]。

4. 技术经济学的研究任务和内容

技术经济学的研究任务是正确认识和处理技术与经济之间的关系，寻找技术经济的客观规律，寻找技术和经济之间的合理关系，包括最佳关系和协调关系。[④]技术经济学的研究内容非常广泛，几乎涵盖宏观和微观各个领域。

5. 技术经济学的研究方法和步骤

技术经济学的研究方法主要有调查、数学计算和论证分析三种。技术经济学的研究步骤大致分为六部分，即建立方案、分析优缺点、建立模型、求解模型、综合评价和反馈控制[⑤]。

---

① [瑞典] 埃里克·达克 李和译. 中国的技术经济学 [J]. 北京：数量技术经济译丛.1983年1月.

② 徐寿波. 技术经济学 [M]. 南京：江苏人民出版社.1988年. 第9页.

③ 同上. 第14~19页.

④ 同上. 第20页.

⑤ 同上. 第24~31页.

6. 技术经济学分支学科与相邻学科的关系

技术经济学是一门综合性的边缘交叉学科，它与经济学关系密切，同时它与技术学科也有很强的关系[①]。

"技术经济学是一个总的学科名称，它可以分为若干个分支学科……这种分支学科应该按照它所研究的技术经济问题性质的不同，也就是按照所研究的技术和经济矛盾关系的不同来划分……可以根据研究的具体技术对象或种类，分为相应的分支学科，如能源技术经济学、运输技术经济学等……也可以根据应用领域，分为宏观技术经济学和微观技术经济学等……还可以按照不同部门分为工业技术经济学、商业技术经济学等……按照不同阶段分为规划设计技术经济学、生产运行技术经济学等"[②]。

但由于当初信息技术不发达，很少有学者专门关注信息技术经济问题，因而当初也没有学者专门提出信息技术经济学这一分支。随着科学技术的不断进步和社会经济的不断发展，各类技术经济问题也会越来越多，技术经济学的分支学科的发展也会越来越多，信息技术经济学就是当前背景下的新分支之一。

二、技术经济学理论

1. 技术经济效果原理

技术经济效果原理主要包括技术经济矛盾统一原理、经济效果指标原理、经济增量原理、时间效应原理、供求效应原理、系统相关原理和六力替代原理[③]。

2. 技术经济标准原理

技术经济标准原理主要包括多快好省经济评价标准原理、财务评价和经济评价、绝对经济评价和相对经济评价、静态经济评价和动态经济

① 徐寿波．技术经济学［M］．南京：江苏人民出版社．第33页．

② 同上．第31页．

③ 同上．1988年．第36~66页．

评价标准[①]。

3. 技术经济比较原理

技术经济比较原理主要包括满足需要可比原理、消耗费用可比原理、价格可比原理、时间可比原理等[②]。

4. 技术经济优选原理

技术经济优选原理主要包括有条件和无条件优化、局部与全局最优、单目标与多目标最优、静态和动态最优等[③]。

5. 技术经济预测和决策原理

6. 技术经济信息和控制原理

三、技术经济学方法

1. 技术经济指标体系的制定方法

技术经济指标体系包括效益指标和效率指标、经济指标体系与技术指标体系、货币指标体系与实物指标体系、综合指标体系与单项指标体系、数量指标体系与质量指标体系、相对指标体系与绝对数量指标体系、宏观指标体系与微观指标体系、动态指标体系与静态指标体系[④]。

2. 技术经济指标的计算方法

技术经济指标的计算主要涉及的是时间因素计算和时间指标的确定、合理价格计算、经济效果标准系数的确定、税率与利率确定、影子价格的计算、投入和费用计算．产出和效益的计算等[⑤]。

3. 技术经济评价方法

技术经济评价方法主要有宏观技术经济评价方法、微观技术经济评价方法、完整的技术经济评价方法和技术综合评价方法等[⑥]。

---

① 徐寿波．技术经济学［M］．南京：江苏人民出版社．1988年．第68~100页．
② 同上．第103~110页．
③ 同上．第111~115页．
④ 同上．第124~131页．
⑤ 同上．第136~254页．
⑥ 同上．第262~381页．

四、技术经济学应用

技术经济学应用既包括宏观经济活动中的应用，也包括微观经济活动中的应用。

以上是技术经济学已有的学科内容，笔者把它归纳为“概论—理论—方法—应用”，这和“是什么—为什么—怎么做—何处用”的学科范式是相互对应的。作为技术经济学的一个分支，信息技术经济学的构建也要遵循技术经济学学科结构，也应该涵盖概论、理论、方法和应用四部分，体现“是什么—为什么—怎么做—何处用”的学科规范的范式，必须充分借鉴技术经济学体系，同时考虑信息技术的特殊性，使得信息技术经济学既和技术经济学有共性又有信息技术科学的特性。

3.1.4 遵循信息技术的发展规律原则

“信息技术经济学研究的对象是信息技术与经济之间的关系。信息技术的发展规律与其他技术的发展规律不一样，因此，信息技术经济学必须遵循信息技术的发展规律。”①

信息技术的发展规律普遍遵循表象描述、信息反映、信息加工和传递、信息控制等多层次发展规律。这个多层次的基本规律也决定了信息技术经济学框架的“概论”部分需要详细阐述清楚信息、信息技术和信息产业等有关的基本概念并根据性质或特征进行分类，以便进行经济性分析和技术经济评价时加以区别。同时这个规律还决定了信息技术经济学及其应用时，如对不同类型或背景的信息技术进行技术经济评价，需要区别对待，灵活应用有关信息技术经济理论和方法。

信息技术未来的发展还将越来越集成表象描述、信息反映、信息加工和传递、信息控制等集成化，特别在信息反馈、应用和控制上的集成。这个规律决定了信息技术经济学框架中的理论和方法允许集成使用，相互之间既可以独立应用也可以关联集成应用，比如在对一个信息技术方

① 张才明．构建信息技术经济学学科体系［J］．北京：北京交通大学学报（社会科学版）.2006年12月．第5卷第4期．第21页．

案进行评价时，由于信息技术方案的多层次，就可能需要采用多种方法。

信息技术的开发和发展，都是因为有社会经济的发展带来的业务应用需求而产生。因此，这也要求信息技术经济学中的信息技术经济学理论和方法需要根据实际业务需求，运用技术经济学理论和方法灵活处理，而不能一成不变，对任何一个信息技术方案进行评价时，如果简简单单考虑该技术方案是落后的，就给予否定的评价，则不全面。由于受当时的一定区域社会经济现状因素影响，也许该信息技术方案在一定时期和特定区域环境下技术是落后的，但还是具有非常好的“经济性”；而当环境和条件发生变化后，它的“经济性”也可能会发生变化，技术“落后性”则成为关键评价因素。这也就是说，信息技术经济评价理论和方法必须考虑具体信息技术的发展和社会环境因素的变化，推广而言，信息技术经济理论和方法，乃至信息技术经济学的建立和发展必须遵循信息技术的发展规律。

信息技术的发展极大地影响着人们的生产、生活方式，甚至改变着国家的经济结构和社会结构；同时人们的生产、生活方式以及国家的经济结构和社会结构，甚至包括人们未来的“偏好”[①]也将影响信息技术的发展方向。这种特殊的信息技术和社会经济活动乃至人们的生产生活方式的天然紧密结合，不仅说明信息技术在社会经济活动中的重要性，也提示人们在考虑任何信息技术问题或社会经济问题时，都必须两者结合起来考虑；无论是宏观的还是微观的管理决策者在做决策分析时都必须要考虑信息技术经济问题，都可以采用信息技术经济理论和方法体系做支撑，反过来，也促使人们加强信息技术经济问题的研究，主观上推动信息技术经济学的提出、产生和建立。这个规律要求信息技术经济学是一个开放的体系，即其理论、方法和应用体系应该是一个允许修改的，可以不断发展的体系。

信息技术本身还具有“高扩散性”、“高成本性”、“高创新性”、“高收益性”、“高风险性”等特性，在构建信息技术经济学时也需要考虑。

① 偏好：表示大部分人们生产生活的变化趋势和喜好，也代表了信息技术在市场上的需求转移。

3.1.5 比照技术经济学其他分支学科结构原则

技术经济学的分支学科是分别研究各门类技术与经济之间的矛盾统一关系的学科，是研究各门类技术与经济之间的发展变化规律的学科。技术经济学发展至今，先后有多个分支学科创立，其中比较突出的有能源技术经济学、农业技术经济学、工业技术经济学、商业技术经济学等。经过阅读众多文献，发现技术经济学的分支学科结构和技术经济学本身的结构都差不多，都基本符合"概论—理论—方法—应用"四部分结构体系，并与"是什么—为什么—怎么做—何处用"的学科范式相对应。

《能源技术经济学》总共有12章，分别是概论；能源的分类与作用；能源技术经济基本理论和方法；能源系统的技术经济理论；能源开发加工和转换的技术经济理论；能源运输、分配和储存的技术经济理论；能源合理利用的技术经济理论；能源有效利用的技术经济理论；广义节能的技术经济理论；能源平衡的技术经济理论；能源价格理论；数学方法和计算机在能源技术经济研究中的应用①。这里作者虽然没有明确提出"概论—理论—方法—应用"的学科框架范式，但从中也不难看出，能源技术经济学的学科体系，内容也是基本上涵盖了"概论—理论—方法—应用"四个部分，不一样的是理论比较详细，除了基本理论和方法，还有不少能源专业技术经济理论和方法。

"新的'农业技术经济学'的体系，主要由以下四部分构成：1. 导论部分，提出本学科的研究对象和研究方法以及与相邻学科的区别。2. 理论部分，农业技术经济学的核心理论应该是农业技术经济效果理论和边际理论……；3. 方法部分，包括农业技术经济研究方法论的内容、农业技术经济和农业技术政策评价方法等……；4. 应用部分，包括在有关产业、在测定农业技术进步贡献率中和在投资项目评估中的应用……"。② 由此可见农业技术经济学学科体系基本上也是"概论—理论—方法—应用"。只不过具体内容不同，具体技术不同而已。

① 徐寿波．能源技术经济学［M］．长沙：湖南人民出版社．1982年．

② 孔祥智．对重新构建农业技术经济学学科体系的几点看法［J］．北京：农业技术经济．1996年第5期．第23页．

3 构建信息技术经济学的原则和方法

《工业技术经济学》[①]中除了概论部分描述了工业技术经济学的研究对象和内容，在第3章描述了经济效果评价方法外，基本上没有涉及技术经济学的专门理论，但加入了很多财务分析理论和方法，如现金流量分析、项目投资的财务分析等。同时还把价值工程纳入到工业技术经济学中，在应用上，其重点放在设备更新、投资项目评价等上面。作者没有明确提出这个框架体系，但大体上还是可以归纳出"概论—理论—方法—应用"四个方面。

《商业技术经济学》[②]学科体系及内容主要包括：商业技术经济的概念、商业技术经济学原理、商业技术经济评价的指标体系及指标的计算方法、商业技术经济分析评价方法与应用几部分，其主线基本上还是"概论—理论—方法—应用"四个方面。

如果继续分析其他技术经济学分支学科时，例如化工技术经济学[③]、房地产技术经济学[④]、公路运输技术经济学[⑤]、机械工业技术经济学[⑥]、建筑技术经济学[⑦]、石油技术经济学[⑧]、汽车技术经济学[⑨]等等，基本上还会发现，所有的这些技术经济学分支学科的结构大都遵循了"概论—理论—方法—应用"的学科结构体系。信息技术经济学作为技术经济学的一个新兴的分支学科，其学科的构建理应参考和比照其他分支学科的结构体系。因而，把信息技术经济学的结构也分为"概论—理论—方法—应用"四部分结构体系是可行的，也是合理的。只不过概论是信息技术经济概论，理论是信息技术经济理论，方法是信息技术经济方法，应用是信息技术经济应用，都带有信息技术特征[⑩]。这和学科范式的"是什么—为什么—怎么做—

① 傅家骥 仝允桓．工业技术经济学［M］．北京：清华大学出版社．1996年．

② 张汉麟．商业技术经济学［M］．北京：中国轻工业出版社．1993年．

③ 谭世语．化工技术经济学［M］．重庆：重庆大学出版社．1991年．

④ 郑小晴．房地产技术经济学［M］．重庆：重庆大学出版社．1995年．

⑤ 隽志才．公路运输技术经济学［M］．北京：人民交通出版社．1998年．

⑥ 沈景明．机械工业技术经济学［M］．北京：机械工业出版社．1981年．

⑦ 刘晓君．建筑技术经济学［M］．北京：中国建筑工业出版社．1998年．

⑧ 刘清志．石油技术经济学［M］．北京：石油大学出版社．1998年．

⑨ 杨杰 李永 宋健．汽车技术经济学［M］．北京：经济管理出版社．2009年．

⑩ 张才明．构建信息技术经济学学科体系［J］．北京：北京交通大学学报（社会科学

何处用”也是一脉相承，学科结构体系和学科范式本质上也是一致的。

3.2 构建信息技术经济学的方法

3.2.1 信息技术经济学构建流程

信息技术经济学构建流程实际上就是构建信息技术经济学的基本组织体系和基本内容的流程。信息技术经济学作为技术经济学的一个分支学科，其基本内容应该包括信息技术经济学的概论、理论、方法和应用四部分，即信息技术经济学概论、信息技术经济学理论、信息技术经济学方法和信息技术经济学应用四部分。

任何学科的构建都有一套完整的科学方法和流程。毛泽东主席在《矛盾论》中说过“人的思想不是从天上掉下来的，而是来源于实践”①。对于一个学科的构建来说，也是一样，不能来源于空想。任何一个学科的构建都是来源于现实社会经济发展的需要。社会经济的不断发展，不断带来各种新问题和新现象需要人们去了解、去解析、去回答。这个时候，当人们运用已有的学科理论和方法去解析和回答它们时，发现不能完全或不能很方便去解析和回答，人们就需要对已有的学科理论和方法体系进行创新，重构一门新的相关学科体系，然后再在实践中应用、检验并反过来修正所重构的学科体系，再检验，再修正，不断循环，不断完善所重构的学科概论、理论和方法以及应用等体系。

科学的发展规律和学科的发展规律也告诉人们，构建一门学科具有一定的流程和方法，有规范的构建路径和程序。一般来说，都是首先必须把现有问题列出来，弄清楚要解决的有关问题，解析清楚所涉及的有关基本概念、分类等；同时，分析该科学技术发展规律和要研究的主要问题，分

版）.2006年12月.第5卷第4期.第22页.

① 毛泽东.毛泽东选集[M].北京：人民出版社.1966年.第368页.

析自身行业或技术特征及其经济上的特殊性，参照或借鉴相关学科的理论和方法体系，归纳或提炼成为新的学科理论和方法体系；再运用该新理论和方法体系对现有问题进行检验和应用，验证学科和学科体系的可行性和合理性，发现不可行的或不合理的地方，再参照相关学科的理论和方法体系，结合该行业或技术特征，修正所构建的新的学科理论和方法体系内容，再在实际问题中检验，周而复始，循环进行，这样新的学科体系才可以建立，才能站得住脚。同时，建立的学科体系随着社会经济的不断发展和科学技术的不断进步，仍然会不断地修正，不断发展和优化，学科的完善过程是一个动态的发展过程，学科体系必须是一个开放的体系。

学科体系构建的流程可以用示意图描述如下：

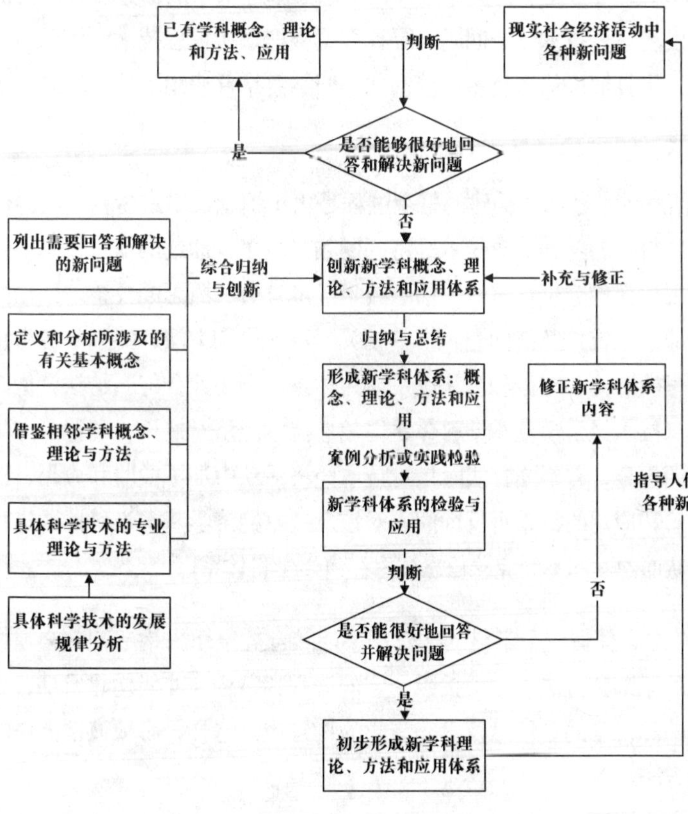

图3–1 学科构建流程

3 构建信息技术经济学的原则和方法

上述学科构建流程也是依据一般学科的范式："是什么—为什么—怎么做—何处用"的四维逻辑关系，总结归纳出一般学科构建的方法为"发现问题—寻找根据解析问题—寻找工具解决问题—归纳总结并应用于其他问题"。学科构建流程就是这种方法的具体应用："发现问题"就是已有的学科概论、理论和方法不能很好或很方便地解析和回答新出现的各种社会经济问题；"寻找根据解析问题"就是所参照的相关学科的概论、理论和方法体系以及具体的科学技术发展规律和特征；"寻找工具解决问题"就是所归纳总结出来的新的学科理论和方法体系；"归纳总结并应用于其他问题"就是指新构建的学科理论和方法的应用，并在实践中不断检验、修正和发展完善。

按照上面所述学科构建流程，信息技术经济学的构建流程和方法也是"发现信息技术经济问题—寻找理论根据解析信息技术经济问题—寻找方法工具解决信息技术经济问题—归纳总结并应用于其他信息技术经济问题。[①]"

信息技术经济学构建的整个过程是由于信息技术进步和社会经济的发展所带来的各种信息技术经济问题越来越多，通过对信息技术的特征和发展规律做分析，对有关信息技术经济学有关概念的分析，列出需要回答的信息技术经济问题，借鉴相关学科理论和方法，特别是参考技术经济学的概论、理论和方法以及应用体系，利用综合与归纳法，从而构建信息技术经济学基本学科体系即信息技术经济学概论、理论、方法和应用四部分，并不断在实际信息技术经济活动中加于检验和应用，然后把检验和应用的结果再反馈回去对信息技术经济学基本学科体系进行修正，从而建立和不断完善信息技术经济学学科体系。

总之，任何一个学科的构建都不能随意凭空想去构建，它必须遵循一定的原则和方法，必须按照一定的流程和路径，才能构建成功，才是可行的和科学的。信息技术经济学的构建也是这样，必须遵循上述的流程和方法。

① 张才明．构建信息技术经济学学科体系［J］．北京：北京交通大学学报（社会科学版）．2006年12月．第5卷第4期．第22页．

3.2.2 信息技术经济学学科体系

遵循信息技术经济学构建原则，依照学科构建流程，按照学科的“是什么—为什么—怎么做—何处用”四维范式的逻辑关系，作为技术经济学的一个分支学科，信息技术经济学学科体系的基本结构也应该是“概论—理论—方法—应用”的模式，即包括信息技术经济学概论、信息技术经济学理论、信息技术经济学方法和信息技术经济学应用四部分[①]。信息技术经济学学科体系用矩阵图描述如下：

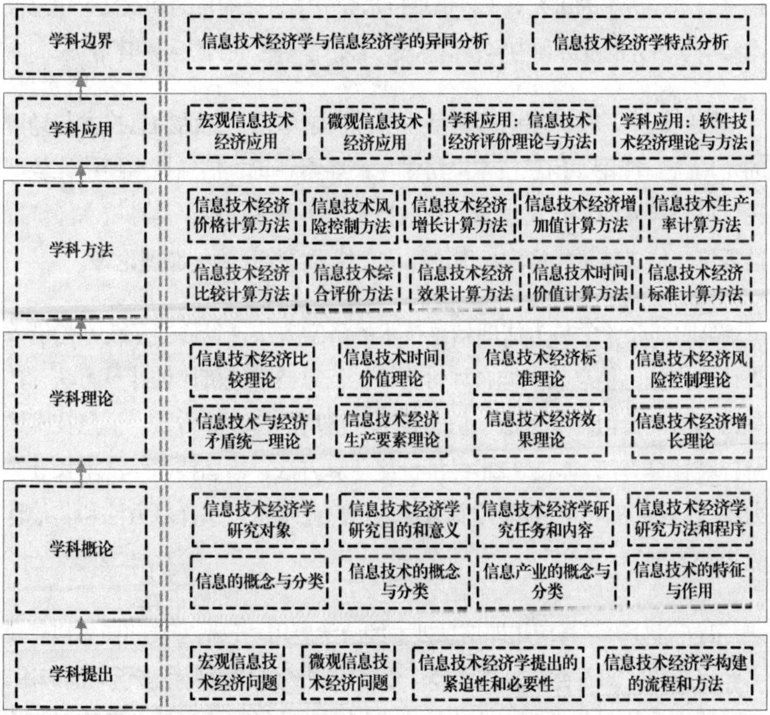

图3–2 信息技术经济学学科体系结构

从“图3–2信息技术经济学学科体系结构”由下往上分析，笔者把信息技术经济学学科体系分为六大部分：

① 张才明．构建信息技术经济学学科体系［J］．北京：北京交通大学学报（社会科学版）．2006年12月．第5卷第4期．第22页．

第一部分，学科问题的提出即信息技术经济学的提出。列出现存的一些宏观和微观信息技术经济问题，说明为什么需要提出信息技术经济学研究，阐述信息技术经济学提出的必要性和紧迫性；阐述是什么主、客观规律使得信息技术经济学的提出成为必然；同时阐述构建信息技术经济学的原则和方法，给出具体的信息技术经济学构建流程。

第二部分，学科概论即信息技术经济学概论。包括信息的概念与分类；信息技术的概念与分类和信息产业的概念与分类；信息技术的特征与作用；信息技术经济学的研究对象，信息技术经济学研究的目的和意义，信息技术经济学研究的任务和内容，信息技术经济学研究的方法和程序等。

第三部分，学科理论即信息技术经济学理论，包括信息技术与经济的矛盾统一理论、信息技术经济学生产要素理论、信息技术经济比较理论、信息技术时间价值理论、信息技术经济效果理论、信息技术经济标准理论、信息技术经济增长理论和信息技术经济风险控制理论等。

第四部分，学科方法即信息技术经济学方法，包括信息技术经济效果计算方法、信息技术综合评价方法、信息技术经济比较计算方法、信息技术时间价值计算方法、信息技术经济增加值计算方法、信息技术经济标准计算方法、信息技术经济价格计算方法、信息技术经济增长计算方法、信息技术经济风险控制方法、信息技术生产率计算方法和其他计算方法等等。

第五部分，学科应用即信息技术经济学应用。包括宏观和微观信息技术经济应用，即研究信息技术经济学在宏观经济和微观经济领域的应用，例如国家的信息化带动工业化的战略制定和选择；信息技术经济部门中的产业政策的选择或信息技术的标准制定；企业信息系统的研发、评价和比较选择；个人生活中的信息产品消费的选择等等。另外，在本书中，还增加了信息技术经济评价和软件技术经济研究，以此作为信息技术经济学具体信息技术领域的应用和实证，并分别各成一章进行详细阐述。

第六部分，学科边界，主要是分析和讨论信息技术经济学与其他相邻学科如信息经济学的异同以及信息技术经济学的特点。

3.3 信息技术经济学特点

信息技术经济学学科及学科体系的提出和建立，有助于人们尽快建立和发展信息技术经济学，且从属于技术经济学，成为技术经济学的一个新的分支学科。“技术经济学具有综合性、系统性、数量性、比较性、最优性、预测性、决策性、管理性、应用性……等特点”①。信息技术经济学作为技术经济学的一个分支学科，是技术经济学理论和方法在信息技术领域的发展和应用，因而，信息技术经济学也必然具有技术经济学本身的这些特点。

例如信息技术经济学的综合性既体现在技术经济学与信息技术科学的综合，也体现在信息技术科学和经济科学的综合。信息技术经济学的决策性体现在今天的信息技术已经成为几乎所有决策的主要手段和方法，比如信息技术在决策中的应用最典型的就是智能决策支持系统、机器人和电脑等信息技术方案和应用，它们已经超出了一般意义上的通用目的技术，可以说在当今社会经济活动中，没有信息技术的支持，没有充分的信息依据和评价，人们做很多决策将变得无从下手，因而信息技术经济学具有高强度的决策性。信息技术经济学的管理性体现在信息技术本身就是一种高知识含量的技术，信息技术方案经常就是借助这种高知识含量的信息技术来为社会经济活动中的管理服务，信息技术也已经发展成为社会经济活动管理的一个重要手段，而同样的一种信息技术方案，在同样的一个场合下应用，如果一个管理得好，一个管理得不好，所产生的经济效益是完全不一样的。信息技术经济学的应用性体现在随着信息技术和社会经济活动的发展，信息技术方案应用也越来越广泛。可以说不存在任何一种信息技术或信息技术方案没有应用性，却能获得发展，反之，也不会长久存在一种应用前景渺茫的信息技术或信息技术方案。任何一种信息技术或方案的创建、发展或改进，一定是有很强的应用性在里面，这是由于信息技术本身的应用性和高创新性特点决定的。高创

① 徐寿波．技术经济学［M］．南京．江苏人民出版社．1988年．第33~35页．

新性决定了信息技术必须不停地创新发展，必须要有用武之地，必须能不断地提高社会经济活动效率，才能有竞争力，有生命力，否则就会很容易被其他的信息技术或信息技术方案所代替，最终被淘汰。

信息技术经济学还具有广泛性和发展性。信息技术经济学的广泛性主要体现在信息技术在现实社会中的广泛应用，体现在信息技术经济问题类型和数量的广泛。信息技术经济学的发展性体现在研究内容的动态变化发展上。信息技术本身就是发展迅速的高新技术，导致信息技术呈现跳跃式的发展，信息技术的进步和更新日新月异，信息技术经济问题也是层出不穷；也就是说信息技术经济学所研究的内容将会随时间变化而变化，要适应这种变化和发展，信息技术经济学必须是可动态变化发展，必须具有发展性，否则信息技术经济学就无法适应信息技术和社会经济的发展变化，信息技术经济学的应用也无法满足未来社会经济活动的需求，也无法分析和解决未来不断出现的各种新的信息技术经济问题。

3.4 本章小结

任何学科的构建都不能随心所欲，都必须遵循一定的原则和方法，信息技术经济学构建也不例外。本章详细论述了信息技术经济学构建的原则，包括遵循科学发展规律的原则、遵循学科发展规律的原则、遵循技术经济学一般结构体系的原则、遵循信息技术发展规律的原则以及比照技术经济学其他分支学科体系的原则；本章同时详细论述了信息技术经济学构建的流程和方法，并给出了信息技术经济学学科体系的基本结构：概论、理论、方法和应用及其组成内容即信息技术经济学概论、信息技术经济学理论、信息技术经济学方法和信息技术经济学应用四部分；本章最后还阐述了信息技术经济学的特点。

4 信息技术经济学

4

信息技术经济学

4 信息技术经济学

4.1 信息技术经济学概论

4.1.1 信息技术经济学基本概念

信息技术经济学有关概念是指信息技术经济学中涉及的最主要的相关名词或基本要素。典型基本要素有信息、信息技术和信息产业的基本概念及分类、经济与信息技术经济的含义等。这些基本概念与分类是信息技术经济学概论的重要组成部分，也是信息技术经济学学科体系的基础内容之一。只有在分析清楚了有关概念和分类后，才能更好地分析信息技术的经济特性，才能更好地分析信息技术经济学其他概论内容和信息技术经济学理论、方法和应用等内容。

4.1.1.1 信息的概念与分类

（一）信息的概念

信息的概念非常多样，不同的学科，不同的领域有不同的定义，有不同的描述。归纳起来，目前比较全面的有关信息的定义大概有以下七个：

（1）从接受信息的认识主体来定义。如中国《辞源》对信息的定义"信息就是收信者事先所不知道的报导"即为如此，类似的定义还有申农（Shannon）在1948年写的《通信的数学理论》中定义为"信息是能够消除不确定性的东西"。

（2）从产生信息的客观对象来定义。例如"信息是客观世界各种事物变化和特征的反映"；"信息是事物运动的状态和方式"①。这类的定义说明客观世界是"形"，而信息就是反映它的"影"。因此有的学者认为"信息是能够变换载体并保持其基本内容的、在运动过程中至少一端与生物或控制系统相连接的一种特殊的物质运动形式，其内容取决于过程端点的活动状态或反映状态。"②

① 乌家培 谢康 王明明．信息经济学［M］．北京：高等教育出版社．2002年．第18页．
② 葛伟民．信息经济学［M］．上海：上海人民出版社．1989年．第5页．

（3）从信息所依附的载体来定义。例如大多数人把信息定义为“信息是信号、数据、资料、情报、消息、新闻和知识的总称”。① 这种定义说明信息作为内容有它的外在表现形式。美国经济学家奈特（F.H.Knight）在1921年出版的《风险、不确定性和利润》一书中，甚至把信息定义为“信息是一种主要的商品”。

（4）从区别能量和物质来定义。把信息和能量、物质定义为反映客观存在并不依赖人们发现和认识时间早晚的三个基本科学概念之一。定义为信息是区别于物质、能量的另一个构成世界的重要要素。

（5）从信息的发送、传输、接收的统一客体和主体之间的相互作用来定义。信息论和控制论的创始人之一维纳（N.Wiener）在《人有人的用处》中把信息定义为“信息是人们在适应外部世界并且使这种适应反作用于世界的过程中，同外部世界进行交换的内容的名称”。艾什比（Ashby）在1956年《控制论导论》中则从观察者的分辨能力来确定集合的属性时定义信息为“信息就是集合的变异度”。

（6）从信息的内容和载体角度来综合定义。有些学者还就此综合的做了狭义和广义的划分，认为“狭义地理解，信息就是一种消息、资料和数据。广义地理解，信息是物质的一种普遍性，是物质存在方式和运动的规律与特点的表现形式②”。

（7）从能量与物质平均扩散后的状态或功能的角度上来定义。如“信息是负熵，信息是加工知识的原材料”布里渊（Brillouin,1956）。

上述信息的概念都有其道理和科学性。从信息在人与客观世界的关系中所发挥的作用来看，笔者偏重于信息论和控制论的创始人之一维纳对信息的定义。

---

① 乌家培 谢康 王明明 . 信息经济学［M］. 北京：高等教育出版社 . 2002年 . 第18页 .

② 马费成 . 情报经济学［M］. 武汉：武汉大学出版社 . 1991年 . 第22页 .

（二）信息的分类

对于信息的分类，不同的学者有不同的分类。根据维纳的信息定义，并拓展到人作用于外界过程的方式、渠道，结合人的信息感官功能和信息所表现出来的状态，归纳有关文献[①,②,③]，对信息的类别可以划分为以下四类：

（1）客观信息：就是永恒存在的状态信息，一般指发送方输出的客观存在的信息，并且不以它是否被接收方接收为转移的恒在信息；类似乌家培教授等分类中的自在信息[④]。

（2）运动信息：是指发送方已经发出，接收方还没有收到，正处于传输中的信息；它可能会在传输中减弱、变化或消失，也可能完整传输到接收方，总之是处于一种运动状态的信息。

（3）判断信息：就是接收方已有的先验信息及对接收到的信息的解释系统。它具有保存、选择、判断和分析信息的过程能力，这个概念和乌家培教授等分类中的积存信息基本上相同。

（4）再生信息：是指接收方依据特定目的和实际能力所得到的信息。它能排除对发送方了解的不确定性，可以增加接收方的组织程度，即有序性；类似乌家培教授等分类中的自为信息。

这四种类型的信息也可以按照信息的流通状态，对应人的信息感官功能，可以分别找到一一相应人类的感觉器官、传导神经网络、思维器官和效应器官四大信息器官。人们首先要通过感觉器官来获取它，通过视觉、听觉、嗅觉、味觉、触觉甚至第六感觉来获取客观信息。同时，人类可以通过传导神经网络来传递信息，传导神经网络包括导入神经网

① 葛伟民．信息经济学［M］．上海：上海人民出版社．1989年．第5~10页．

② 乌家培 谢康 王明明．信息经济学［M］．北京：高等教育出版社．2002年．第15~30页．

③ 马费成．情报经济学［M］．武汉：武汉大学出版社．1991年．第10~35页．

④ 乌家培等曾对信息的含义进行了三种划分，即自在信息、积存信息和自为信息。见：乌家培 谢康 王明明．信息经济学［M］．北京：高等教育出版社．2002年．第19页．

络和导出神经网络以及中间传导神经网络。它们都是运动信息的载体。接收方在接到发送方或获得恒在信息，将通过思维器官进行各种信息处理，包括记忆、联想、分析和决策，以致产生再生信息。对再生信息的执行表现出来的就是判断信息，通过操作器官如手，行走器官如脚，语言器官如舌等效应器官来执行或表达思维器官发出的命令又是再生信息等等。

（三）信息的特征

归纳有关文献[①、②、③]，信息的特性归纳起来主要有以下几点：

一是具有客观性。无论是主观信息还是客观信息，都是以客观存在、客观内容、客观信息为前提的，即使有不符合客观事物的信息存在，也是因为人们的认识能力有限导致信息的不真实。

二是具有普遍性。万事万物都是通过信息来反映，任何物质都具有信息性。无论是自然界的演化还是人类社会经济活动的过程中，都存在信息的产生、交流、传输和处理加工等。

三是具有无限性。信息与物质一样，是无限的，永远不尽不竭。虽然，由于人们主体认识的有限性存在，所获得的信息有限，但信息本质是无限的。

三是具有不完全性。由于无限性存在，人们对客观事物的运动状态和方式的认识常常存在不完全性。

四是可传递性。信息在时间上的传递就是存储，在空间上的传递就是扩散，信息就是通过传递来扩大利用和收益面的。

五是可分享性。信息很难完全具有唯一性和排他性，信息的使用价值在某一个时刻即使为某一个使用者使用，其他使用者也还是可以使用

① 葛伟民．信息经济学［M］．上海：上海人民出版社．1989年．第5~10页．
② 乌家培 谢康 王明明．信息经济学［M］．北京：高等教育出版社．2002年．第15~30页．
③ 马费成．情报经济学［M］．武汉：武汉大学出版社．1991年．第10~35页．

这个信息。

六是附载性。任何信息必须依附其载体而存在，自身不能单独存在，但信息的载体是可以变换的。

以上信息的特性可以说是基本特性，有的学者还增加了动态性、计量性[①]等信息特性。动态性是因为有无限性和不完全性，所以存在变动。计量性，无论从微观还是从宏观来看，真正要计量信息，是很困难的，可计量性还不如可定性更合适些。虽然存在无限性和不完全性，有的定性也不完全准确。因此有六大特性基本上描述清楚了信息的特性。当然，以上六大特性具体用词和另一些学者可能不完全一致，但含义基本上差不多[②]。

4.1.1.2 信息技术的概念与分类

（一）信息技术的概念

"信息技术是指完成信息收集、存储、加工、发布、传送和利用等技术的总和"[③]。这个概念目前比较流行，引用也是最多、最广泛的，即使有的描述不是与此完全相同，但意思都差不多。但这个概念对软性的信息技术如信息技术解决方案、制度或方法没有明确。也有学者认为"信息技术是用于信息操作的各种方法和技能以及工艺过程或作业程序的相关工具及物质设备"[④]，这个定义考虑了方法和技能，但也同样没有考虑其他软性信息技术如管理制度、信息技术解决方案等."自然技术是硬技术，社会技术是软技术……如果说硬技术是指生产力的话，那么软技术就是指生产关系和上层建筑的内容。新的广义技术的概念应该包括硬技术和

① 乌家培 谢康 王明明．信息经济学［M］．北京：高等教育出版社．2002年．第19~20页．
② 例如乌家培等认为可分享性就是共享性，认为附载性就是依附性等。乌家培 谢康 王明明．信息经济学［M］．北京：高等教育出版社．2002年．第19~20页．
③ 曲维枝．信息产业与我国经济社会发展［M］．北京：人民出版社．2002年．第1页．
④ 张正德．美国信息技术的发展及其经济影响［M］．武汉：武汉大学出版社．1995年．第7页．

软技术两个方面……”[①]。

因此，笔者认为:“信息技术也可以有广义和狭义之分，广义信息技术的概念也应该涵盖软、硬信息技术范畴，信息技术是指一切涉及信息的生产、收集、存储、处理、流通和应用的技术、相关方法、制度和技能，以及相关工具和物质设备等。”[②]信息技术是涉及信息的一切自然技术和社会技术，包括信息劳动者的技能，也包括信息劳动工具和信息劳动对象，同时还包括了涉及信息技术的管理制度、方法体系、信息技术解决方案、系统集成和信息技术服务等。狭义信息技术是指以现代微电子为应用基础的信息和通信技术（Information and Communications Technology, 简称ICT）。主要包括计算机软、硬件技术、互联网技术和通信通讯技术以及信息传输传感及信息服务技术[③]。

信息技术作为一种区别于农业技术、工业技术、能源技术、商业技术等技术门类的技术，在社会经济活动中一直存在。从历史的角度来看，信息技术经历了古老的“结绳记事”、“穿珠计数”，到文字的发明、印刷术、指南针、电报、电话等通信技术，直到今天的以计算机技术为典型代表的现代信息技术，尤其是从20世纪60年代以来，随着半导体技术、微电子技术、集成电路技术、通讯技术和计算机技术等领域的突飞猛进，现代信息技术得到革命性的发展，信息技术对社会经济活动的影响越来越大，信息技术经济问题也越来越突出，人们也越来越重视和关注信息技术的发展。随着时间的推移，未来信息技术发展还将越来越快，越来越先进，对社会经济的发展影响将越来越大、越来越显著，有必要重视并开展信息技术经济评价研究。

---

① 徐寿波．技术经济学［M］．南京：江苏人民出版社.1988年．第6~8页．

② 张才明．信息技术的概念与分类问题研究［J］．北京：《北京交通大学学报（社会科学版）》．2008年6月．

③ 同上．

（二）广义信息技术的分类

（1）信息技术科学中的信息技术分类

人体信息器官从功能上分主要有感觉器官、传导神经器官、思维器官和效应器官四大类：感觉器官主要功能是获取信息，包括视觉、听觉、嗅觉、味觉、触觉甚至第六感觉直觉；传导神经器官主要功能是传递信息，包括导入神经网络和导出神经网络以及中间传导神经网络；思维器官主要功能是处理和再生信息，包括记忆、联想、分析、推理和决策等；效应器官主要功能是使用并反馈信息，包括操作器官如手，行走器官如脚，语言器官如舌等。

信息技术从根本上来看，都是为了扩展和延伸人的信息器官功能，因此，可以把狭义信息技术归类成相应的获取信息的信息技术、传输信息的信息技术、处理和再生信息的信息技术以及应用和反馈信息的信息技术四大类[①]：获取信息的信息技术代表如感测技术，它是为了扩展和延伸感觉器官功能，包括遥感和遥测技术等；传输信息的信息技术代表如通信技术，它是为了扩展和延伸传导神经器官功能，包括一般意义上的通信技术和跨时域传递信息的存储技术等；处理和再生信息的信息技术代表如智能技术，它是为了扩展和延伸思维器官功能，包括计算机软硬件技术，人工智能技术和人工神经网络技术等；应用和反馈信息的信息技术代表如控制技术，它是为了扩展和延伸效应器官功能，包括调节技术和控制技术等[②]。

按照人体信息器官和信息技术的对应关系，狭义信息技术的分类如下表4-1：

① 孟晓维 张桂芳．信息技术解读［M］．济南：山东大学出版社．2006年8月．第16~18页．

② 张正德．美国信息技术的发展及其经济影响［M］．武汉：武汉大学出版社．1995年8月．第7~8页．

表4-1 按人体信息器官划分的狭义信息技术分类

人体信息器官	人体信息器官功能	对应信息技术	对应信息技术代表	对应的细化信息技术代表
感觉器官	获取信息	信息获取技术	感测技术	雷达、传感技术、遥感技术、遥测技术、探测技术等……
			内容技术	信息挖掘技术、数据库技术……
			……	……
传导神经器官	传递信息	信息传输技术	通信技术	传输技术、卫星通信技术、光纤通信技术、信息交换技术……
			网络技术	接入接出网络技术、网管网控技术……
			传输软件技术	通信软件技术、网络软件技术……
			传播技术	通讯、广播、电视、邮政……
			……	……
思维器官	处理和再生信息	信息处理技术	计算机硬件技术	芯片技术、存储技术、主板技术、总线技术……
			计算机软件技术	软件工程技术、软件检测技术、设计技术……
			多媒体技术	多媒体信息转换技术……
			人工智能技术	数字化技术、智能技术、模拟技术……
			人工神经网络技术	神经决策技术……
			信息处理技术	计算技术、统计分析技术、文件处理技术、档案处理技术、报表技术……
			……	……
效应器官	应用和反馈信息	信息应用技术	控制技术	导弹控制技术、调节技术和控制技术……
			自动化技术	工厂自动化技术、办公自动化技术、家庭自动化技术、……
			互联通讯技术	集成技术、人机接口技术……
			机器人技术	机器人技术……
			显现技术	CT技术……
			……	……

上面的信息技术的分类方法是目前在信息技术科学中大众比较认同和接受的分类方法。另外，也有学者按照信息的技术载体或信息技术的支撑技术，把信息技术分为微电子信息技术、光电子信息技术、超导电子信息技术、分子电子信息技术、生物信息技术①等。还有学者按照技术要素直接给信息技术分类为微电子技术、通信技术、计算机技术、网络技术、软件技术等②。

（2）广义信息技术的软硬分类

信息技术的分类，像信息的分类一样，不同的学科领域、不同的学者有不同的划分方法，从各自的划分目的和用途来说，都有其科学性和合理性。从信息技术经济学研究目的和需要出发，也可以有自己的分类。根据技术经济学中的关于技术的软、硬分类方法③，把信息技术也划分为硬信息技术和软信息技术两大类④。一般来说，本身即是可见物质或介质的所有信息技术，都可以划分为硬信息技术，比如计算机等；本身不可见，或者需要借助其他介质来体现的所有信息技术，都可以划分为软信息技术，如软件技术、信息技术解决方案、信息技术管理制度和信息技术方法体系等。硬信息技术侧重于机器、设备、工具等，而软信息技术侧重于软件、信息服务等。其中，硬信息技术主要包括计算机类硬件及其设备技术、通信硬件及其设备技术、电子与半导体类硬件及其设备技术、科学仪器类硬件及其设备技术、其他信息技术硬件及其设备技术等。软信息技术包括各种软件技术、各种信息服务技术、各种信息技术解决方案、信息技术管理制度和信息技术方法体系等。每一类型中又包括很多细化的信息技术。如软信息技术中的软件技术就包括各种信息系统、各种软件如数据库软件、办公软件、杀毒软件、企业管理软件、中间件、分析决策软件、社会信息管理软件等各种软件技术。值得说明的，有的信息技术本身硬件或设备属于硬信息技术范畴，但它的使用和运行则表

① 乌家培 谢康 王明明．信息经济学［M］．北京：高等教育出版社．2002年．第104页．

② 曲维枝．信息产业与我国经济社会发展［M］．北京：人民出版社．2002年．第2页．

③ 徐寿波．技术经济学［M］．南京：江苏人民出版社．1988年．第7页．

④ 张才明．信息技术的概念与分类问题研究［J］．北京：《北京交通大学学报（社会科学版）》．2008年6月．

现为软信息技术，如电话机、交换机等都是硬信息技术，但运用电话机通电话即通信则是一种信息服务技术，因此，电话机本身是硬信息技术，但通信则是一种软信息技术。在很多方面或领域，实际中都需要软、硬信息技术搭配起来一起才可以正常使用，才可以产生经济效果。归纳起来，从信息技术经济学的角度考虑，广义信息技术的分类可以用图表示如下[①]：

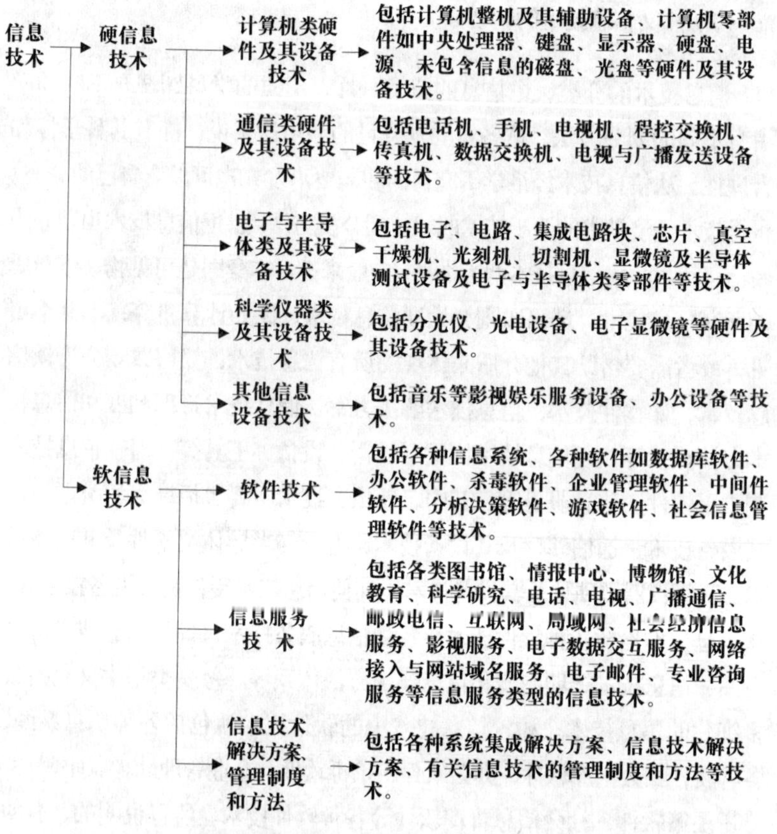

图4-1 信息技术经济学中的信息技术分类

① 张才明．信息技术的概念与分类问题研究［J］．北京：《北京交通大学学报（社会科学版）》．2008年6月．

(三)信息技术软、硬分类的必要性

对于信息技术的分类，在信息技术科学领域和信息经济学界，还有多种多样分类。任何分类、归类和描述都有自身的道理，特别是信息处理和再生技术往往和应用反馈信息技术密不可分，例如人工智能技术在很大程度上也是应用反馈技术，而自动化技术也有很多是信息处理和再生技术。笔者认为，从信息技术经济学的研究角度，有必要对信息技术进行软、硬分类。其原因如下：

(1)技术经济学中的技术的软、硬分类方法为信息技术的软、硬分类方法提供了参考和指导。

信息技术经济学是技术经济学的一门新的分支学科。技术经济学中的研究方法完全可以为信息技术经济学的研究方法所用，技术经济学中的关于技术的分类方法也完全可以为信息技术经济学中的信息技术的分类所采用。"技术是生产力，既包括劳动者的技能，也包括劳动工具和劳动对象。"[①]"科学有硬科学和软科学的说法，技术也有硬技术和软技术之分。……所谓技术进步，应该既包括硬技术进步，也包括软技术进步。"[②]信息技术作为技术中的一种门类技术，也完全可以借鉴技术的软、硬分类法，分为硬信息技术和软信息技术，信息技术进步也完全可以分为硬信息技术进步和软信息技术进步[③]。

信息技术的软、硬分类方法继承了技术经济学的软、硬技术的分类方法，客观上把信息技术经济学的研究方法和思路与技术经济学的研究方法和思路保持了一致，也客观上体现了信息技术经济学是技术经济学的一门分支学科，保证了信息技术经济学的学科属性不变。

(2)信息技术的软、硬分类客观上为信息技术经济效果的确定提供了方便。

① 徐寿波．技术经济学[M]．南京：江苏人民出版社．1988年．第7页．
② 同上．第7页．
③ 张才明，信息技术的概念与分类问题研究[J]．北京：《北京交通大学学报(社会科学版)》．2008年6月．

4 信息技术经济学

信息技术经济效果的确定最重要的就是全部社会成本（或费用）和效益的确定，“根据技术经济效果中的社会全部效益理论，社会全部效益包括直接效益和间接效益两部分”①，“社会全部效益，除了要考虑技术方案本身所产生的直接效益（或叫内部效益）以外，还必须考虑技术方案对社会各方面所产生的间接效益（或叫外部效益）。如果说直接效益总是正数的话，那么间接效益可能是正数，也可能是负数。”②“宏观技术经济评价所用的费用指标是技术方案的社会（全部）消耗费用指标，或叫社会（全部）成本指标，它包括本部门的社会消耗费用，也包括相关部门的社会消耗费用，社会消耗费用包括两个部分：一是直接消耗费用，又叫直接成本；二是间接消耗费用，又叫间接成本。”③因此，信息技术经济效果的确定也需要考虑直接成本和间接成本，直接效益和间接效益。

采用信息技术的软、硬分类方法，能够很好地帮助我们有区别的确定信息技术方案的成本和效益。一般来说，无论是硬信息技术还是软信息技术，其直接成本和效益比较容易确定，比较困难的就是间接成本和效益。从信息技术的特性来看，一般来说，硬信息技术容易造成更多的间接成本，软信息技术容易造成更多的间接效益，且大部分间接效益为正的效益。

在经济学中，常常会提到外部性④，对一些硬信息技术而言，常常存在外部负效应，比如计算机中央处理服务器就具有噪音和辐射的外部性，光电设备、手机、通信发射基站等在使用中产生的电磁辐射的外部负效应；对软信息技术来说，则更多的是存在外部正效应，比如大部分的信息服务技术如互联网网络、好的图书和影视作品等，以及信息技术解决

① 徐寿波．技术经济学［M］．南京：江苏人民出版社．1988年．第247页．

② 同上．第237页．

③ 同上．第218页．

④ 外部性：指在生产或消费的过程中，给他人带来非自愿的成本或收益，即成本或收益被强加于其他人身上，而这种成本或收益并没有由引起成本的或接受收益的人加以补偿。外部性有积极的，也有消极的，前者称为外部经济性或外部正效应，后者成为外部非经济性或外部负效应。见：［美］保罗·A.萨缪尔森 威廉·D.诺德豪斯．经济学［M］．北京：中国发展出版社．1992年．第518页．

方案如系统集成解决方案等。运用经济学理论和分析方法，很容易得出：对于存在外部正效应的软信息技术来说，市场均衡的规模都是低于社会最优效率水平的规模，因而往往容易出现生产不足，为此，理论上这类软信息技术往往需要国家进行补贴，鼓励生产者把不足的产量尽可能的生产出来，实现最大化社会收益，即实现社会“福利”最大化；对于存在外部负效应的软信息技术来说，如盗版软件，市场均衡的规模都是大于最优社会效率水平的规模，因而往往容易出现生产过量，也说明所生产出来的超过社会最优水平的市场数量的边际社会成本超过了生产者获得的边际收益，为此，理论上如这类盗版的软件等软信息技术往往需要国家进行征税或惩罚，使得超过社会最优水平的产量不生产出来，则可以减少社会所负担的成本。

当然，严格说来，也不是所有的硬信息技术都具有外部负效应，更不是所有的软信息技术都具有外部正效应。比如硬信息技术中的可视电话机，越多的消费者使用可视电话机，就意味着越多的人可以实现可视通话，从而带来外部正效应；软信息技术中的盗版软件、过量电子邮件等都是外部负效应。过量的广告电子邮件不仅消耗了发送者的成本，也耗费了接受者的成本，从而带来了明显的外部负效应。另外有的硬信息技术和软信息技术还可能同时会具有外部正效应和外部负效应。

技术经济学中的社会全部效益理论和社会全部成本理论与经济学中外部性理论，本质上应该是一致的[①]。外部负效应相当于带来了外部成本的增加，外部正效应则相当于带来了外部正效益的增加。西方经济学对外部性的解决办法主要是征税或补贴，而技术经济学中则是在做技术方案评价是就把这些外部性以间接成本和间接效益的方式考虑了进来，并参与技术方案的评价结果的运算，相当于在做技术方案评价和比较时就已经把外部性的影响考虑了进来，因此，笔者认为，技术经济学中的社会全部效益和成本理论和经济学中的外部性理论本质是相同的。而对于信息技术来说，采用软、硬信息技术的分类，客观上为信息技术方案的

① 张才明.信息技术的概念与分类问题研究［J］.北京：《北京交通大学学报（社会科学版）》.2008年6月

直接效益和直接成本、间接效益和间接成本的确定提供了方便，为信息技术经济效果的确定提供了方便，也为经济学中的外部性分析提供了对比分析[①]。

（3）信息技术的软、硬分类方法更好地体现了信息技术的经济特性。

从经济学的角度分析，软、硬信息技术的经济特性几乎完全不同。它们的效用规律、市场需求曲线、消费者剩余和价格补偿机制、成本曲线和供给曲线都不相同[②、③]。

硬信息技术的效用规律和传统商品的效用规律相似，遵循的是边际效用递减规律[④]；而大部分软信息技术遵循的是边际效用递增规律，原因主要有三点[⑤]：一是由于大部分软信息技术具有外部正效应，前面的消费者的消费行为都会使以后的消费者的消费行为增值，也就是说，每个新增消费者所得到的效用比市场中先前消费者购买时所得到的效用增加了，这种边际效用的递增实际上是大部分软信息技术自身的客观效用在增加。典型的例子就是互联网。随着使用互联网的人越来越多，产品的效用也越来越大，不仅新增消费者所得到的边际效用在增加，按照梅特卡夫法则[⑥]，其总效用也在增加。二是由于大部分软信息技术都具有路径依赖性，一旦消费者选定了某一软信息技术，很难再转移消费，具有“消费锁定”

① 张才明．信息技术的概念与分类问题研究［J］．北京．《北京交通大学学报（社会科学版）》．2008年6月．

② 张才明 王烨． 软件技术的经济性分析［J］，南昌：《企业经济》． 2011年1月．

③ 张才明． 信息技术的概念与分类问题研究［J］．北京：《北京交通大学学报（社会科学版）》． 2008年6月．

④ 边际效用递减规律：即在外部其他条件不变的情况下，随着消费者对某种商品消费量的增加，商品的边际效用（即消费一定量的商品中最后增加的那一个单位商品所增加的效用）是递减的，见：［美］保罗·A. 萨缪尔森 威廉·D. 诺德豪斯．经济学［M］．北京：中国发展出版社．1992年．第675~678页．

⑤ 张才明． 信息技术的概念与分类问题研究［J］．北京：《北京交通大学学报（社会科学版）》． 2008年6月．

⑥ 梅特卡夫法则：由鲍勃·梅特卡夫（Bob Metcalfe）提出，意思为：网络的价值以用户数量的平方速度增长，即 $V=n^2$（V 表示网络的总价值，n 表示该网络的用户数量）。见张小蒂 倪云虎．网络经济［M］．北京．高等教育出版社．2002年8月．第23页．

效果，典型的例子就是计算机软件，因为转换的软、硬件的成本和时间、精力、学习成本等各种成本都很高，一般消费者都不会轻易更换软件。三是大部分软信息技术都具有自动处理或增殖的功能，一旦某种软信息技术得到广大消费者的认同，则这种技术的用户基数会很快迅速扩大，与该技术配套的辅助信息技术也会越来越多，同时消费者对辅助技术的种类和该技术的功能的预期也会越来越多、越来越强，进而用户也越来越多，消费者获得的效用也更大。这种正反馈循环的状态促使了大部分软信息技术具有自发性的扩张态势，而在这一扩张的过程中，消费者使用该信息技术的边际效用也就自发性的随之越来越大。

硬信息技术的市场需求曲线也类似传统的商品，也是递减，且向下方倾斜。因为硬信息技术的消费者需求曲线和传统商品的消费者需求曲线类似，也是递减，向下方倾斜。对于绝大多数硬信息技术来说，如果不考虑外部性，即消费者之间并不相关，则硬信息技术的市场需求曲线是个人消费者需求曲线的水平方向加总。而对于绝大部分软信息技术来说，由于具有边际效用递增现象，且具有外部性。对包括了所有消费者的软信息技术的整个市场来说，其外部性必须考虑进来。如果把外部性看作一种内生变量，且某个消费者的消费导致的其他消费者效用的增加，抵消了该消费者的边际效用的减少，因而从整个市场来说，边际效用仍然是递增的。边际效用决定需求价格，对于大部分是外部正效用的软信息技术来说如计算机互联网络技术，随着市场需求量的增加，市场上消费者愿意支付的价格也随之提高，即大部分软信息技术的需求价格取决于该技术给消费者带来的边际效用，而边际效用又是由该技术的消费规模即需求量所决定的。因此，这时，具有外部正效应的软信息技术的市场需求曲线理论上是一条向右上方倾斜的曲线①。

软信息技术的市场需求曲线递增且向右上方倾斜并不意味着软信息技术的价格可以不断提高。实际上，软信息技术的价格需要不断的下降，才能不断吸引消费者购买。原因就是硬信息技术的市场需求曲线是递减

① 张才明．信息技术的概念与分类问题研究［J］．北京：《北京交通大学学报（社会科学版）》．2008年6月．

且向下方倾斜，因而消费者剩余是正的，从而可以保持价格稳定；而软信息技术的市场需求曲线是递增且向右上方倾斜，因而消费者剩余是负的，因此，在实际中，需要软信息技术生产者不断降低价格，以降低负的消费者剩余，从而吸引消费者购买[①]。

从厂商角度分析来看，各种硬信息技术的成本曲线和一般传统私人商品的成本曲线非常类似，设 AC（Average Cost）为平均成本，MC（Marginal Cost）为边际成本，其成本曲线如图4-2：

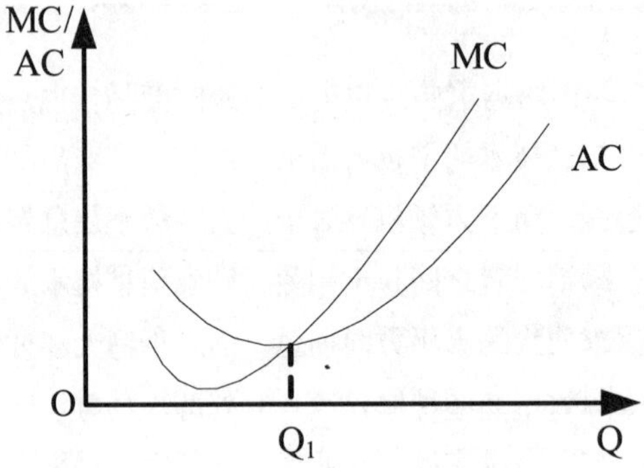

图4-2 硬信息技术的成本曲线

其中边际成本曲线 MC 经过平均成本 AC 的最低点，所对应的技术数量就是 Q_1，即最佳生产规模。

但对于软信息技术的厂商来说，则完全不一样。一般来说，作为知识性技术，软信息技术的研发成本非常高，初始投入非常大，但一旦第一单位的软信息技术研制成功，后面各单位软信息技术的生产只不过是对第一单位的简单复制，比如计算机软件，研究开发的成本很高，但以后复制技术的成本仅仅就是一张光盘的成本，技术数量的变化引起成本变化仅仅就是光盘本身的成本，光盘本身的成本相对软件开发成本来说，基本上可以忽略，同时随着软件技术产量的增加，单位软件所分摊的平均成本是不断下降的，因而软件的规模效应也越来越大，软件供应商可

① 张才明. 信息技术的概念与分类问题研究［J］. 北京：《北京交通大学学报（社会科学版）》. 2008年6月 .

以继续不断地扩大规模生产，其利润也可以越来越大。软信息技术本身的这种边际成本快速趋近于零的特性在社会经济生活中的互联网、计算机软件和电话通讯等行业同样表现得特别明显，其初始投入成本基本上占有绝大部分，不管是一个用户还是成千上万乃至成亿的用户规模，其后续增加的成本很低，边际成本基本上可以看作为零，平均成本却越来越低，总收益越来越大。[①] 设 AC（Average Cost）为平均成本，MC（Marginal Cost）为边际成本，则软信息技术的成本曲线如图4–3：

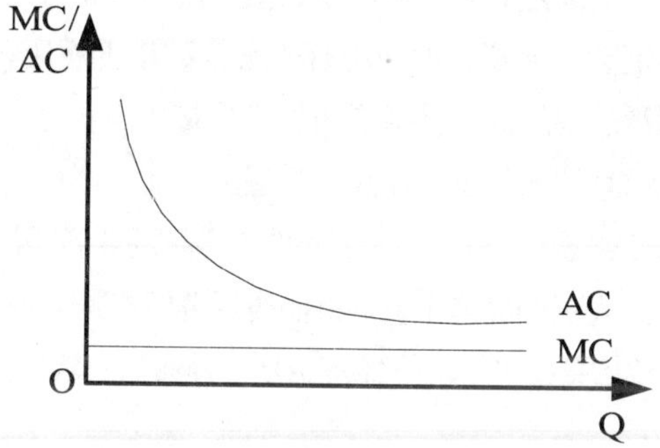

图4–3 软信息技术的成本曲线

边际成本 MC 在第一个单位技术以后几乎都近似为零，表现为不随信息技术数量 Q 的变化而变化，相当于水平线，平均成本曲线则递减。

硬信息技术和软信息技术的供给曲线也不一样。由于边际成本递增规律的存在，平均成本最终也是递增，因此，可以将价格看作自变量，价格决定厂商的供应量且相互影响，价格上升供给量增加；价格下降供给量减少，反过来，供应量上升使得价格下降，供应量下降使得价格上升。硬信息技术的供给曲线完全符合这种规律。但是对于软信息技术来说，由于边际成本几乎为0，平均成本无限接近于0，因此，对于厂商来说，价格对其愿意提供的技术数量的影响相当有限，即使价格很低，只要数量足够多，厂商仍然可以获利。因此，供应量决定价格，价格不是自变量，而供应量是自变量。这可以从两个方面理解：一是大部分软信

① 张才明. 信息技术的概念与分类问题研究［J］. 北京：《北京交通大学学报（社会科学版）》. 2008年6月.

息技术具有边际效应递增规律，产品市场规模越大，对消费者的效用也越大，价格反而可以逐步提高；而市场规模越小，消费者也只愿意出较低的价格，因此，软信息技术的价值应该取决于市场规模，二是，由于边际成本几乎为0，平均成本无限接近于0，这为厂商降低价格提供了基础。比如软件，软件开发出来后，厂商愿意提供的产量是无限的，因为其随产量增加而增加的成本微不足道，只要销售出去了，达到一定的量时，就有一定的利润，哪怕是很低的价格。同时，由于软件具有路径依赖，有典型的消费锁定效果，软件厂商出于占领市场目的，也会主动降低价格，促使消费者购买，即使现有的销售数量不能让软件厂商获利，厂商也可以利用后期的软件升级费用和维护费用等获得补偿。因此，可以简单归纳软信息技术的供给曲线为递减，即随着产量的增加，软信息技术的价格越来越低①。正如美国麻省理工学院的著名经济学家保罗·克鲁格曼所说："在互联网经济中，供给曲线下滑而不是上扬。"②互联网就是典型的一种软信息技术，网络经济也是一种典型的软信息技术经济。

总之，信息技术的软、硬分类，不仅扩展了经济效果意义上的信息技术范围，即把信息技术的解决方案、管理制度和方法体系也纳入软信息技术里面，而且还能更好更方便地探讨信息技术经济问题，更好地把信息技术的经济特性表现出来，对研究信息技术经济效果和进行信息技术经济方案评价比较时也具有特别意义。

4.1.1.3 新一代信息技术

我国"十二五"规划中明确了战略新兴产业是国家未来重点扶持的对象，其中信息技术被确立为七大战略性新兴产业之一，将被重点推进。《国务院关于加快培育和发展战略性新兴产业的决定》中列了七大国家战略性新兴产业体系，其中包括"新一代信息技术产业"。新一代信息技术分为六个方面，分别是下一代通信网络、物联网、三网融合、新型平板显示、高性能集成电路和以云计算为代表的高端软件。

---

① 张才明. 信息技术的概念与分类问题研究［J］. 北京:《北京交通大学学报（社会科学版）》. 2008年6月.

② 张小蒂 倪云虎. 网络经济［M］. 北京. 高等教育出版社. 2002年8月. 第49页.

4 信息技术经济学

《国务院关于加快培育和发展战略性新兴产业的决定》中关于发展"新一代信息技术产业"的主要内容是，"加快建设宽带、泛在、融合、安全的信息网络基础设施，推动新一代移动通信、下一代互联网核心设备和智能终端的研发及产业化，加快推进三网融合，促进物联网、云计算的研发和示范应用。着力发展集成电路、新型显示、高端软件、高端服务器等核心基础产业。提升软件服务、网络增值服务等信息服务能力，加快重要基础设施智能化改造。大力发展数字虚拟等技术，促进文化创意产业发展"。其中与通信业有关的是宽带网络、新一代移动通信（即Time Division–Long Term Evolution：TD–LTE 及其后续标准4G）、下一代互联网核心设备和智能终端、三网融合、物联网等。

1. 下一代通信网络

下一代通信网络 NGN（Next Generation Network）是指一个建立在Internet Protocol（IP）技术基础上的新兴公共电信网络，它能够容纳各种形式的信息，在统一的管理平台下，实现音频、视频、数据信号的传输和管理，提供各种宽带应用和传统电信业务，是一个真正实现宽带窄带一体化、有线无线一体化、有渊无源一体化、传输接入一体化的综合业务网络。下一代通信网络中光网络的建设、软交换及3G、4G的建设尤为关键。①

2. 物联网

从2009年无锡物联网产业基地的设立到2010年温总理提出感知中国，物联网已经成为市场热门话题。物联网是新一代信息技术的重要组成部分。物联网的英文名称叫"The Internet of Things"。顾名思义，物联网就是"物物相连的互联网"。这有两层意思：第一，物联网的核心和基础仍然是互联网，是在互联网基础上的延伸和扩展的网络；第二，其用户端延伸和扩展到了任何物体与物体之间，进行信息交换和通信。因此，物联网的定义是：通过射频识别（Radio Frequency IDentification RFID）、红外感应器、全球定位系统、激光扫描器等信息传感设备，按约定的协议，把任何物体与互联网相连接，进行信息交换和通信，以实

① http://wenku.baidu.com/view/636deb2b3169a4517723a336.html .

现对物体的智能化识别、定位、跟踪、监控和管理的一种网络。

射频识别技术主要分低频、高频、超高频和微波，从应用上看，低频和超高频以上将会有巨大增长。低频主要应用在接触式或近距离识别上，而超高频以上主要应用于远距离，是未来应用的主要部分。目前国内低频技术相对成熟，而超高频等仍然处于研究发展阶段。RFID 产业在2009年产值已经达到近90亿，预计未来5年复合增长率将达到20%。物联网目前应用比较快的领域主要有智能交通、智能监控、手机支付和导航等[①]。

3. 三网融合

三网融合是指电信网、计算机网和有线电视网三大网络通过技术改造，能够提供包括语音、数据、图像等综合多媒体的通信业务。三网融合不仅仅是物联融合，还有应用上的融合。三网融合也是一种广义的、社会化的说法，在现阶段它是指在信息传递中，把广播传输中的“点”对“面”，通信传输中的“点”对“点”，计算机中的存储时移融合在一起，更好地为人类服务，并不意味着电信网、计算机网和有线电视网三大网络的物理合一，而主要是指高层业务应用的融合。“三网融合”后，民众可用电视遥控器打电话，在手机上看电视剧，随需选择网络和终端，只要拉一条线，或无线接入即完成通信、电视、上网等。

三网融合从2010年7月正式试点开始，随着三网融合的推广，广电将可能成为电信和网络运营商中新的一员。

4. 新型平板显示

目前，在平板显示领域，薄膜场效应晶体管（TFT-LCD）仍以其绝对大的产业规模、市场份额（85%以上）和最大的应用领域范围占绝对主导地位。但随着人们对显示效果、便利性和经济性提出了更高的要求，新型平板显示技术已经浮出水面，在不远的将来逐渐取代 TFT-LCD。行业机构 Display Research 公司的资料显示，2010全球 TFT-LCD 面板总市场规模达640亿美元左右，且基本由韩国、日本、我国台湾公司占据。

① http://wenku.baidu.com/view/636deb2b3169a4517723a336.html .

新型平板显示技术包含多个方面，不仅仅局限于显示技术本身，同时还包括与显示设备关系密切的其他技术。目前的关注热点主要有有机发光二极管（OLED）、电子纸、发光二极管（LED）背光、高端触摸屏和平板显示上游材料等。

OLED的全称是有机发光半导体，该技术和TFT-LCD相比，具有显示效果好、轻薄省电、可柔性弯折等优势，被公认为是替代TFT的下一代显示技术。

电子纸也是新型显示技术的一大发展方向，其采用的原理是通过反射环境光线来进行显示，由于其轻薄省电、可卷折以及更接近自然印刷品的观看体验，未来将主要用于替代纸质媒体。

由于液晶显示器（LCD）材料本身不发光，LCD显示设备普遍使用冷阴极荧光灯管（CCFL）作为背光源。随着LED白光技术的发展，发光效率进一步提高，其显色性能和能耗指标都已大大高于CCFL，因此未来LED背光技术将逐渐取代CCFL作为LCD显示设备的背光源。

触摸屏和平板显示设备的关系密切，很多技术具有高度通用性，目前电容式触摸屏是发展的主流方向，具有高精度、耐用和多点触摸等优点。

5. 高性能集成电路

集成电路（IC）产业属于传统电子制造业，市场规模非常庞大，据预测2010年整体销售额可达3,000.00亿美元，未来增长速度较为平稳且受经济周期影响较大。除了成熟行业的周期性特点，集成电路又具有高新技术产业的特性，即技术不断进步，新产品推出取代老产品等特点。

目前中国IC产品普遍较为低端，高端集成电路产业仍然处于成长期，未来随着对专用高集成度IC的需求越来越大、大功率型IC在节能减排中的应用越来越广泛，高性能集成电路产业将具有很好的发展前景。

6. 以云计算为代表的高端软件

云计算是指将计算任务分布在由大规模的数据中心或大量的计算机集群构成的资源池上，使各种应用系统能够根据需要获取计算能力、存储空间和各种软件服务，并通过互联网将计算资源免费或按需租用方式提供给使用者。由于云计算的“云”中的资源在使用者看来是可以无限扩展的，并且可以随时获取，按需使用，随时扩展，按使用付费，这种特性经常被称为像水电一样使用信息技术（IT）基础设施。

根据研究机构IDC预测，全球云计算相关IT支出2012年将达423亿美元，年复合增长率27.3%，发展速度是传统IT行业的6倍以上；而当前中国正处于移动互联网发展的初期、两化融合（工业化和信息化融合）正处于深化期，云计算概念刚刚兴起，未来的潜能巨大，可以说中国将迎来云计算发展的黄金十年。

云计算是一个综合概念，它的建设必须包括以下几部分：

软硬件平台提供商：云计算的实现依赖于能够实现虚拟化、自动负载平衡、随需应变的软硬件平台。

系统集成商：帮助用户搭建云计算的软硬件平台，尤其是企业私有云。

服务提供商：这一部分涵盖了为企业和个人用户提供计算和存储资源的公司，是云计算的核心领域之一，今后绝大多数的计算处理以及应用开发都将在这些服务中展开。

应用开发商：即应用服务提供商（如软件即服务Software-as-a-Service：简称SaaS模式）等。

4.1.1.4 重点发展的关键信息技术

信息技术种类繁多，且各自内容不同，信息技术对未来的影响又同样很难估量，出于国家战略和产业发展角度考虑，基于信息技术发展的现实基础，有必要对众多的信息技术做一些梳理，并对一些重点的关键信息技术进行重点加强和发展。

参照“国家重点支持的高新技术领域——信息技术”[①] 所列范畴，近期来看，我国仍然需要在以下几大关键信息技术领域进行重点加强突破和发展。

1. 关键软件技术

软件技术是信息技术的典型代表，从产业层次上分，软件技术最底层就是操作系统，然后就是中间件技术和数据库技术，基于中间件和数据库技术之上的就是各种应用系统，比如企业资源规划（ERP）系统、先进柔性制造系统等。软件技术涵盖的内容非常多，一般来说包括：系统软件、支撑软件、中间件软件、嵌入式软件、计算机辅助工程管理软件、中文及多语种处理软件、图形和图像软件、金融信息化软件、地理信息系统、电子商务软件、电子政务软件、企业管理软件等。

对于我国来说，未来关键软件技术的领域应该考虑操作系统技术、中间件技术和大型数据库技术、先进柔性制造系统技术为主。

A. 操作系统

计算机操作系统是管理电脑硬件与软件资源的程序，同时也是整个系统的内核与基石。操作系统大致包括5个方面的管理功能：进程与处理机管理、作业管理、存储管理、设备管理、文件管理。目前主流的常见的电脑操作系统有磁盘操作系统（Disk Operating System，简称：DOS）、第二代个人电脑操作系统（Operating System/2，简称：OS/2）、开源Unix系统、开源类Unix的Linux系统、微软（Microsoft）Windows、网络操作系统Netware等，手机操作系统主要有奔腾（Palm）公司基于手持电脑（Personal Digital Assistant，简称：PDA）的PalmOS系统、塞班（Symbian）、微软（Windows mobile）和安卓（Android）、苹果（iPhoneOS）、黑莓等6种。

操作系统技术相当于计算机产业（包括软硬件）的咽喉，我们有必

① 见工业和信息化部网站 http://www.mll.gov.cn。

要在操作系统中占有一席之地，倘若再不做研究和发展，对于我国信息技术产业有致命的约束。

B. 中间件技术

中间件技术是位于平台（硬件和操作系统）和应用之间的通用服务技术，这些服务技术具有标准的程序接口和协议。针对不同的操作系统和硬件平台，它们可以有符合接口和协议规范的多种实现。中间件技术的发展将极大带动上下游的硬件和软件产业的发展，尤其是应用软件产业的发展。目前我国已有部分厂家和机构在大力发展和研究中间件技术。

C. 大型数据库技术

数据库技术是按照数据结构来组织、存储和管理数据的仓库的软件技术，随着信息技术和市场的发展，数据管理不再仅仅是存储和管理数据，而转变成用户所需要的各种数据管理的方式。海量数据存储的大型数据库系统都在各个方面得到了广泛的应用。目前全球主流的大型数据库技术都掌握在甲骨文、微软、国际商业机器（International Business Machines，简称：IBM）等手上。

数据库技术是决定整个应用软件产业的基础，没有一个良好的数据库技术做支撑，我国的应用软件产业就不可能真正独立发展起来，没有自己的数据库技术，对于未来互联网应用上的数据安全就没有保证。

D. 先进柔性制造系统

先进柔性制造技术是先进的应用软件系统之一，之所以是关键信息技术之一，重要的不仅仅是本身作为软件技术有庞大的市场和产业拉动作用，更多的是，先进柔性制造系统技术能够帮助广大的制造企业提高效率和管理水平，可以极大地提高传统工业的产出和质量，目前全球顶级柔性制造系统技术都掌握在国外大型软件厂商手中，比如甲骨文、思爱普等。国内众多的软件厂商与他们还有很大差距。

2. 计算机硬件制造关键技术

计算机硬件制造技术主要包括：计算机及终端技术、各类计算机外围设备技术。计算机硬件制造技术也是信息技术最直接的物化产业，看得见摸得着，在组装和生产上，我国目前处于不落后状态，虽然在硬件设计上有待提高。但是在一些关键硬件制造技术领域，仍然是我们的“瓶颈”，仍然需要特别关注和突破，比如在 CPU 技术、光盘技术等领域。

A. CPU 技术

CPU 是中央处理器（Central Processing Unit）的缩写，CPU 是电脑中的核心配件，是计算机的运算核心和控制核心。电脑中所有操作都由 CPU 负责读取指令，对指令译码并执行指令的核心部件。

目前全球主流的 CPU 技术厂家基本上都掌握在国外手中，尤其以英特尔（Intel）公司、超微半导体（AMD）公司为主。国产龙芯最新第二代 CPU 在技术和性能上也只能达到现在市场上 Intel 和 AMD 的低端 CPU 的水平。

B. 光盘技术

光盘技术以光信息作为存储物的载体，用来存储数据的一种技术。分不可擦写光盘，如只读光盘（Compact Disc Read-Only Memory，简称：CD-ROM）、数字视盘（Digital Video Disc Read-Only Memory，简称：DVD-ROM）等；和可擦写光盘（Compact Disc-Rewntable, CD-RW），数字视盘随机存储器（Digital Video Disc-RandomAccess Memory，简称：DVD-RAM）等。目前在日本已经推出了更为精细和海量存储的“蓝光”光盘技术。

3. 广播与通信技术

广播与通信技术是全球20世纪80年代以来发展最快的领域之一。现代广播与通信技术逐渐从以话音为主向以数据为主转移，交换技术也相应地从传统的电路交换技术逐步转向数据交换和宽带交换，以及适应下一代网络基于国际互联网通讯协议（Intcrent Protocol，简称：IP）的业务综合特点的软交换方向发展。

广播与通信技术主要包括：光传输技术、小型接入设备技术、无线接入技术、移动通信系统的配套技术、软交换和语音讯号互联网通讯协议（Voice over Internet Protocol，简称 VoIP）系统、通信业务运营支撑管理系统、电信网络增值业务应用系统、演播室设备技术、广播交互信息处理系统、广播信息保护系统、数字地面电视技术、地面无线数字广播电视技术、专业音视频信息处理系统、光发射与接收技术、电台与电视台自动化技术、网络运营综合管理系统、交互式网络电视（Internet Protocol Tele vision，简称：IPTV）技术、高端个人媒体信息服务平台。

在广播与通信技术领域中，我国除了需要关注新一代通信网络技术，还需要考虑并关注第四代移动通信技术（4G）、第五代移动通信技术（5G）、光电通信技术、三网合一中的增值应用技术等。

A. 4G、5G 技术

第三代移动通信标准（3G），国际电信联盟曾确定了10种候选技术，并批准其中的5项为国际标准。经过市场选择，最后 TD-SCDMA（Time Division-Synchronous Code Division Multiple Access：时分同步码多分址）、WCDMA（Wideband Code Division Multiple Access：宽带码多分址）和 CDMA2000（Code Division Multiple Access 2000：）三种主流技术成功实现商用。而下一代移动通信网络技术的叫法很多，4G 只是一个通用的名称，4G 技术又称 IMT-Advanced（International Mobile Telecommuvicotions-Advanced：高级国际移动通信）技术。中国自主知识产权的 TD-LTE-Advanced（Time Division-Long Term Evolution-Advanced: 高级分时长期演进技术）成功入围国际电信联盟的4G 候选标准。

4G 是3G 技术的进一步演化，是在传统通信网络和技术的基础上不断提高无线通信的网络效率和功能。同时，它包含的不仅仅是一项技术，而是多种技术的融合。不仅仅包括传统移动通信领域的技术，还包括宽带无线接入领域的新技术及广播电视领域的技术。

韩国已经启动5G技术的研发，我国在3G技术上没有落后，在4G和5G等技术上仍然不能放松，这不仅仅是技术话语权，更多的是产业话语权以及庞大的产业利益。

B. 光电通信技术

光电通讯技术指的是光电子技术在通信通讯中的应用技术，在未来相当长的时间内，光纤通信技术仍然是主流，大容量的光纤通信技术仍然值得发展和应用。

C. 三网合一中的增值应用技术

当前国家已经发布了三网合一策略，并启动了试点。但由于受体制和历史原因，我国的三网合一进展一直不顺利，未来我国需要加速推进三网合一，通过技术改造，使得电信网、计算机网和有线电视网三大网络融合，并能够提供包括语音、数据、图像等综合多媒体的通信业务。

三网合一将带动整条产业链的发展，包括内容提供商、服务提供商、运营商以及光纤通讯设备制造商在内的更大发展，而作为增值应用技术的提供源，内容提供商将是主阵地，值得关注和重点发展。

4. 互联网及相关网络技术

互联网及相关网络技术是未来信息技术的重要领域，信息技术的创新应用未来将主要发生在互联网领域中。在可预见的未来20年，我国需要关注包括云计算技术、IPV6（Intemet Protocol Version 6：第6代网络通讯协议）技术、物联网技术、移动互联网技术等关键互联网技术。

A. 云计算技术

云计算技术（Cloud Computing），分布式计算技术的一种，其最基本的概念，是透过网络将庞大的计算处理程序自动分拆成无数个较小的子程序，再交由多部服务器所组成的庞大系统经搜寻、计算分析之后将处理结果回传给用户。透过这项技术，网络服务提供者可以在数秒之内，达成处理数以千万计甚至亿计的信息，达到和“超级计算机”同样强大效能的网络服务。

目前来看，在我国推进云计算技术应用最主要的障碍在于体制，在于缺乏从国家宏观角度进行战略布局，提供国家层面的管理保障，以解决“云端”广大应用者的信用和安全的疑虑。

B. IPV6技术

目前我们使用的第二代互联网IPV4（Intemet Protocol Version 4：第4代网络通讯协议）技术，核心技术属于美国。它的最大问题是网络地址资源有限，从理论上讲，编址1,600万个网络、40亿台主机。但采用A、B、C三类编址方式后，可用的网络地址和主机地址的数目大打折扣，以致目前的IP地址近乎枯竭。其中北美占有3/4，约30亿个，而人口最多的亚洲只有不到4亿个，中国只有三千多万个，只相当于美国麻省理工学院的数量。地址不足，严重地制约了我国及其他国家互联网的应用和发展。

IPV6正处在不断发展和完善的过程中，它在不久的将来将取代目前被广泛使用的IPV4。每个人将拥有更多IP地址。

C. 物联网技术

物联网技术的核心和基础仍然是“互联网技术”，是在互联网技术基础上的延伸和扩展的一种网络技术；其用户端延伸和扩展到了任何物品和物品之间，进行信息交换和通讯。因此，物联网技术的定义是：通过射频识别（Radio Frequency IDentification. 简称：RFID）、红外感应器、全球定位系统、激光扫描器等信息传感设备，按约定的协议，将任何物品与互联网相连接，进行信息交换和通讯，以实现智能化识别、定位、追踪、监控和管理的一种网络技术叫做物联网技术。

中国的物联网技术研发水平处于世界前列，具有重大的影响力，中科院1999年就启动了传感网研究，与其他国家相比具有同发优势，该院组成了庞大的技术团队，先后投入数亿元，在无线智能传感器、网络通信技术、微型传感器、传感器终端机、移动基站等取得重大进展。目前我国已拥有从材料、技术、器件、系统到网络的完整产业链，在世界传感网领域，中国与德国、美国、韩国一起，成为国际标准制定的主导国之一。

D. 移动互联网技术

移动互联网，就是将移动通信和互联网二者结合起来，成为一体。移动互联网技术的关键技术包括移动 IPV4、移动 IPV6、移动子网、移动互联网安全和多播以及切换管理技术。“小巧轻便”及“通讯便捷”两个特点，决定了移动互联网技术与桌面电脑互联网技术的根本不同之处。随着移动通信技术和互联网技术的越来越快的发展，移动互联网技术将得到广泛的发展和应用，其市场潜力巨大、可以说移动互联网将是下一个互联网经济神话。

5. 微电子与新型电子元器件技术

微电子技术主要包括：集成电路设计技术、集成电路产品设计技术、集成电路封装技术、集成电路测试技术、集成电路芯片制造技术；新型电子元器件技术主要是指集成光电子器件技术、半导体发光技术、片式和集成无源元件技术、片式半导体器件技术、中高档机电组件技术等。

微电子技术领域我们尤其需要特别关注集成电路设计技术；新型电子元器件技术尤其要关注光电子技术。

A. 集成电路设计技术

集成电路设计技术是现代电子和信息技术的应用基础，集成电路设计技术包括设计环境管理器、原理图编辑、版图编辑、自动版图生成、版图验证以及参数提取与反标器件、模型、参数提取以及仿真工具等技术甚至可以决定一个国家信息技术产业的兴衰。

B. 光电子技术

光电子技术也是未来信息技术发展的关键技术之一，光电子技术主要集中应用在显示、存储、通信和影像等领域中，在未来发展中占有举足轻重的地位，包括光电器件、光纤通信、激光器、激光加工等领域未来仍然是光电子技术应用的热点和关键点。

6. 信息安全技术

随着计算机等信息技术的飞速发展和广大应用，带来社会经济活动的效率和效益提高的同时，也带来了巨大的安全问题。进入21世纪，信息安全的内涵也在不断地延伸，从最初的信息保密性发展到信息的完整性、可用性、可控性和不可否认性，进而又发展为“攻（攻击）、防（防范）、测（检测）、控（控制）、管（管理）、评（评估）”等多方面的基础理论和实施技术，计算机信息安全问题越来越受关注。

信息安全技术包括：信息安全测评类技术、信息安全管理类技术、信息安全应用类技术、信息安全基础类技术、信息网络安全类技术、专用安全类如密码技术等。

7. 智能应用技术

智能应用技术是指综合应用各类软硬信息技术和其他技术，实现综合智能业务应用。目前主流上比较关注的智能应用信息技术有智能交通技术、智能电网技术、智能医疗技术、智能家电技术、智能建筑技术、智能网络技术等。

当然还有更多的其他信息技术仍然不能放弃，仍然需要重视。

4.1.1.5 信息技术产业的概念与分类

日本学者认为：信息产业就是一切与各种信息的生产、采集、加工、存储、流通、传播和服务等有关的产业[①]。我国乌家培教授认为：“信息产业是从事信息技术设备制造以及信息的生产、加工、存储、流通与服务的新兴产业部门”[②]，一般由信息设备制造业（硬件业）和信息服务业（含

① 靖继鹏．应用信息经济学［M］．北京：科学出版社．2002年．第165页．

② 乌家培．经济、信息、信息化［M］．沈阳：东北财经大学出版社．1996年．第74页．

软件）构成。也有学者侧重产业结构上给予信息产业的新定义，如司有和教授就认为：“信息产业就是以信息为产业活动的对象，以提供信息产品和信息劳务为产出，供用户进行信息消费的产业的总称。”[①] 笔者认为，信息技术产业即信息产业，可以是指一切从事与信息和信息技术有关的经济活动的产业总和。

信息产业的划分，不同的国家和不同的学者也有不同的划分法。最早在1962年，马克卢普在《美国知识的生产和分配》中提出“知识产业”的概念，并划分为五大类，即[②]：

知识产业
- → 教　育 → 学校教育、职业培训、公共图书馆等
- → 研究开发 → 基础研究、应用研究、发展研究
- → 通信媒介 → 印刷与出版、广播、电视、戏剧、电话电报、邮政、广告、音乐、摄影等
- → 信息设备 → 印刷设备、电话电报设备、电影设备、办公设备、计算机、观测仪等
- → 信息服务 → 法律服务、医疗服务、金融服务、会计、工程建筑服务、证券经纪服务、保险代理服务等

图4–4　马克卢普的知识产业分类

随后在1977年，波特拉提出了第四产业说，并把信息产业划分成两大部门，即第一信息部门和第二信息部门，每个部门又包括若干个产业[③]。

上世纪90年代中，美国信息产业协会在信息产业的分类上基本上已经否定了以计算机技术为核心的分类法，改为以信息为核心，将信息产业分为八类，即[④]：

① 司有和．信息产业学［M］．重庆：重庆出版社．2001年．第5页．
② 陈禹．信息经济学教程［M］．北京：清华大学出版社．1998年．第156页．
③［美］波拉特 马费成（译）．信息经济论［M］．武汉：武汉大学出版社．1996年．第31、198页．
④ 马费成．信息经济学［M］．武汉：武汉大学出版社．1999年．第93页．

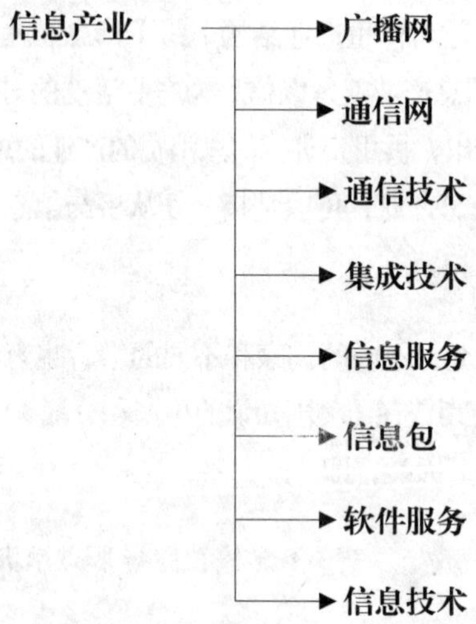

图4-5　美国信息产业协会分类

日本信息产业要晚于美国，但信息产业研究一直走在世界前列，按照日本科技与经济协会观点，信息产业划为两大类10个分支产业，即[①]：

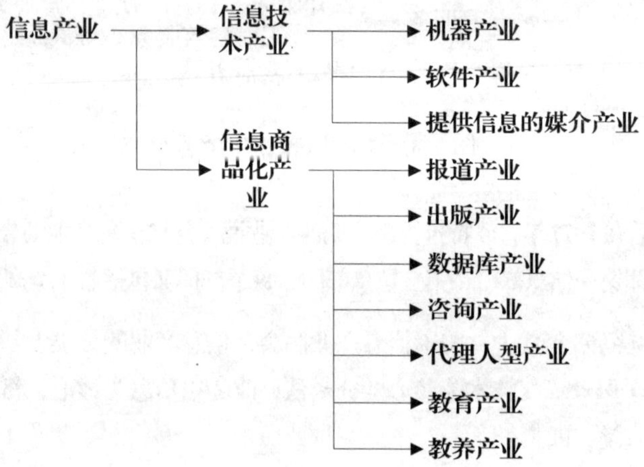

图4-6　日本信息产业分类

由于欧盟涵盖的国家比较多，各自分类又都有自己的标准和方法，

① 陈耀盛．信息管理学概论［M］．北京：科学技术出版社．2000年．第350页．

根据欧洲联盟《欧洲报告（1995年）》中对信息产业的分类说明，信息产业主要分为八类，即①：

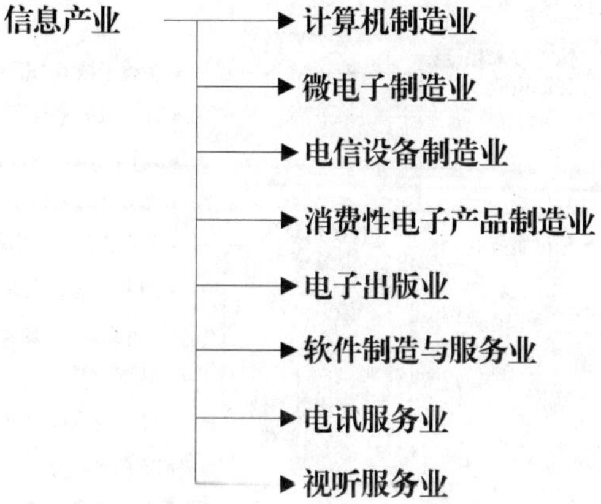

图4–7　欧盟信息产业分类

我国不同学者对信息产业的分类也各不相同，比较有代表性的有：张守一、陈禹、胡继武、乌家培等。其中张守一认为，信息产业分三大部门11分支产业，即②：

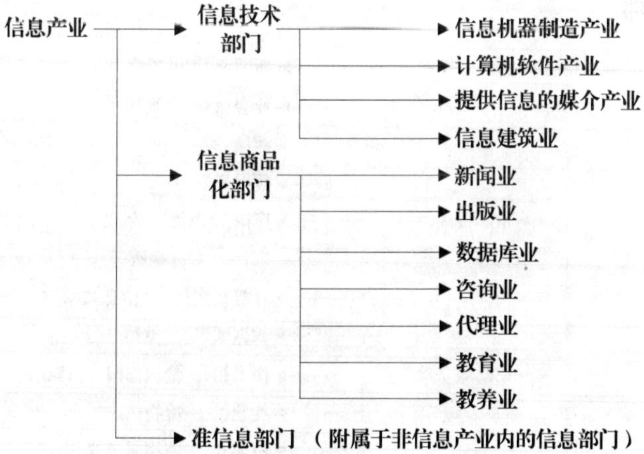

图4–8　张守一教授的信息产业分类

① 陈禹 谢康．知识经济的测度理论与方法［M］．北京：中国人民大学出版社．1998年．第73页．

② 陈禹．知识经济学教程［M］．北京：清华大学出版社．1999年．第190页．

陈禹认为信息产业应该分为信息技术和设备制造业、信息服务业，在信息服务业又分传统信息服务业和现代电子服务业，在每个产业下又分分支产业，即①：

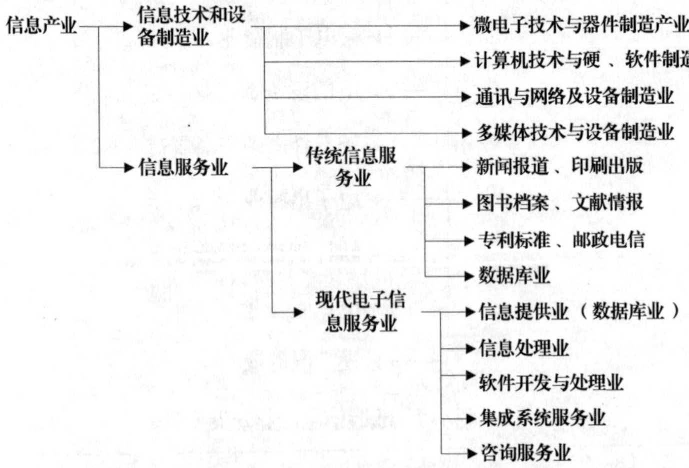

图4-9 陈禹教授的信息产业分类

胡继武认为信息产业应按信息开发、传输、服务和消费等状态进行分类，即②：

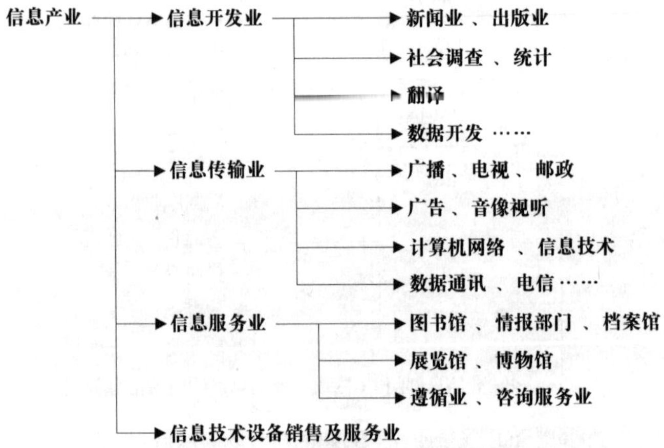

图4-10 胡继武教授的信息产业分类

① 陈禹.信息经济学教程［M］.北京：清华大学出版社.1998年.第192页.
② 胡继武.信息科学与信息产业［M］.北京：经济科学出版社.1999年.第246页.

与胡继武的观点类似，乌家培认为信息技术的四大子技术产业化后，就对应产生出四大信息子产业，即信息处理产业、信息传输产业、信息获取产业和信息应用产业，即[①]：

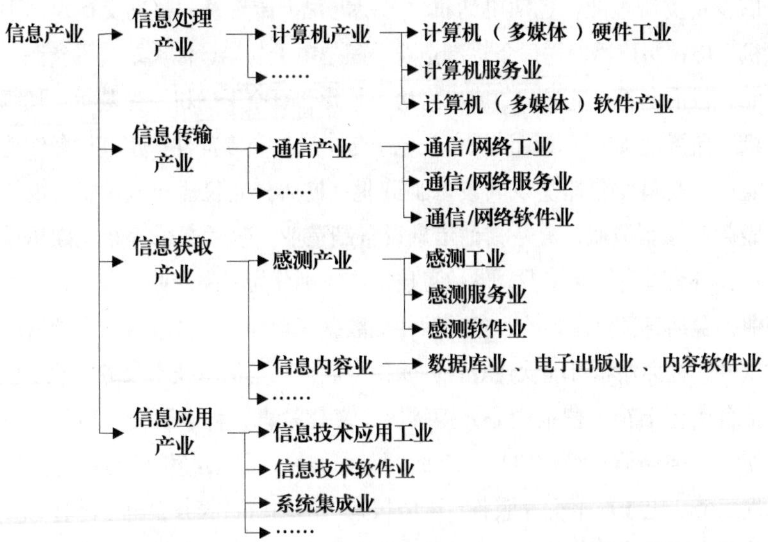

图4–11　乌家培教授的信息产业分类

还有一些其他学者对信息产业的分类，如陶德言[②]、左美云[③]、谢康[④]等，他们也有各自的分类方法。

根据信息技术的软硬分类法，笔者认为，也可以对信息技术产业即信息产业进行软、硬分类。信息技术产业的软、硬分类法虽然是首次提出，但从技术经济学和信息技术经济学的研究角度出发，也是可行的。

信息技术产业即信息产业分为硬信息技术产业和软信息技术产业。

① 乌家培 谢康 王明明. 信息经济学 [M]. 北京：高等教育出版社. 2002年. 第105页.

② 陶德言. 知识经济浪潮 [M]. 北京：经济出版社. 2000年. 第267页.

③ 左美云. 知识经济的支柱——信息产业 [M]. 北京：中国人民大学出版社. 1998年. 第35页.

④ 陈禹 谢康. 知识经济的测度理论与方法 [M]. 北京：中国人民大学出版社. 1998年. 第174页.

硬信息技术产业又分为五类产业：一是计算机类及其设备制造业，包括计算机整机及其辅助设备、计算机零部件如中央处理器、键盘、显示器、硬盘、电源、未包含信息的磁盘、光盘等及其设备制造业；二是通信设备类制造业，包括电话机、可视电视、传真机、数据交换机、手机、电视与广播发送设备等制造业；三是电子与半导体类及其设备制造业，包括电子、电路、集成电路块、芯片、真空干燥机、光刻机、切割机、显微镜及半导体测试设备及电子与半导体类零部件等及其设备制造业；四是科学仪器类及其设备制造业，包括分光仪、光电设备、电子显微镜等制造业；五是其他信息设备制造业，包括音乐等影视娱乐设备、办公设备等制造业。软信息技术产业则分为三类产业：一是软件产业，包括各种信息系统、各种软件如数据库软件、办公软件、企业管理软件、社会信息管理软件等各种软件产业；二是信息技术服务产业，包括各类图书馆、情报中心、博物馆、文化教育、科学研究、电话、电视、广播通信、邮政电信、互联网、局域网、社会经济信息服务、影视服务、电子数据交互服务、网络接入与网站域名服务、电子邮件、专业咨询服务等服务类型的信息技术服务产业；三是信息技术解决方案产业，包括系统集成解决方案、软硬件综合服务、信息技术解决方案、信息开发、加工、利用和发展等过程中有关信息技术的管理制度和方法等产业。

信息技术产业的软、硬划分法和信息技术的软、硬分类法是相对应的，这样从同一角度上细分信息技术产业，就可以一一对应到相应的信息技术上，在研究信息技术市场和产业上，可以更加明确更加准确，研究结果更加合理。因为，从技术经济学的角度看，软信息技术的产业领域与硬信息技术的产业领域的特性是有很大区别，一般来说，软信息技术要比硬信息技术的经济效果大，软信息技术产业要比硬信息技术产业的经济聚集效应要大，影响面要广。

信息技术产业的软、硬划分法可以用示意图表示如下：

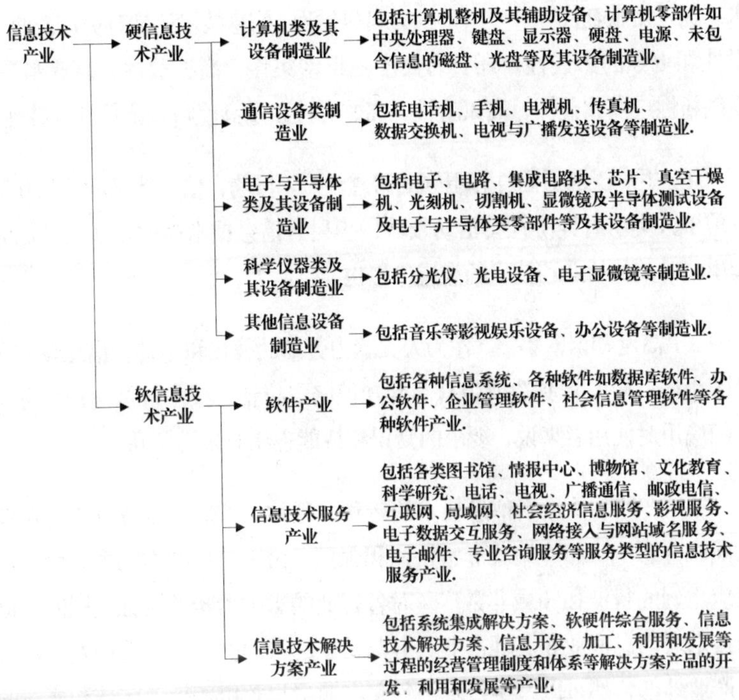

图4–12　软、硬信息技术产业分类

需要说明的是我国工业和信息产业部在做信息技术产业的数据统计时，是按照国家产业管理口径，把信息技术相关的行业划分为两大门类进行统计[①]：邮政通信和电子信息产业。邮政通信包括邮政和通信（不含制造）；电子信息产业包括通信设备制造业、雷达制造业、广播电视设备制造业、电子计算机制造业、家用视听设备制造业、电子器件制造业、电子元件制造业、电子测量仪器制造业、电子专用设备制造业、电子信息机电制造业、信息传输、计算机服务和软件业、其他电子信息行业。某种程度上，这也是狭义信息技术产业的一种划分方法。

4.1.1.6 信息技术的特征

信息技术拥有其他通用目的技术的特征，但又别于其他通用目的技

① 工业和信息化部统计年鉴分类。http://www.mii.gov.cn。

术。通过文献查找[①,②,③,④,⑤,⑥,⑦]，可以发现：信息技术还拥有更广泛的适用性和更强的渗透性，还具有高度知识密集性、高扩散性、高成本性、高创新性、高收益性、高风险性、高兼容性以及高度路径依赖性等特性。

（1）更广泛的适用性和更强的渗透性[⑧]。目前，信息技术的应用几乎覆盖了人类所有经济社会活动领域，也只有信息技术产生了如此广泛的应用，对其他行业和技术的渗透作用也非常巨大。

（2）高度知识密集[⑨]。作为人类脑力劳动的替代和延伸，信息技术本身的生产、研发和制造就带有高度知识密集特征，技术含量高；信息技术的应用对使用者来说，要求的知识和技能也相对来说要高。

（3）高扩散性是指信息技术的转移、延伸、扩展，以及技术与产业之间相互影响、相互聚集非常快速和强烈。由于信息技术的多样性，可以应用到的行业和领域非常广，对各行业的影响力也非常强，同时，信息技术对信息产业和其他产业具有非常强的带动性，无论在产业内部还是产业外部，都可以产生技术结集和产业聚集效应，带动区域和产业的群体经济发展。例如美国经济从1991年3月以后开始逐年回升，创造出“新经济”奇迹，正是依靠信息技术的发展，通过诸如微电子、半导体、

① 汪向东.《信息化：中国21世纪的选择》[M]北京：社会科学文献出版社 . 1998年12月．第43页

② 张正德 . 美国信息技术的发展及其经济影响 [M] . 武汉 : 武汉大学出版社 . 1995年8月 . 第25~28页 .

③ 曲维枝 . 信息产业与我国经济社会发展 [M] . 北京 : 人民出版社 .2002年 . 第4~6页 .

④ 乌家培 谢康 王明明 . 信息经济学 [M] . 北京 : 高等教育出版社 . 2002年 . 第103~106页 .

⑤ 陈禹 谢康 . 知识经济的测度理论与方法 [M] . 北京 : 中国人民大学出版社 . 1998年 . 第170~177页 .

⑥ 陈禹 . 信息经济学教程 [M] . 北京 : 清华大学出版社 . 1998年 . 第191~193页 .

⑦ 乌家培 . 经济、信息、信息化 [M] . 沈阳 : 东北财经大学出版社 . 1996年 . 第72~78页 .

⑧ 汪向东.《信息化：中国21世纪的选择》[M]北京 社会科学文献出版社 . 1998年12月．第43页.

⑨ 汪向东.《信息化：中国21世纪的选择》[M]北京 社会科学文献出版社 . 1998年12月．第44页.

激光、超导、计算机及软件等产业内部的发展，也带动了诸如新材料、新能源、机器制造、仪器仪表、海洋和航空航天等产业外部的发展，美国依靠以信息技术为基础的高新技术产业的迅速发展，并利用其对传统产业进行改造，获得了经济的持续辉煌。现在中国有很多城市和区域规划高新技术科技园区，也正是希望能够发挥信息技术的高扩散性，产生产业和区域的优势聚集效应。一般说来，信息技术的标准越兼容，产业的聚集性越大，经济效益的扩散性越高。

（4）高成本性是指信息技术由于大多是高智力和高资金的高新技术，因而启动资金、研发资金和人力成本都非常庞大，特别是在初始阶段，投资成本非常高，有的甚至单个的部门、公司、个人和组织很难承担，需要国家出面组织投资。例如典型的电讯通信行业，由于是基础性的网络产业，投资异常庞大，在很多国家都是有国有控股或国有公司组织研发和运营。

（5）高创新性是指信息技术的创新越来越频繁，带来的竞争程度和替代速度异常快速。信息技术发展速度比一般技术更快、更新周期更短，具有极强的时效性①。信息技术的更新速度平均来说几乎每3年扩充一倍，信息技术专利几乎每年新增30万件，科研资料的有效寿命平均只有5年②。由于信息技术具有高度的创新性，使得信息技术的竞争程度和替代速度大大高于其他技术。又正因为更新速度快、竞争激烈，任何企业或组织要想保持信息技术领域的技术优势，必须不停地进行信息技术创新，否则，在下一个信息技术进步的波段就可能被别的信息技术所代替。这样高创新性使得竞争加剧，激烈的竞争又推动了创新，周而复始，循环推进，在信息技术的发展上体现特别明显。当然一定时期和范围的成熟信息技术有可能对它本领域的信息技术研发设置了门槛，无形中形成了壁垒，但实际上也很难形成绝对的垄断，几乎永远存在竞争。因此，可

① 汪向东.《信息化：中国21世纪的选择》[M].北京 社会科学文献出版社.1998年12月。第44页.

② 张正德.美国信息技术的发展及其经济影响[M].武汉：武汉大学出版社.1995年8月.第27页.

以说，信息技术一定会永远具有替代性、高创新性，以及高竞争性。

（6）高收益性是指信息技术生产过程中的低消耗、高产出、高附加值。信息技术产业基本上是运用信息资源和智力劳动，信息资源的边际成本是非常低的，可以重复使用，而智力劳动是一种高效益的劳动，所以信息技术具有非常明显的高收益特性。国际电联（International Telecommunications Union 简称：ITU）2003年的统计结果显示，一个国家对通信建设的投资每增加1%，其人均国民收入可提高3%。由此可以看出，一旦信息技术经营成功将获得巨大的社会收益。

（7）高风险性是指伴随着高收益的同时，信息技术还具有高风险性。因为信息技术往往处于当代科学技术的前沿，具有明显的超前性，从技术原理、构思到技术开发、组织实施，市场推广甚至企业经营管理等，都可能由于技术不成熟造成了不确定性，可能由于市场定位不准等造成产销不对路，导致风险，而且往往一旦失败，将可能导致巨大损失。据2001年美国高技术局对高技术企业的一般统计，美国以计算机技术为代表的高技术企业的成功率通常只有15% ~ 20%，60%以上受挫，几乎20%将濒临破产，显然，信息技术比其他技术具有更大的风险。投资大、风险也大，是信息技术的一个显著特征[①]。

（8）高兼容性是信息技术之间在技术标准上具有高度的兼容性。因为信息技术往往在实际应用时需要多个或多种信息技术配合使用或组合成一个新的完整信息技术系统，才能发挥或最大的发挥经济效果，单独的某种信息技术孤立应用，往往不能很好地发挥作用，甚至没有任何用途。比如计算机软件的应用，必须借助于计算机硬件才能很好的使用，如果软硬件之间的技术标准不能兼容，那就无法发挥作用；同样在软件与软件之间如电脑操作系统与ERP应用软件系统，包括数据库系统等必须在底层技术标准上兼容，否则无法应用；硬件与硬件之间也需要在技术上兼容，比如网口与计算机端口、鼠标与电脑识别等从尺寸到驱动程序等都必须兼容，否则相互之间无法应用。由于不同的系统组件往往是

① 汪向东．《信息化：中国21世纪的选择》[M]．北京 社会科学文献出版社．1998年12月．第45页．

由不同的制造商以不同的生产或商业模式制造出来的，这就要求一个系统的任何一种组件必须遵从某种技术兼容性标准与系统的其余部分相互兼容，以确保整个系统能正常的配合运作。一般来说，兼容性越高，信息技术的竞争力越强，扩散性越好，收益性越好，对经济增长的作用也越大，反之则越差、越低。

（9）高路径依赖性是指消费者在消费信息技术之后，不容易发生转移。传统产品的消费者只有当有特定的消费偏好或出于品牌忠诚时才会选择某一固定品牌或型号种类的产品消费，否则一般选择时都会选择"更好"的产品，比较容易发生消费转移。而对于信息技术而言，由于消费者存在使用或熟悉某一信息技术的学习成本比较高，特别是在软信息技术领域，消费转换时不仅要放弃原有的知识和经验，重新接受学习和训练，为此付出巨大的时间和精力等成本，而且还要承担因新的软、硬信息技术系统和设备等各种资产的兼容性差异造成的损失，有的软信息技术如互联网技术还具有"外部性"，这时候转换还会导致由于新信息技术用户少而带来的网络外部收益损失等成本。因此，消费者一旦选择了某一品牌或类型的信息技术特别是软信息技术，在基本上可以满足其需要的范围内，消费者是不会轻易地去转换，而只会尽可能的通过原有信息技术的升级来不断提高性能以不断满足需要。信息技术的路径依赖性在软信息技术领域表现比较突出，在硬信息技术领域也存在路径依赖性。这种信息技术的路径依赖性也有学者称为"消费锁定"[①]。

对于信息技术的特性，不同的学者还有更多的不同看法，不同说法，例如认为信息技术还具有高倍增性、高带动性、高投入性[②]等。

4.1.1.7 信息技术的发展生命周期规律

信息技术生命周期发展规律和一般通用目的技术也不完全一样。信息技术的发展速度很快，但研发时间通常很长而且投入大，成本非常高，一旦获得成功，通常是在某些关键技术指标上获得突破，信息技术的水

---

① 张小蒂. 倪云虎 . 网络经济［M］. 北京 . 高等教育出版社 . 2002年8月 . 第31页 .

② 曲维枝. 信息产业与我国经济社会发展［M］. 北京：人民出版社 . 2002年 . 第4 6页 .

平立刻大大提高，而且可以迅速获得超额利润，当转入运营维护期时，投入相对比较少就可以继续保持一定程度的技术领先，但一段时间以后，如果该信息技术不进行改良改进，不继续提高，其技术水平将很快被其他信息技术超越，或被别的竞争者在该技术上取代，并迅速失去市场，失去竞争优势，迅速被淘汰。反之，如果该技术继续加大研发，并又获得一次突破，那么它又将重新站到一个技术领先位置上。信息技术这种本身跳跃式的发展模式，通过对一般技术发展曲线进行修改，用最简明的曲线表示，得出信息技术的生命周期内的一般普遍的发展规律曲线，如下图4–13：

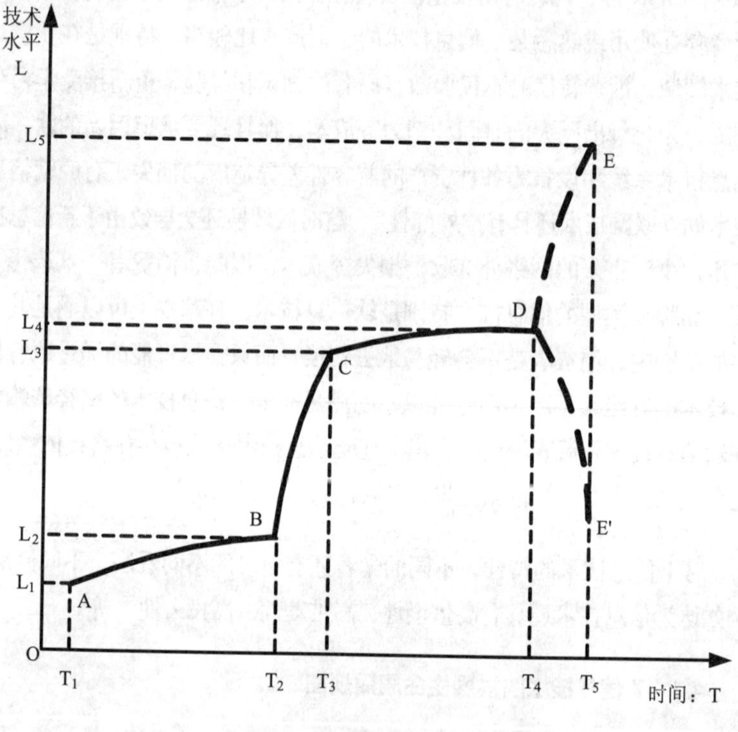

图4–13 信息技术发展规律曲线

从这个曲线图中，可以很清楚的看到：在 T_1 到 T_2 的时间段，曲线AB 是研发信息技术阶段，研发成功后，在很短的 T_2 到 T_3 的时间内，信息技术取得突飞猛进的效果，BC 曲线表明，信息技术的技术水平迅速提高，并有极强的市场竞争力。随后在市场应用和推广期的 T_3 到 T_4 的时间段，CD曲线主要是做局部的改良和维护，该阶段整体信息技术水平提高不大，但任何信息技术在推出后都要有这个稳定和成熟过程。到了D点后，该技术面临两个可能。如果在T_5时间之前，技术又取得突破，将意味着该技术发展曲线如DE所示，又将进入一个高速发展和稳定成熟阶段。如果没有取得突破，该技术将走向没落，迅速丧失市场竞争能力，技术也将被淘汰，如DE'所示。

一般来说，信息技术生命周期内发展曲线的最典型特点就是初期成本高、时间长、投资大，后期一旦成熟了，则收入高、回报大等，但信息技术本身的竞争性强，整体呈现出循环的跳跃式的发展模式和规律。

4.1.1.8 信息技术的作用

由于信息技术具有高扩散性、高收益性等特性，使得没有哪一种技术像信息技术这样吸引着科学研究和工程技术人员以及各级决策人员，没有哪一种技术像信息技术这样深刻地影响经济、社会、文化教育和政治等所有的领域。数以亿计的人们自觉或不自觉使用的信息技术和服务，深深地把信息技术的影响力刻录在现实生活中，不断提高人们的生活品质，实现社会发展真正“以人为本”。世界各国的发展规律表明，开发和利用信息技术是实现国民经济和社会发展进步的最重要的手段，是成为改造传统产业、实现可持续发展最为重要的手段，也是许多国家和地区从工业化向信息化社会发展的关键因素之一。

（1）信息技术已经成为经济增长的主要推动力。

20世纪70年代以来，科技革命进入了一个以信息技术为核心的更高的发展阶段，对世界经济产生了更加深刻的、全面的、综合的影响，使经济全球化成为时代大趋势，并为经济增长提供了新动力。

在国民经济发展领域中，信息技术的主要作用表现为：先导作用、替代作用、“软化”作用、优化作用、增值作用①。

① 汪向东.《信息化：中国21世纪的选择》[M].北京：社会科学文献出版社.1998年12月，第44~45页.

"先导作用，即根据信息技术的广泛适用性和渗透性，大力普及应用信息技术，可实现对整个国民经济技术基础的改造，因而通过信息产业的发展，可以带动各行各业的发展。

替代作用，即加大信息资源的投入，可在一定程度上替代各种物质资源和能源的投入，减少各种物质资源和能源的消耗，从而改变经济增长的传统模式。

'软化'作用，即随着信息技术的普及应用，在产业结构、就业结构、投资结构中，信息、研发、公共关系、智力、人才、管理等'软'的无形方面相对增强，而设备、能源、原材料、基建、实物产品等'硬'的有形的方面相对弱化。

优化作用，即指在经济活动中大力普及应用信息技术，可以有助于优化生产要素本身的质量、优化对各种生产要素的管理、优化其相互间的配置、优化其运行的有序度和效率。

增值作用，即增加财富，扩大供给，提高产品和劳务的附加值，使过去的非资源转化为资源，促进国民经济增长。"①

对于科学技术在经济增长中的作用，经济学家熊皮特还提出了创新推动理论。他认为是技术创新在推动经济周期性的发展，技术创新决定了经济增长的长期趋势②。而进入信息社会的今天，信息技术是技术创新的典型代表。信息技术的出现，有力地推动了经济的增长，已经成为经济增长不可或缺的因素。

新经济增长理论代表保罗·罗默（Paul Romer）1986年提出著名的经济增长模型③为：

$$Q=G(t)\times F(L,K) \qquad \cdots(4—1)$$

其中，

① 汪向东.《信息化：中国21世纪的选择》[M]北京：社会科学文献出版社.1998年12月.第45页.

② 张世晴 耿作石.现代西方经济学主要学派[M].天津：南开大学出版社.2003年.第233~254页.

③ 同上.第257页.

Q 代表产出；

L 代表劳动投入；

K 代表资本投入；

t 代表技术。

这个模型直观的说明了技术进步对经济增长的内生作用，强调了知识和人力资本在当代经济增长中的作用。它是新古典经济增长理论索洛和罗斯托的新的发展。到了2001年，著名经济学家丹尼森将经济增长因素分为生产要素投入量和生产要素率①两项。

我国技术经济学家徐寿波教授提出了生产要素六力说②：人力、物力、财力、运力、自然力和时力。认为经济增长和技术进步就是这六力要素的发展和进步，就是六力要素之间数量、结构和水平的替代、组合和优化③。而信息技术对六力要素的发展和进步具有巨大影响，对六力要素之间数量、结构和水平的替代、组合和优化都有前所未有的积极作用。

无论是哪种经济增长理论，在信息技术越来越发达和先进的今天，信息技术作为技术进步的典型代表，对经济增长因素的影响已经是越来越大，对经济的增长也起着越来越重要的作用，信息技术已经成为信息社会中经济增长的主要推动力。

（2）信息技术已经成为改造传统产业的主导力量④。

传统产业是相对于新兴产业而言的有较长历史的产业，传统行业大部分都属于物耗较高、劳动密集的行业，传统产业特别是制造业仍然是国民经济的重要组成部分。因此，如何迅速、有效的改造传统产业成为各国经济发展的当务之急。事实上，许多国家都在积极利用信息技术提升和改造传统产业，应用信息技术改造装备工业、改造生产工艺流程、加快传统产业的升级换代，并在流通领域引入了电子商务，彻底变革商业模式。

---

① 曲维枝.信息产业与我国经济社会发展[M].北京：人民出版社.2002年.第7页.

② 徐寿波.技术经济学［M］.南京：江苏人民出版社.1988年.第63~64页.

③ 同上.第65~66页.

④ 曲维枝.信息产业与我国经济社会发展[M].北京：人民出版社.2002年.第8页.

4 信息技术经济学

信息技术在提升传统产业中几乎可以起到革命性的作用。利用信息技术改造装备工业，将使传统产业较快的走向集约化发展。装备工业是传统制造工业的核心，能够对整个制造业起到倍增效应，因此各国都在积极提高装备工业中的信息技术的投入。“根据日本经济企划厅发表的统计数字，1999年信息技术相关投资在日本设备投资中所占比例突破20%，是5年前的2倍，这还未包括软件投资，同时根据大和综合研究所的统计数字，包括软件投资在内，1999年比例为29.2%”[①]。

同样，利用信息技术对提高生产工艺流程的效率有极大的促进作用。信息技术可以有效提高企业经营管理水平，使需求、生产、供应的关系更加协调，有效提高产品质量和企业竞争力。“日本汽车产业的单位成本在1980年比美国低34.4%，主要原因就是日本汽车企业把信息技术成功地引入了生产工艺流程和制造过程中，极大地提高了生产效率。……1966年丰田只生产322个车型，而到1978年已经达到101，088个种类，丰田就是通过信息技术系统：即时化生产方式（Just In Time）来解决，实现企业内下游生产线信息向上游流动的方法。这样，一方面使生产紧跟市场需求的变动，满足市场的多样性变化，另一方面，可以根据需求情况适当供应所需零部件，免去不必要的库存，提高了经营效率”[②]。现在，企业采用ERP系统能够达到很好的效果，生产过程中的信息流能及时准确地传递，使复杂的生产工艺系统中的物流、资金流和工作流得到及时的合理的配置，质量控制更有效。

同样，把信息技术应用到传统产品中，能够迅速提高传统产品的技术档次，增加高附加值，使传统产业和产品重新呈现生机。“奥的斯（Otis）电梯公司在其生产的电梯中安装了远程电梯监控装置（Remote Elevator Monitoring System，简称：REMS）系统来判断它的运行状态。如果该装置感觉到电梯出了什么问题的话，它会通过专用电话线通知一台奥的斯计算机服务器：电梯需要维修。由于这套信息技术系统，再也没有顾客抱怨电梯的维修服务不够及时。现在，全世界上销售的电梯中有1/4是

---

① 徐虹 . 国际经济信息［J］. 北京 :2000年第12期 . 第7页 .

② 纪均 . 开放潮［J］. 香港 :2000年第1期 . 第23页 .

奥的斯的产品”[1]。

如果把信息技术引入流通领域，通过电子商务技术，将使得货币流通、生产资料存储、运输加工、商品流通都将发生巨大变化。银行、厂房、仓库、道路、商店以及其他设施等等都将发生适应性的变化，这些变化都将减少资源的消耗，提高商务运行效率。“美国拥有全球电子商务总量的80%，电子商务已成为推动美国经济发展的强大动力……”[2]；“日本传统企业也开始大力发展B2B（Business To Business：企业对企业营销），根据《日本经济新闻》报道，住友商事、伊藤忠商事、丸红公司和美国企业合作，架构了钢材电子市场，使中介手续费降到以往的1/3，预计将会有1,000家企业利用这个网站……”[3]；“GE（美国通用电气公司）获胜的主要原因是其以闪电般的速度将数十亿美圆规模的销售和投资转移到了互联网上，使得销售和投资在世界范围内开展”[4]。可见信息技术在商业流通领域的重大推动作用。

（3）信息技术已经成为可持续发展的重要手段。

“可持续发展是指既满足当代人的需要，又不对后代人满足其需要的能力构成危害的发展。它主要表现为环境、人和自然资源的良性协调发展。”[5] 传统的发展观的核心就是物质财富的增长，环境和资源的价值并未体现在产品和服务的价格中。然而，随着经济的不断发展，人口剧增、资源过度消耗、环境污染、生态破坏、气候变暖等问题日益突出，并成为全球性的重大问题，严重阻碍经济的进一步发展和社会进一步的提高，甚至局部和个别的还严重威胁未来人类的生存和发展。寻求可持续发展已经成为全人类的共识。

① [美] 亨利·卢卡斯.IT产业投资评估 [M].北京：航天出版社.2000年10月.第112~113页.

② 中国驻美国使馆经商处.美国电子商务发展政策 [J].北京：经济大参考.2000年第18期.第6页.

③ 徐虹.国际经济信息 [J].北京：2000年第9期.第8~9页.

④ 同上第14期.第11页.

⑤ 曲维枝.信息产业与我国经济社会发展 [M].北京：人民出版社.2002年.第67页.

首先，信息技术将各社会组织和个人相联系，使整个地球成为信息交流通畅的整体，建立全球合作伙伴关系，共享地球上的资源，是实现人类可持续发展的共同目标；信息技术以极强的辐射能力，渗透到社会各行各业，促进社会、经济、生态大系统的整合，使经济、社会的各个领域协调发展，提高整个系统的功能；信息技术带来的信息处理前瞻性，对未来趋势作出预测，指导经济发展的方向，从而实现可持续发展所倡导的"人类应既满足当代的需要，又不危害子孙后代的生存利益"的宗旨。

其次，信息技术的发展为经济持续增长提供了新的可能性。信息技术的发展主要利用的是信息和智力资源，这些特性，使得信息技术的发展可以突破传统工业发展所面临的物质资源约束，使可持续发展成为可能。信息技术的进步，信息产业的发展和信息社会的高度发达，很有可能就是人类最大限度摆脱物质资源束缚的一个重要契机。

再次，信息技术的发展对国民经济的基本资源有明显的替代作用。因为信息技术的应用可以使得物力、财力、人力、运力、时力、自然力等基本生产要素的消耗得到节约，如因特网（Internet）的应用，大大降低了时力和人力的消耗，往往需要长时间、大量人力的工作在因特网上变得容易快捷；企业应用信息技术大大提高物力、财力、运力等的利用效率；并且大大提高产品和服务的附加值。

最后，信息技术在解决环保和人口问题上也有非常大的促进作用。信息技术可以直接为全球环保问题提供参考办法，例如运用计算机进行模拟研究全球变暖和温室效应具有十分重要的意义。信息技术的发展同时还可以改变人类的生产方式、生活方式；使得家庭办公、远程学习等生产、生活方式成为主流，进而减少大量的物质消耗，使环境保护成为自觉行为，成为一种新型的生产和生活方式；通过计算机等信息技术的应用，调查人口数量和结构，预测全球、国家和区域的人口模型，以便于政府制定控制人口数量、提高人口质量的合理政策和措施。

4.1.1.9 经济与技术经济

经济的含义非常丰富，在不同的场合有不同的实际意义，一般来说，经济的含义有：

（1）经济是生产关系的总和，是上层建筑建立的基础[①]。这种定义认为：经济指的是与一定社会生产力相适应的生产关系，或适应于一定社会生产力发展的社会经济制度，应用的范围如：经济制度、经济基础等中的"经济"。

（2）经济是指社会再生产过程中各个环节的经济活动[②]。这种定义认为：经济是指物质资料的生产以及相互交换、分配和消费，也可以说是生产和再生产的过程，包括相应的交换、分配和消费环节。应用的范围如：经济增长中的"经济"。这里的经济就是人类所创造的满足、维持、完善和发展自身需要的变革物质的实践活动，是人和自然界进行物质、能量及功能交换的社会活动，是创造和推动社会发展的历史活动。

（3）经济是指一个国家国民经济的总称或国民经济的各部门[③]。应用的范围如：工业经济、农业经济等中的"经济"。这里的经济指的是经济活动的组成和分类。

（4）经济是指日常生活用语中的节约、节省等意思[④]。应用的范围如：经济效果、经济效益、经济合理性等中的"经济"。这种定义包括和强调了对人力、物力、财力、时间等的合理利用和节约利用的意思。

技术经济学中的"经济"，指的就是第四种意思，是指"节约"、"节省"的意思[⑤]。本书信息技术经济中的"经济"也是这种含义。技术经济是"技术"的"经济"问题，即技术的节约问题，是研究技术和经济之间的矛盾关系及其发展变化规律问题的学科[⑥]。

---

① 徐寿波 . 技术经济学［M］. 南京：江苏人民出版社 .1988 年 . 第 8 页 .

② 同上。

③ 同上。

④ 同上。

⑤ 同上。

⑥ 张才明 . 构建信息技术经济学学科体系［J］. 北京：北京交通大学学报（社会科学版）.2006 年 12 月 . 第 5 卷第 4 期 . 第 22 页 .

4.1.1.10 信息技术经济

本书中信息技术经济的含义包括两层意思：

（1）信息技术经济指的是“信息技术”的“经济”问题，即信息技术的节约问题，不是指基于西方经济学基础下的信息技术的理论经济性分析。核心内容就是信息技术经济评价，也就是信息技术的性价比问题。

（2）信息技术经济指的是“信息技术”的“技术经济”问题，即技术经济视觉下的信息技术问题。其核心内容是信息技术的发展和选择问题。

4.1.2 信息技术经济学研究对象

“技术经济学是研究技术和经济之间的矛盾关系及其发展变化规律性的科学，简称是研究技术和经济矛盾关系的科学”[①]；也有学者认为“技术经济学的研究对象是技术与经济之间的关系及其方法和方法论”[②]；还有的认为“技术经济学的研究对象是技术—经济—生态—社会—价值系统的要素、结构、运行、功能及其规律性”[③]；另一些学者则指出“技术经济学是一门研究技术领域经济问题和经济规律，研究技术进步与经济增长之间相互关系的科学”[④]等等很多说法。毛泽东在《矛盾论》中指出：“科学研究的区分，就是根据科学对象所具有的特殊的矛盾性，因此，对于某一现象的领域所特有的某一种矛盾的研究，就构成某一门学科的对象。”[⑤]从这里可以看出，作为一门学科，应该是专门研究某一种矛盾，对于技术经济学而言，就是专门研究技术和经济矛盾关系的科学。

信息技术经济学作为技术经济学的一个分支学科，其研究对象应该和技术经济学的研究对象相似，只不过“技术”更加具体化了，是“信息技术”。据此，信息技术经济学的研究对象是“研究信息技术和经济之间的矛盾关系及其发展变化规律的科学，也可以简称为研究信息技术

① 徐寿波．技术经济学［M］．南京：江苏人民出版社．1988年．第11页．

② 刘吉丰．技术经济学研究对象之我见［J］．北京：技术经济．1986年第5期．

③ 赵国杰．技术经济学［M］．天津：天津大学出版社．1996年6月．第6页．

④ 傅家骥 仝允桓．工业技术经济学［M］．北京：清华大学出版社．1996年．第1页．

⑤ 毛泽东．毛泽东选集［M］．北京：人民出版社．1966年．第297页．

和经济矛盾关系的科学。”[①] 这里的信息技术包括了软信息技术和硬信息技术，经济指的是“节约”的意思，注重于研究信息技术的经济效果，研究各类信息技术经济评价问题，研究如何解决各类信息技术经济问题等[②]。

信息技术经济学是一门新的综合性的边缘性学科，它既包含了社会科学的内容，也包含了自然科学的内容，是经济学、管理学、信息技术科学、数学、信息学等多个学科交叉的结果。

4.1.3 信息技术经济学研究目的和意义

从上世纪末开始，人类社会就已经进入信息社会。信息技术已经渗透到社会的各行各业，如何最有效利用这些信息技术资源，不仅涉及许多硬信息技术的技术经济问题，而且还涉及大量的软信息技术的技术经济问题。先进信息技术不一定经济，不一定就能带来高效益。随着信息技术的发展和社会的不断进步，人们掌握和可利用的信息技术越来越多，这样，为了达到同一的预定目标，可以采用的信息技术方案也越来越多。例如要实现通话目的，可以采用移动通信，也可以采用固定通信；移动通信又有 GSM、CDMA、4G、5G 等多种技术方案。企业要实现信息化管理，提高效率和效益，就有多家供应商的信息系统方案可以选择等等。

因此，“信息技术经济研究的目的就是从多种信息技术方案中寻找技术上可行，经济上合理的最佳信息技术方案，以保证通过最少的投入实现最大可能的经济效益。这种目的既有国家层面的宏观需求，也有产业部门层面的中观需求和企业个人的微观需求”[③]。

积极开展信息技术经济学研究具有重要的理论创新意义和重要的应用实践意义[④]。

---

① 张才明 . 构建信息技术经济学学科体系 [J] . 北京 : 北京交通大学学报（社会科学版）.2006年12月 . 第5卷第4期 . 第22页 .

② 同上 .

③ 同上 .

④ 张才明 汪向东 姜奇平 . 开展信息技术经济研究 丰富技术经济学科 [J] . 太原 : 技

4 信 息 技 术 经 济 学

1. 开展信息技术经济学研究具有理论意义①

一是通过信息技术经济学研究，可以为人们创建技术经济学一门新的分支学科——信息技术经济学提供尝试。信息技术经济学面对特殊的研究对象，探讨和揭示信息技术与经济的关系和发展规律，从而形成有别于技术经济学及技术经济学其他分支学科和信息经济学的新的理论和方法体系。

二是通过信息技术经济学研究，扩大和延伸技术经济学的研究空间，有助于技术经济学学科体系的丰富和发展。目前客观上有着中国特色的技术经济学在我国的生存环境变得越来越差，其生存空间不是更加广阔而是日益狭小了。具有自身特殊性的信息技术和信息化领域的特殊问题，对技术经济学一般理论方法的解释力和适用性已经提出了挑战，技术经济学必须加以发展，不然则不进则退。因此，信息技术经济学的研究对技术经济学学科建设与发展具有重要作用和积极意义，对技术经济理论和方法的丰富和发展具有一定程度上的积极意义，即使技术经济学缺乏统一公认的标准体系，信息技术经济学的研究仍然具有这些积极作用和意义。

2. 开展信息技术经济学研究具有十分重要的实践意义②

一是通过信息技术经济学研究，运用技术经济学一般理论方法和信息技术经济专业理论和方法，有助于人们在实践中科学评估信息技术方案的经济效果，有助于人们选出较优的方案，以便减少风险和不良后果，尽可能的合理使用资金，节省成本，科学利用先进的信息技术，提高社会经济效率和效益。

二是通过信息技术经济学研究，揭示信息技术向其他技术乃至其他要素渗透和结合的机理，在技术效果和经济效果合理结合的基础上，促

术经济与管理研究.2010年6月.第6页.

① 张才明 汪向东 姜奇平.开展信息技术经济研究 丰富技术经济学科［J］.太原：技术经济与管理研究.2010年6月.第6页.

② 同上.

进技术创新与进步，促进信息化的发展，实现信息化带动工业化，为国民经济发展提供强劲支持。

三是通过信息技术经济学研究，有助于人们寻找信息技术与社会经济发展的相互关系和客观规律，解决各种出现的信息技术经济问题，平衡信息化过程中不同主体之间的利益关系，增进信息化应用主体的经济福利，并促进信息化过程中社会整体利益的最大化。

四是通过信息技术经济学研究，综合运用信息技术科学、经济科学和管理科学，有助于国家、经济部门和企事业单位甚至个人的各种宏观、微观信息技术上的决策建立在科学的基础上，不断提高科学决策能力和经营管理水平。

4.1.4 信息技术经济学研究任务和内容

"技术经济学的研究任务是正确认识和处理技术和经济之间的关系，寻找技术经济的客观规律，寻找技术和经济之间的合理关系"①。因此，信息技术经济学的研究任务也应该是正确认识和处理信息技术和经济之间的关系，寻找信息技术经济的客观规律，寻找信息技术和经济之间的合理关系，具体地说研究任务主要有②：

一是研究各种信息技术方案的经济评价和综合评价理论和方法。包括研究各种信息技术方案经济评价共同的理论和方法，以及结合具体每种物质生产技术和非物质生产技术，研究各种具体的信息技术方案的信息技术经济原理和方法。

二是从总的技术经济分析论证出发，寻找国内外信息技术（包括硬信息技术和软信息技术）发展的客观规律以及信息技术进步与经济增长的相互关系和发展规律，以帮助人们掌握各种信息技术在不同时期和不同条件下的应用规律、发展方向和趋势，制定各种政策法规等。

① 徐寿波．技术经济学［M］．南京：江苏人民出版社．1988年．第20~23页．

② 张才明．构建信息技术经济学学科体系［J］．北京：北京交通大学学报（社会科学版）．2006年12月．第5卷第4期．第22页．

4 信息技术经济学

三是研究解决具体的实际信息技术经济问题，尤其是解决因素错综复杂，综合性很强，重大的信息技术经济问题，提出具体的结论和建议，以提供国家、企业和个人作为实际工作的科学依据。

信息技术经济的研究内容相当广泛，除了研究信息技术经济的理论方法和客观规律以外，结合实际，信息技术经济问题的研究内容也很多，它们存在于信息技术的开发、加工与处理、应用的各个领域，包括宏观信息技术经济问题和微观信息技术经济问题①。大致说来，有以下研究内容②：

（1）信息技术需求和需要方式的预测；

（2）信息技术方案的技术经济评价；

（3）各种信息技术开发及其方案的选择和配合；

（4）各种信息技术生产、加工、更新和处理方式的选择和配合；

（5）各种信息技术的规划、设计和实施的技术经济问题；

（6）各种信息技术的发展方向研究；

（7）各种信息技术管理的技术经济问题；

（8）各种信息技术应用的技术经济问题；

（9）信息技术的合理利用和有效利用；

（10）信息技术的划分和信息技术的协调；

（11）信息技术标准的制定；

（12）信息技术方案的自主开发和委外采购；

（13）信息技术主体的规模和布局；

（14）新信息技术、工艺、设备和仪表等的采用和选择；

（15）信息技术经济数据的统计、分析和研究处理；

（16）各种人力、财力、物力等在信息技术方案中合理分配使用问题；

（17）各种信息技术的管理措施和政策研究；

（18）各种信息技术的经济效果研究；

（19）信息技术经济理论和方法研究；

①张才明．构建信息技术经济学学科体系［J］．北京：北京交通大学学报（社会科学版）.2006年12月．第5卷第4期．第22~23页．

②同上．

(20)信息技术经济的实证分析问题。

以上列举的这些方面问题仅仅是常见的信息技术经济问题，并没有包括所有的信息技术经济问题，也没有完全详细细化这些信息技术经济问题。可以肯定的说，所有的信息技术都有经济效果问题，虽然有的信息技术经济问题比较大，有的比较小，有的比较复杂，有的比较简单，有的重要，有的不重要，有的紧迫，有的不紧迫，但都可以进行更细化的研究①。

4.1.5 信息技术经济学研究方法和程序

信息技术经济学的研究方法和技术经济学的研究方法是一样的，研究方法也有两种②、③：

一是调查研究的方法。

在信息技术经济学的研究中，只有通过调查研究，才能搜集到信息技术经济的基本原始材料和数据；才能检验信息技术经济理论、方法和具体结论的准确性；才有可能发现或总结出信息技术发展的客观规律；也只有通过调查研究才能发现社会实际中存在的各种信息技术经济问题。可以说，调查研究的方法从头至尾都应该采用，从发现问题，解决问题到检验问题都需要调查研究方法，当然，有时候也需要通过一些技术手段来发现和解决这些问题。

二是理论研究的方法。

理论研究的方法主要是数学计算和逻辑论证两种方法。信息技术经济学研究的结果既需要定性结论，也需要定量结果。数学计算是必不可少的工具，而逻辑论证如辩证的、系统的论证分析方法也是非常重要。

① 张才明．构建信息技术经济学学科体系［J］．北京：北京交通大学学报（社会科学版）.2006年12月．第5卷第4期．第22~23页．

② 徐寿波．能源技术经济学［M］．长沙：湖南人民出版社.1981年．第5~13页．

③ 张才明．构建信息技术经济学学科体系［J］．北京：北京交通大学学报（社会科学版）.2006年12月．第5卷第4期．第22~23页．

作为技术经济学的一个分支学科，信息技术经济学的研究程序和步骤也可以与技术经济学的研究程序和步骤类似，这里只做一个简单的介绍①、②。

第一步，建立或发现或选取各种可能的信息技术方案，根据掌握的资料和情况进行全面的考虑，尽可能把各种替代方案也考虑进来。

第二步，分析各种可能的信息技术方案在技术经济方面的内部和外部的利弊关系及其影响因素，这也是信息技术经济研究中的关键一步。

第三步，建立各种信息技术方案的经济指标和各种参变数之间的数学关系，构建信息技术经济数学模型，列出相应的信息技术经济公式和方程式。

第四步，计算求解信息技术经济公式和方程式。

第五步，根据求解的结果，对信息技术方案做综合评价，得出结论或提出建议。

第六步，根据综合评价的结论，进行反馈控制、修改、补充或调整原有的信息技术方案。

信息技术经济学的研究方法还可以借鉴管理学、财务会计学、经济学和信息技术科学的研究方法。

4.2 信息技术经济学理论

学科理论是学科研究问题的基本出发点和基本准则，有了学科理论才可能形成为一个学科体系。信息技术经济学理论也是信息技术经济学学科研究问题的基本出发点和基本准则。技术经济学理论有不同的叫法，

① 徐寿波．技术经济学［M］．南京：江苏人民出版社．1988年．第26~31页．

② 张才明．构建信息技术经济学学科体系［J］．北京：北京交通大学学报（社会科学版）．2006年12月．第5卷第4期．第22~23页．

4 信息技术经济学

有学者称为技术经济学基本原理，或技术经济学基本理论。技术经济学基本原理就是揭示技术经济领域中的一些基本规律性的问题①，也是技术经济学的基石。

对于技术经济学理论，有很多不同的看法。傅家骥教授认为，技术经济学的基本原理就是资金的时间价值②。武春友教授认为，技术经济学的基本原理包括技术创新原理、资金时间报酬原理和比较原理③。沈景明教授认为技术经济学的基本原理包括经济效果原理、比较原理和时间价值原理等④。赵国杰教授认为技术经济系统所遵循的基本原理是一个揭示技术—投资本质的特征描述性原理，由这一基本原理有衍生成约束——能动性原理、规范性原理、测度——操作性原理和相应的原则与程序⑤。徐寿波教授认为技术经济学的基本原理包括技术与经济矛盾统一原理、增量原理、时间效应原理、供求效应原理、系统相关原理、经济效果指标原理和六力替代原理⑥。王宏伟研究员认为："技术经济学的基础理论包括马克思的扩大再生产理论、技术周期理论、技术进步和技术创新理论、经济增长理论等；技术经济学的应用理论包括经济效果理论、技术转移理论、技术选择理论、技术扩散理论等。"⑦

信息技术经济学理论是信息技术经济学学科体系的重要组成部分，它包括信息技术与经济的矛盾统一理论、信息技术经济生产要素理论、信息技术经济比较理论、信息技术时间价值理论和信息技术经济效果理论、信息技术经济标准理论、信息技术经济增长理论和信息技术经济风险控制理论等几个部分⑧。

① 吴岐山 . 技术经济学［M］. 北京：机械工业出版社．1984年 .
② 傅家骥 仝允桓 . 工业技术经济学［M］. 北京：清华大学出版社．1996年3月.
③ 武春友 张米尔 . 技术经济学［M］. 大连：大连理工大学出版社．1998年6月.
④ 沈景明 . 机械工业技术经济学［M］. 北京：机械工业出版社．1981年7月.
⑤ 赵国杰 等 . 技术经济学［M］. 天津：天津大学出版社．1993年5月.
⑥ 徐寿波 . 技术经济学［M］. 南京：江苏人民出版社．1988年.
⑦ 王宏伟 技术经济学的理论基础述评［J］. 北京：数量经济技术经济研究 .2009年第11期 . 第159页 .
⑧ 张才明 . 构建信息技术经济学学科体系［J］. 北京：北京交通大学学报（社会科学版）.2006年12月 . 第5卷第4期 . 第23页 .

4.2.1 信息技术与经济的矛盾统一理论

“技术与经济有密切的关系，它包括互相统一、相互矛盾和相互发展变化三种关系。”[①]信息技术与经济也有密切的关系，也有这三种矛盾既统一又相互变化发展的辩证关系，这种关系构成了信息技术与经济矛盾统一理论[②]。

（一）信息技术与经济的统一

今天，人们从事信息技术方面的劳动和生产时，也会消耗和占用社会资源，任何信息技术劳动和生产都离不开信息技术和经济，信息技术和经济始终是同时存在的、不可分割的统一体。但是，在这个统一关系上，大部分经济占主导，处于支配地位，信息技术是为经济发展服务，信息技术的发展也是由于经济的发展需要而推动的。任何一种信息技术从其产生开始就往往有着明确的经济目的，因此推广信息技术应用时就必须考虑它的经济效益。一般地讲，信息技术的发展会带来经济效益的提高，信息技术的不断发展过程也就是其经济效益不断提高的过程。比如计算机技术发展就表现为典型的信息技术与经济的统一关系：计算机技术作为当代信息技术的典型代表，无论从磁盘操作系统：DOS 环境到微软视窗（Windows）系统环境，还是从286CPU（Central Processing Unit：中央处理器）到386CPU、486CPU、586CPU 等，每一次技术水平的提升，都大大促进了社会经济的发展，提高了人们的劳动生产效率；反过来，每一次经济的发展，都带来了计算机技术研发投入的加大，促进了计算机技术进一步飞速的发展；计算机技术的进一步发展又促进了经济的进一步发展，彼此相互促进，不断循环。计算机这一信息技术与经济的统一关系得到最好的实证。

信息技术与经济之间的统一关系的根本因素是由信息技术的高渗透

① 徐寿波．技术经济学［M］．南京：江苏人民出版社．1988年．第36页．

② 张才明．构建信息技术经济学学科体系［J］．北京：北京交通大学学报（社会科学版）．2006年12月．第5卷第4期．第23页．

性和高收益性所决定的[①]。尤其在国民经济发展领域中，信息技术对经济的正效应表现突出，主要表现为：先导作用、替代作用、“软化”作用、优化作用、增值作用[②]。这为信息技术与经济之间的相互统一提供了天然的基础。

（二）信息技术与经济的矛盾

信息技术和经济除了相互统一的关系外，还存在另一关系，那就是在一定条件下，它们是相互矛盾、相互对立和限制，甚至排斥的关系[③]。比如，即使有的信息技术本来是先进的，在一般情况下，采用时经济效果很好，但是在有些地区、某种条件下采用时经济效果并不好；而另外有些信息技术，虽然本身并不先进甚至是落后的，一般情况下带来的经济效果是不好的，但在一定条件下采用时经济效果却较好。这就是因为任何信息技术的使用都必然要受到当时当地的具体自然条件和社会经济条件的制约。条件不同，信息技术带来的经济效果也不同。这种情况在现实生活中可以说是比比皆是，比如说同样是机器人，用在深水探测、打捞或者非常恶劣的环境下进行作业，都是非常有效的，也经常被采用，但是，如果用机器人进行平常环境下作业如扫大街，那就非常不经济了。所以说有些先进的或落后的信息技术是否经济需要看在什么条件下使用。

信息技术与经济之间的矛盾关系的根本原因也是由信息技术的高风险性及一定程度上的高知识密集性、高扩散性、高成本性和高度路径依赖性等特征所决定的。[④]尤其是高成本性和高风险性带来信息技术经济效果的不确定性，高度路径依赖性带来信息技术经济效果的惯性，高知识密集性使得信息技术的应用不容易掌握，而高扩散性使得信息技术一旦

---

① 张才明．构建信息技术经济学学科体系［J］．北京：北京交通大学学报（社会科学版）.2006年12月．第5卷第4期．第23页．

② 汪向东《信息化：中国21世纪的选择》[M]．北京 社会科学文献出版社1998年12月．第44-45页．

③ 张才明．构建信息技术经济学学科体系［J］．北京：北京交通大学学报（社会科学版）.2006年12月．第5卷第4期．第23页．

④ 同上．

使用，其影响又不容易控制。

（三）信息技术与经济的发展变化

随着社会的发展和条件的变化，原来经济的信息技术也会转变为不经济的信息技术，原来不经济的信息技术也会转变为经济的信息技术，原来落后的信息技术也会转变为先进的信息技术，先进的信息技术也会变为落后的信息技术，信息技术与经济之间的统一关系也可能变为矛盾关系，而矛盾关系也可能变为统一关系①。信息技术和经济就是这样相互影响、相互发展变化。例如手机，十多年前，那还是奢侈品，甚至几万元的手机，功能也很少，现在手机的功能越来越发达，价格却越来越低，说明手机这一信息技术已经是越来越经济同时又越来越先进。再比如计算机，也是如此，价格越来越低，性能却越来越高，技术越来越先进。相反的另一个例子是瑞士手表，作为计时用的手表，也是一种反映信息的技术，在19世纪甚至20世纪上半期，还是非常昂贵的，但随着电子手表的出现，作为计时功能的瑞士手表价格立刻下降，然而经过改良工艺和材料，赋予手表新的功能，如观赏、艺术、气质和品格等含义，赋予主人身份的象征，价格立刻又涨上去了。这是很典型的先进信息技术，由于环境和条件发生变化，成为不经济信息技术，再经过改进，又发展成为先进的经济信息技术。所以说，随着环境和条件的变化，信息技术的先进性和经济性也会不断发生变化。

信息技术与经济的相互变化发展也是由于信息技术的本质特征决定的。信息技术的高度创新性，更新快使得信息技术变化频繁，技术和产品层出不穷，同时信息技术之间的高兼容性又使得众多的信息技术和产品的存在和使用具备一定基础，信息技术本身的这些不确定性和变化决定了信息技术与经济之间的互动影响②。

但是，从技术经济角度来说，信息技术的先进性和经济的合理性需要协调统一。任何一项信息技术的应用都必然要受到当时当地具体自然

① 张才明．构建信息技术经济学学科体系［J］．北京：北京交通大学学报（社会科学版）．2006年12月．第5卷第4期．第23页．

② 同上．

条件和社会经济条件的制约，条件不同、信息技术带来的经济效果也就不同。

信息技术与经济存在的矛盾统一关系是信息技术经济研究的基石和出发点，正是由于存在信息技术经济矛盾统一性，使得我们有必要研究信息技术经济问题，也必须研究信息技术经济问题。研究并利用好信息技术与经济之间的矛盾统一性，以最低的信息技术投入，实现最大的经济效果。

4.2.2 信息技术经济生产要素理论

生产要素按照《辞海》(1989年版)的定义，是指“可用于生产的社会资源、一般包括土地、劳动和资金(资本)，有时也包括企业家才能”；在《简明大不列颠百科全书》(1986年版)中的定义，则是指“用于商品和劳务生产的经济资源”。徐寿波教授和徐斌先生则提出了广义和狭义生产要素的定义：狭义的生产要素是指“任何商品和劳务生产所必须具备的最基本的物质资源”，而不是指需要花钱投入的资源；广义的生产要素是指“社会国民经济大生产各种层次范围的生产实体(生产系统)的组成要素”，由广义的生产要素又提出了生产要素层次理论①。广义生产要素理论既是技术经济学中最基本的理论之一，也是信息技术经济学中最基本的理论之一。生产要素理论作为技术经济学中的专门理论，有专门的文献做过详细分析②。

需要说明的是，生产要素和生产力要素是完全不同的概念。根据《辞海》(1989)的定义，生产是指“由一定生产关系联系起来的人们利用劳动工具改变劳动对象以适合自己需要的过程，包括生产力和生产关系两个方面”③。按照《哲学大辞典》的定义，生产力是指“生产物质资料时所使用的生产工具，以及有一定经验和劳动技能而使用生产工具来生产物

① 徐斌 徐寿波．生产要素层次理论［J］．北京：北京交通大学学报(社会科学版)．第五卷第4期.2006年12月．第16页．

② 徐斌 徐寿波．生产要素层次理论［J］．北京：北京交通大学学报(社会科学版)．第五卷第4期.2006年12月．第16~18页．

③ 辞海编辑委员会，辞海［M］．上海：上海辞书出版社．1989年．第4519页．

质资料的人。"[①]因此，生产是指生产力发挥作用的过程，而生产力是指完成生产过程的能力系统。按照《哲学大辞典》的定义，生产力要素是"指生产力的构成。包括：劳动者、劳动资料、劳动对象、科学等。"[②]蔡建华认为"生产力的各个组成部分称为生产力的因素或要素"[③]。总之，简单来说，生产要素是指投入到生产中的经济资源，生产力要素则是影响生产力的要素[④]。

根据徐斌先生和徐寿波教授的生产要素层次理论[⑤]，从生产要素层次上的部门生产要素看，信息技术经济中的生产要素既有属于第二产业部门的信息技术制造产业，也有属于第三产业部门的信息技术服务产业。从生产要素层次上的行业和单元生产要素看，信息技术经济中的生产要素既有属于信息技术生产行业和企业单位，也有信息技术服务行业和企业单位。从生产要素层次上的六个基本生产要素看[⑥]，信息技术经济中的生产要素应该包括这六部分：一是信息技术生产和服务中的工人、技术和管理人员等人力；二是信息技术生产和服务中的生产线、设备、设施、固定资产、流动资产等资产力；三是信息技术生产和服务中的原材料、元器件、电力能源等物力；四是信息技术生产和服务中的建筑占地、水、阳光、空气等自然力；五是信息技术生产和服务中的物流、人流等运力；六是信息技术生产和服务中的所需要的时力。任何信息技术经济活动都必然包括这六大基本生产要素。

上述生产要素层次理论也有学者称为"六元论"[⑦]。如果按照生产要素

---

① 哲学大辞典编辑委员会，哲学大辞典［M］. 上海：上海辞书出版社 . 1990年 . 第214页.

② 同上 .

③ 蔡建华，论生产力的整体性［J］.《生产力经济学文集》［M］. 贵州：贵州人民出版社 . 1981年.

④ 徐斌 李燕芳 杨玉梅 . 论生产要素与生产力要素的差别［J］. 太原:《生产力研究》，2006年3月. 第91页.

⑤ 徐斌 徐寿波 . 生产要素层次理论［J］. 北京：北京交通大学学报（社会科学版）. 第五卷第4期 .2006年12月 . 第16~18页 .

⑥ 同上 .

⑦ 徐斌 李燕芳 杨玉梅. 论生产要素与生产力要素的差别［J］. 太原:《生产力研究》，2006年3月 . 第91页 .

的“三元论”[①]或“四元论”[②]来划分，信息技术经济学中的生产要素也可以划分为“土地、劳动、资本”或“土地、劳动、资本、企业家才能”。企业家才能实际上就是指管理等软性要素。

信息技术经济生产要素理论是信息技术经济学中的一个基础理论之一，其狭义生产要素理论实际上就是决定了信息技术经济活动中的资源和投入，而广义的生产要素理论本质上决定了信息技术经济活动中的具体表象问题，包括产业、行业或项目问题。从技术经济学的角度来说，对信息技术经济进行研究都无法脱离信息技术经济活动中的资源消耗和投入，也无法回避现实具体的信息技术经济问题。

4.2.3 信息技术经济比较理论

在信息技术经济分析中，除了要对单个信息技术方案本身的所得和所费进行评价，确定其经济效果好坏外，更重要的是对多个信息技术方案进行比较和评价，从而确定其在这些方案中经济效果的大小。技术经济学的比较原理包括满足需要可比、消耗费用可比、时间可比、价格指标可比[③]。信息技术经济学作为技术经济学的一个分支学科，其比较理论也将包括这四部分。

满足需要可比就是指需要进行比较的信息技术方案都必须满足相同的需要，能够实现相同的目的。比如对于某一企业而言，要实现企业信息化如ERP系统的实施，有两种方案可以采用，一是自己自主开发ERP系统，二是购买外部成型ERP系统；两种方案都必须满足自身企业的需求，即两种方案的技术功能必须有重合交叉部分，否则很难具有满足需要的可比性；当然实际上这两种方案的技术功能上不可能完全一样。

消耗费用可比是指需要用统一规定、统一计算原则和方法来计算所

① 徐斌 李燕芳 杨玉梅．论生产要素与生产力要素的差别［J］．太原:《生产力研究》，2006年3月．第91页．

② 同上．

③ 徐寿波．技术经济学［M］．南京：江苏人民出版社．1988年．第102页．

有的全部费用的原则[①]。比如在做国家宏观信息技术方案比较时，必须考虑社会全部消耗费用，而不是单独某个部门的全部消耗费用。比如对4G通讯技术方案计算消费耗用，就必须考虑我国全部的有关费用，而不仅仅是考虑信息产业部或某个地区的消耗费用，不仅要考虑4G所带来的固定资产投资，还要考虑已有GSM和CDMA通信网的投资等等。

时间可比是指信息技术方案的服务年限应取一致，即计算期一致；或者把不同时期的成本收益折现或贴现到同一时点，同时应考虑利息随时间变化的影响。比如两个信息技术方案在投资、成本方面相同，而时间先后有差别，即投资有先后，投产有早晚，那么这两个方案的经济效果就不同，不能简单进行比较，必须考虑时间因素以后，才能互相进行经济比较。另外由于不同时期的投资，还将产生不同的机会成本问题，这些都是在进行信息技术方案比较时需要考虑进去的。对于不同的软硬信息技术方案，其时间年限往往是不一样的，一般来说，对于软件这一比较典型的软信息技术的服务年限通常只计算3 ~ 5年的时间价值，而对于计算机硬件则大部分取7 ~ 9年的时间价值[②]。

价格指标可比是指用同一时期的价格计算，用同一标准价格计算的原则[③]。比如在做计算机评价时，国外进口的计算机用外汇购买是1，000美元一台，而国内生产的计算机则是6，000元人民币一台，如果信息技术方案同样是100台的话，就必须要把外汇美元用同一个时间点的基准汇率计算成统一的人民币价格和金额，方案的比较才是合理和科学的。

在实际信息技术方案评价中，可能常常会有不满足四个可比条件，如果要进行比较和评价的话，就必须要转换成可比条件。比如一个企业要实施一套信息系统实现企业的信息化管理，有信息技术两套方案。一套是自己开发企业管理信息系统，自己招聘信息技术人才，自己研发、实施和维护管理信息系统；另一套是购买外面成熟的管理信息系统。但是外面供应商的信息系统毫无疑问和自己开发的是完全不一样的系统产

① 徐寿波 . 技术经济学［M］. 南京 : 江苏人民出版社 . 1988年 . 第107页 .
② 软件价值评估的原则和方法，百度文库 ,http://cache.baidu.com.
③ 徐寿波 . 技术经济学［M］. 南京 : 江苏人民出版社 . 1988年 . 第108页 .

品，功能上也会有一些差别。这个时候，看起来是不能进行方案比较的。但是，如果从另一个角度出发考虑，从相同的总体成本即总投资出发考虑，看各自带来的效果如何；或者从需要达到的目标效果出发，看各自的总体成本的大小如何，就会发现这两套信息技术方案还是可比的。

4.2.4 信息技术时间价值理论

在技术经济学范畴内，时间价值理论①是指时间不同价值也不同，不管是今天的资金还是物力都比未来的资金和物力要值钱，价值要大。“一般情况下，随着时间的发展，技术经济效果的增量不断扩大，所以时间是有经济增量效果的。”②当然，有的信息技术是随时间增加经济效果增大，有的效果增加很小，有的甚至可以是负的，这种技术就会被时间淘汰了。只有随时间增量效果大的，竞争力才会越来越大。在做具体的信息技术经济评价时，要根据具体的信息技术考虑信息技术经济的时间价值问题。

为什么会有这种时间上的价值变化呢？马克思在分析社会劳动生产过程中，描述了“G—P—G'”原理，这就是说今天投入的人力、物力、财力等，在生产中发挥作用，创造出新的价值，新的价值再投入生产再创造价值，这也解析了时间在价值创造中的作用。“时间不仅具有自然属性，更具有经济属性。……时间是生产力。”③技术经济学这种时间价值理论也是马克思的扩大再生产理论的一种体现。

从反向来考虑信息技术时间价值问题，我们同样能够得出，未来的同等价值的资金收益比今天的资金收益大。这在财务上最基本的表现为资金的利率问题，所以我们运用财务手段和工具进行技术经济评价和分析时，经常用到折现和贴现问题，就是这个道理。信息技术时间价值理论反映的是信息技术方案的效率问题，资金有资金的利用效率，信息技

① 也有专家称之为“时间效应原理”（参见徐寿波．技术经济学［M］．南京：江苏人民出版社．1988年版．第56页）或“资金的时间价值原理”（李定岚．技术经济学［M］．上海：上海交通大学出版社．1992年12月．第13页）．

② 徐寿波．技术经济学［M］．南京：江苏人民出版社 1988年．第57页第2~4行．

③ 张文泉．企业技术经济学［M］．北京：中国电力出版社，2000年4月．第54页．

术本身也有利用效率问题。效率高，其时间价值就越大，而间接体现的效益也越高。

需要特别说明的是，对于很多信息技术方案来说，由于处于不同环境，不同条件下，信息技术方案的时效是不确定的，尤其是对于未来，时效是非常不确定的。

4.2.5 信息技术经济效果理论

“效果一般都是指事物的结果而言，人们进行任何活动都会产生结果，这种结果就叫效果。……好的效果是有益的效果，称之为效益。”①“技术经济效果不是指技术效果和经济效果，而是指技术的经济效果。”②“经济效果=效果和劳动消耗的比较”③。技术经济效果理论是技术经济学中的重要基础理论，是指导技术经济评价的核心理论和方法。信息技术经济效果就是在一定目的下，从事信息技术劳动和实践活动中，对人力、财力和物力等的消耗量和占用量与所取得的产出的比较结果的评价。如果所取得的收益量超过人力、财力和物力等的消耗量和占用量之和，则该信息技术经济方案取得了良好的信息技术经济效果与信息技术经济效益。

信息技术经济效果指标即信息技术经济活动中的劳动成果和劳动消耗的比较有两种表现形式④：

（1）减法表示形式：

$$E=P-C \qquad \cdots（4—2）$$

其中：E 表示经济效果；

P 表示所取得的产出；

C 表示人力、财力和物力等的消耗量和占用量之和；

这个公式的含义类似于净利润的概念，但不等于净利润，这时，经济效果等于经济效益，这个指标是经济效益指标，反映的是一种效益绝对值。

① 徐寿波．技术经济学［M］．南京：江苏人民出版社 1988年．第47页．

② 同上．第40页．

③ 同上．第41页．

④ 张才明．构建信息技术经济学学科体系［J］．北京：北京交通大学学报（社会科学版）．2006年12月．第5卷第4期．第23页．

（2）除法表示形式：

E=P/C …（4—3）

其中：E 表示经济效果；

P 表示所取得的产出；

C 表示人力、财力和物力等的消耗量和占用量之和；

这个公式的含义类似于投资收益率的概念，但不等于投资收益率，这时，经济效果不等于经济效益，这个指标是经济效率指标，反映的是一种效率相对值。

由于信息技术不仅拥有通用目的技术的特征，还具有高度价值倍增性，高扩散性、更新周期短、高成本性、高风险、高收益以及高度路径依赖等特性，使得信息技术经济效果的确定和一般传统非信息技术的经济效果确定会有很大不同。现代信息技术不再直接作用于人的体力，而更多是作用于人的智力。特别是以软件和互联网为代表的“软信息技术”，这一特点更为明显。因此，信息技术经济效果更多的表现在间接效果、隐性效果、长期效果，更多表现在看不见的管理上或系统上的效果，信息技术的经济效果比通用目的技术更深远和长久。

信息技术经济活动最常见的就是以信息技术方案的投入开始，信息技术方案投入的直接产出表现为信息技术产成品，信息技术产成品应用到具体的社会生产和经济活动中，就产生经济效果，如果是带来好的效果就是意味着带来了经济效应，这个效果是由于信息技术投入所产生的信息技术产成品带来的效果，这个效果最终可以表现为经济货币形式，是一种收益。另外，从宏观来说，社会经济是一个完整的系统，是相互作用相互影响的系统。任何一项信息技术方案的投资增加，都意味着别的项目投资的减少，同时，信息技术产业部门与其他部门有密切的联系，每个信息技术方案所占用的投资实际上都属于社会总投资的一部分；而且，信息技术方案的实施，所带来的经济效果也不仅仅为某个行业某个部门或某个区域所有，而是可能涵盖全社会经济领域。所以，衡量某个信息技术方案的经济效果时，必须要从整个社会的角度考虑。

根据信息技术经济效果产生的过程，可提出信息技术经济效果模型

为:

$$E=(P/I)\times(Y/P') \quad \cdots(4\text{—}4)$$

其中:

E 表示信息技术方案的经济效果;

I 表示信息技术的投入,包括直接投入和间接投入即为该方案的全社会投入成本;

P 表示信息技术的产出即信息技术的产成品,如果能够确定它的数量和合理价格,那么也表现为信息技术的总产值;

P' 表示所产出的信息技术即信息技术的产成品被投入到社会经济活动中的消耗量,如果能够确定其数量和合理价格,它表现为信息技术产出 P 的总销售收入;

Y 表示应用 P' 所带来的社会经济效益。

在产供销平衡的情况下,P=P'。其意思为所有投资生产出来的信息技术都销售出去了,没有积压的信息技术,这个时候信息技术的总产值等于信息技术的总收入。但在很多情况下,尤其是市场经济的环境中,$P\neq P'$ 的,比如产大于销售,库存积压或者产供不应求。但很少会存在 P'>P 的情况,最理想的状况是 P=P',大部分是 P>P',即产大于销,目前我国的基本情况是:绝大部分信息技术存在产大于销,库存有积压的现象,即 P>P';少部分信息技术存在供销平衡或供不应求的状况。

在进行信息技术经济效果评价时,常常用到的一个重要的指标就是信息技术经济效果系数,当然也可以采用其他信息技术经济效果评价指标进行衡量,只不过信息技术经济效果系数是一个非常传统和常用的而且在技术经济领域比较关键的一个评价指标。经济效果系数反映的是相对经济效果,更能反映方案的经济性。对应上面的信息技术经济效果模型,可以提出以下四种信息技术经济效果系数,这些系数分别有不同的经济含义和用途。

第一种信息技术经济效果系数是:

$$R'=R_{iio}=\Sigma P/\Sigma I \quad \cdots(4\text{—}5)$$

R' 和 R_{iio} 为第一种信息技术经济效果系数,笔者称为信息技术的投入产出系数,在实际社会生产中,也表现为信息技术的部门投资效果系数。信息技术的投入产出系数 R' 的经济含义是指单位投入在信息技术领域所生产的信息技术产成品的数量。在生产条件具备的情况下，一定的生产投入在信息技术领域一般都会生产出一定的信息技术，这个值越大，说明信息技术方案在信息技术部门内的经济效果越好，投入产出经济效果高，反之亦然。信息技术的投入产出系数 R' 在进行信息技术经济评价时经常会用到，比如进行某种信息技术生产，但有不同的生产方案或不同的生产组织形式，就可以利用信息技术的投入产出系数 R' 这一信息技术经济效果系数的比较来进行不同方案的技术经济评价，系数值大的为优选方案。

第二种信息技术经济效果系数是：

$$R''=R_{iir}=\Sigma P'/\Sigma I \quad \cdots（4—6）$$

R'' 和 R_{iir} 为第二种信息技术经济效果系数，笔者称为信息技术的投入收益系数。信息技术的投入收益系数 R'' 的经济含义是指单位投入在信息技术领域所生产的信息技术产成品所带来的直接收益。在生产条件具备的情况下，一定的生产投入在信息技术领域一般都会产出一定信息技术，只要这些生产出来的信息技术被销售出去了，就会有相应的信息技术收益，即销售收入。这个系数就表明了在信息技术领域中，单位数量的投入对信息技术直接收益量的经济影响，这个值越大，说明信息技术方案的经济效果越好，越产销对路，投入收益效果越高，反之亦然。而信息技术经济投入产出系数 R' 则没有考虑销售问题，因而不如信息技术的投入收益系数 R'' 更能反映实际效果。

如果产销平衡，也就是说所有生产出来的信息技术都被销售出去了，被社会再生产和社会经济生活活动中被消耗了，那么 P= P'，$R'=R_{iio}=R''=R_{iir}$，即信息技术的投入产出系数 R' 与信息技术的投入收益系数 R'' 相等。

第三种信息技术经济效果系数是：

$$R'''=R_{iiy}=\Sigma（P+Y）/\Sigma I \quad \cdots（4—7）$$

R''' 和 R_{iiy} 为第三种信息技术经济效果系数，笔者称为信息技术的投资利用效果系数。信息技术的投资利用效果系数 R''' 的经济含义是指单位信息技术的投入所产生的社会总经济效益，包括直接效益和间接效益。在生产条件具备的情况下，一定的信息技术生产投入，一般都会产生社会经济效果，一般都能带来国民经济的增长。这个系数就表明了单位数量的信息技术投入（如投资）对国民经济所有部门所引起的经济影响，这个系数越大，说明信息技术方案的经济效果越好，对国民经济拉动增长越高，对社会经济增长的贡献越高，这个系数最能全面反映信息技术投资的经济效果，特别是宏观经济评价来看是一个最全面的信息技术经济评价系数。

第四种信息技术经济效果系数是：

$$R''''=R_{ite}=\Sigma Y/\Sigma P' \qquad \cdots(4\text{—}8)$$

R'''' 和 R_{ite} 为第四种信息技术经济效果系数，笔者称为信息技术的经济效果系数。信息技术的经济效果系数 R'''' 的经济含义是指单位信息技术即信息技术产成品的利用或消耗所产生的全社会经济效益的增加。在生产条件具备的情况下，信息技术即信息技术产成品的利用或消耗一般都会产生经济效果。这个系数就表明了信息技术方案中利用或消耗单位数量的信息技术和信息技术产成品对全社会其他部门经济所引起的经济影响，这个系数越大，说明信息技术的利用效果越好，说明信息技术的利用对国民经济其他部门经济效率的提高有明显的促进作用。

本书中，这四种信息技术经济效果系数无论是在逻辑上还是在具体的数量上都有内在的密切联系。

从逻辑上讲，都是以投入为出发点，一般都是先有投入产出系数和投资利用效果系数，后有投入收益系数和信息技术的经济效果系数。因为只要有投资，就一定有投入产出系数和投资利用效果系数，但是不一定有投入收益系数和信息技术的经济效果系数，因为有投入，经过一定的生产就会有产出。如果能够销售出去，并且能够创造收入，那么就会有投入收益系数，也会有投资利用效果系数和信息技术的经济效果系数；如果提供的信息技术不合格，无法销售出去，不能转化为社会财富，无法创造收益，那么就没有投入收益系数，投资利用效果系数和信息技术的经济效果系数也会很低。比如在信息技术领域中，投入一百万资金用于生产电脑这一信息技术（假设这一百万资金是全部费用），这一百万资金就是原始信息技术投入，经过生产后，假设生产出了一千台电脑，如果这一千台电脑产品质量都是不合格的，无法在市场上销售出去，只能做废品回收处理，那么毫无疑问，这一百万信息技术资金的投入，是有一定的产出，产出很低，但没有任何收益（废品回收不可能还能正常获利），对国民生产总值的贡献也是很小的，信息技术的经济效果系数也没有，因为社会再生产和社会经济生活中根本没有人消费这一千台电脑。如果一千台电脑产品质量是合格的，能够正常在市场上销售出去，那么就存在了一定的甚至较好的投入产出系数和投入收益系数，被销售出去了的电脑参与社会再生产等经济活动中，又有助于经济的增长，创造了经济效果，因而必然有投资利用效果系数和信息技术的经济效果系数。如果所生产出来的电脑全部都能按照合理价格销售出去，那么意味着它的投入产出系数和投入收益系数达到了最大，并且两者相等，同样如果这些电脑被销售出去后，都能正常的按照技术的性能、生命周期和功效在社会再生产等经济活动中发挥了电脑所有的作用，那么电脑的经济效果系数达到了最大，在投入产出系数或投入收益系数和信息技术的经济效果系数都达到了最大的情况下，它的投资利用效果系数也将达到最大。

从数量大小上来说，一般来说，都是投资利用效果系数最大，然后是投入产出系数和投入收益系数，最后才可能是信息技术的经济效果系数。也许可能信息技术的经济效果系数比较大，会超过投入产出系数或投入收益系数，但绝对不能超过投资利用效果系数。从上面的模型能够看出：投入产出系数、投入收益系数和投资利用效果系数的计算分母都是原始信息技术投资，也就是说，他们的大小是由他们的分子来决定的。在投入产出系数上，分子是产出物，在投入收益系数上，分子是销售出去的信息技术，只要在产销平衡的情况下即所有的信息技术产成品都被销售出去了，两者才是相等的，否则，产出物一定是大于被销售出去的信息技术产成品，也就是说在产销平衡的情况下，投入产出系数和投入收益系数是相等的，否则，投入产出系数一定是大于投入收益系数的，两者的差额取决于产销率因素。投资利用效果系数的计算分母也是原始信息技术投资，但分子却包含了两部分，一部分是信息技术产成品本身销售后所带来的国内生产总值的增加，如产成品在相对合理价格基础上的价值；同时也包括信息技术产成品在社会再生产等经济活动中被使用或消耗时，所带来的社会其他经济部门的国内生产总值的增加，所以投资利用效果系数一般来说都要大于投入产出系数。但是如果信息技术产成品是不合格的，是无法在社会再生产等经济活动中被使用或消耗的话，那么投资利用效果系数的分子和投入产出系数是一样的，而相应的信息技术的经济效果系数即为零。信息技术在社会再生产等经济活动中被使用或消耗时的作用或效果，这个效果的大小是需要根据具体的信息技术来定的，但信息技术的经济效果系数一定是比投资利用效果系数要小的，因为信息技术的经济效果系数的分子就是投资利用效果系数分子的一个组成部分。

这四种信息技术经济效果系数由于有不同的含义，也就有了不同的计算公式，也决定了它们的关系所在，在进行具体的不同信息技术方案评价和比较时，可以选择不同的信息技术经济效果系数进行评价。利用数学、统计学中的具体数学处理方法，在一定的样本数据的基础上，上述四种信息技术经济效果系数从技术经济学的角度看，都应该是能够定量计算出来的。

4.2.6 信息技术经济标准理论

“技术经济标准原理是指在一定时期内，为了满足人民的需求和国民经济发展的需要，以最快的速度、最省的劳动消耗量获得最多最好的效果；或者以最快的速度、最省的劳动消耗量获得同样多同样好的效果；或者以同样快的速度、同样省的劳动消耗量获得最多最好的效果。这个评价标准原理我们简称为‘多快好省评价标准原理’。”[①]

信息技术经济标准理论同样可以遵循上述的“多快好省评价标准原理”，而且由于信息技术与一般通用目的技术不同，还具有高扩散性、高成本性、高创新性、高收益性、高风险性、高兼容性以及高度路径依赖

① 徐寿波．技术经济学［M］．南京：江苏人民出版社．1988年．第68页．

性和高度知识密切性、广泛适应性等特性，信息技术经济标准理论需要从技术、经济、社会、环境资源、战略等多个方面进行评价，并设定各项指标的标准，而不仅仅是只有经济领域的标准。

信息技术评价标准一般来说，需要考虑技术可行性标准、技术先进性标准和技术风险性标准三方面。

信息技术的可行性标准是评价信息技术方案对应用者需求的满足合适程度和功能应用上的满足可行程度；信息技术的先进性标准是评价信息技术方案在同类技术或产品中的先进程度、所处的行业技术地位。信息技术风险性标准是评价相对于某个期望信息技术经济结果可能发生的变动情况或者导致发生损失的可能性。

不同的信息技术面对不同的应用场景或条件环境时，技术可行性标准、技术先进性标准和技术风险性标准都不一样，计算机硬件来说，能使用，能满足用户软件的运行配置需要则为技术上可行；计算机软件则必须具有用户所需要的操作功能才是技术上可行；硬件往往有统一的技术规范和要求，而软件则是根据不同用户的需求变化而不同，软件的可行性往往缺乏统一的标准，尤其是在细节上。

信息技术的先进性标准对于不同的信息技术也是不同，CPU 转速是计算机硬件先进程度的标准之一；而支持跨平台跨环境部署则是计算机软件先进程度的标准之一；通话清晰度或通话中断率是移动通信的先进程度标准之一；等等，不一而举。

信息技术风险往往包括信息技术的投资风险、信息技术的实施应用风险、信息技术的经济回报风险、信息技术的社会影响风险和信息技术的生态环境风险等。信息技术的投资风险是由于信息技术的高成本投入和高度更新和创新性特性带来的，信息技术的投资周期标准往往需要比一般通用目的技术方案更加严格和短期。信息技术的实施应用风险标准往往是和实施应用的主体人相关。以计算机软件为例，实施应用风险的标准一般会包括实施应用人的资格或水平情况、本身实施应用成功的案例数量以及实施应用的人天数量等。信息技术的经济回报风险标准通常是指预期的经济回报的多少和不确定性，比如净现金值、内部收益率和投资效果系数等都是其评价指标标准；信息技术的社会影响风险标准如对社会稳定的影响指标；信息技术的生态环境风险一般都是大型的信息技术方案可能存在的生态风险，比如太空环境、水环境、土地环境等影响。

信息技术经济标准是对信息技术方案的经济合理性进行定量评价的标准指标，根本目的就是要选择成本最少、收益最多的信息技术方案。一般分为宏观经济标准指标和微观标准指标、直接经济指标和间接经济指标，也有学者分为静态经济指标和动态经济指标，每一类型指标又分为效益型和效率型；信息技术经济指标就是对信息技术带来的收益方面情况的衡量指标，主要反映信息技术的“高效益”水平。

信息技术社会评价标准必须是有利于社会的稳定和发展，有利于构建和谐社会，以人为本，有利于社会可持续发展；因此，需要尽可能采用能够改善劳动条件、改善人们生活条件的信息技术方案，特别在互联网领域，社会影响极大；信息技术方案的社会评价基本标准应该考虑包括以下几部分：社会质量的改善、社会公平的改善、社会可持续发展的改善以及和谐社会的建立。

信息技术战略评价标准主要是从国家战略层面对信息技术做可行性和合理性评价，需要涵盖政治、国防安全、国家发展战略等方面标准指标。

信息技术环境资源标准指对信息技术方案进行环境资源的影响评价时，需要选择节约和充分利用资源、保护和改善环境的信息技术方案。

有关信息技术经济评价标准指标，本书另有章节信息技术经济评价理论与方法进行详细阐述。

4.2.7 信息技术经济增长理论

“在经济活动中，与自然界能量守恒定律不同，技术经济效果总是有增量的，产出一般都是大于投入”。[①] 增量效果与投入的多少有三种关系：

① 徐寿波．技术经济学［M］．南京：江苏人民出版社．1988年．第50页．

“一是投入增加，效果递增；二是投入增加，效果递减；三是投入增加，效果先递增，后递减。”[1]因此，任何技术的投入要求适度，不是越多越好。

信息技术经济增长理论是指信息技术的投入一般都会带来效果，而且产出效果比投入大。相对于其他通用目的技术，信息技术拥有更广泛的适用性和更强的渗透性，具有高度知识密集性、高扩散性、高成本性、高收益性、高风险性等特性，决定了信息技术经济增长的复杂性和多样性，不同的信息技术，其经济增长的概念是不一样的。一般来说，在一定的投入范围和时间内或者叫开始阶段内，随投入增加效果递增，但是达到一定的范围后，就会逆转成为即使投入继续增加，效果还是会递减，以计算机硬件使用来说，就是这样，类似西方经济学中的边际效用[2]递减规律：在外部其他条件不变的情况下，随着消费者对某种商品消费量的增加，商品的边际效用（即消费一定量的商品中最后增加的那一个单位商品所增加的效用）是递减的[3]。因此刚开始随着计算机电脑硬件的消费量增加总效用增加，但是总效用增加速度放慢，并且可能达到一个极大值以后，由于边际效用为负，总效用会开始递减。但是对于软件或互联网等软性信息技术来说，其边际效用是递增的，也就是说，软件和互联网等软性信息技术经济的增量是随投入增加效果递增的。本书在“软件技术经济理论与方法”章节中还会有详细阐述。

信息技术经济增长现象往往表现为两方面，一个是硬信息技术，其经济增长往往服从效用递减规律；另一个是软信息技术，其经济增长往往服从效用递增规律；因此，技术经济学角度下的信息技术经济增长理论类似于西方经济学中的效用理论。

信息技术经济增长理论告诉我们，对于硬信息技术方案进行比较和选择时，我们可以偏重“以最快的速度、最省的劳动消耗量获得同样多

① 徐寿波．技术经济学［M］．南京：江苏人民出版社．1988年．第50页．

② 边际效用：经济学名词，是指消费者增加或减少一个单位商品消费量所引起的总效用的增加或减少量。见［美］保罗·A．萨缪尔森 威廉·D．诺德豪斯．经济学［M］．北京：中国发展出版社．1992年．第676页．

③［美］保罗·A．萨缪尔森 威廉·D．诺德豪斯．经济学［M］．北京：中国发展出版社．1992年．第675~678页．

同样好的效果"的评价方式；而对于软信息技术方案比较和选择时，则可以偏重"以同样快的速度、同样省的劳动消耗量获得最多最好的效果"评价方式。

4.2.8 信息技术经济风险控制理论

随着信息技术在社会各方面的应用越来越广泛，信息技术已经渗透到了人们工作、学习和生活的各方面，也深刻改变着人们的生活模式。但是信息技术的作用得以有效发挥的同时，也带来了其特有的一些不定因素，信息技术带来的前所未有的安全问题就是一个典型。网上窃密和传播有害信息时有发生，据IT界企业团体美国信息技术联盟（ITAA）的调查显示，75%的企业信息失窃过，其中25%的企业损失在5万美元以上；恶意的黑客攻击层出不穷，据美国信息技术联盟的调查显示，美国90%的IT企业对黑客攻击准备不足。据统计，现今世界平均每20秒钟就有一起黑客事件发生。①随着网络的广泛应用计算机病毒随之肆虐，计算机病毒造成数据丢失和软件系统的损坏，甚至可能会破坏计算机硬件，病毒所造成的损失不计其数。在我国企业信息化领域也流传一句经典的话"企业信息化是找死，不信息化是等死"，还有一个说法是"中国的企业ERP系统实施的项目80%都是失败的"。这都反映了一个事实：信息技术存在很大的不确定性，具有高风险性，一旦信息技术的应用不当，极有可能由于风险太大导致失败，并带来巨大的经济损失。因而，风险控制管理在信息技术方案比较评价时是必须要考虑的一个重要问题，否则，即使某个信息技术方案非常先进、非常"经济"，但由于风险太高，极容易导致失败，导致预定的"经济"目标实现不了，那总体上来看也不"经济"。

从信息技术经济的角度而言，信息技术经济风险是指相对于某个期望信息技术经济结果可能发生的变动情况或者导致发生损失的可能性；信息技术经济风险最主要原因就是信息技术本身存在的不确定性。在信息技术经济活动中，信息技术经济风险无所不在。由于任何一个组织或个

① 张正德.美国信息技术的发展及其经济影响[M].武汉：武汉大学出版社.1995年8月，第21页.

人使用信息技术都会牵涉到很多方面，因而信息技术经济所面临的风险也是多方面的，既包括技术方面的，也包括经济方面的以及管理方面的。

信息技术的技术风险，是由来自人为的与自然的威胁利用信息技术本身存在的脆弱性造成的风险事件发生的可能性及其可能造成的影响。因而对信息技术的风险评估至关重要。在风险评估中，评估者依据有关信息技术标准，对信息技术及由其处理、传输和存储的信息的保密性、完整性和可用性等方面进行科学、公正的综合评估，它要评估信息技术的脆弱性、信息技术面临的威胁以及脆弱性被威胁源利用后所产生的实际负面影响，并根据安全事件发生的可能性和负面影响的程度来识别信息技术的安全风险。辨识和分析风险的过程是一种持续及反复的过程，也是有效内部控制的关键组成要素，决策管理部门需谨慎注意各层的风险，并采取必要的管理和政策措施。信息技术的技术风险一般是由外部因素和内部因素所产生。外部因素包括：科技发展；顾客的需求或市场预期改变；竞争环境改变；国家相应的新法律和行政命令；自然灾害；经济环境改变等。内部因素包括：信息技术处理的中断；聘用信息技术员工的品质、培训方法及激励制度；信息技术人员的责任改变；经济活动的性质；政策或管理制度的多变性等。信息安全是一个动态的复杂过程，它贯穿于信息资产和信息技术的整个生命周期。信息安全的威胁来自于内部破坏、外部攻击、内外勾结进行的破坏以及自然危害。必须按照风险管理的思想，对可能的威胁、脆弱性和需要保护的信息资源进行分析，依据风险评估的结果为信息技术选择适当的安全措施，妥善应对可能发生的风险。一般情况下，在讨论信息技术风险的时候，往往从定性的角度出发。但是定性谈论存在一定的局限性，不利于不同信息技术方案之间的比较，也不利于有针对性地在所面临的各种威胁中选取那些亟待解决的威胁。

信息技术经济风险主要是判断或评价具体的某项信息技术是否经济的过程中存在不确定性。信息技术经济指标评价、经济效果理论和计算方法就是为了解决信息技术的经济风险问题。

所谓信息技术经济风险控制原理就是识别风险的所在领域，评估各个领域的风险大小，从而判断整个信息技术方案的风险程度，如果风险程度比较大或超过能承受的预定范围，就必须放弃或改进原有的信息技术方案，并且重新评估风险度，直至达到预定范围。风险控制是一个识别、评估、判断、改进再识别、再评估、再判断的循环过程。信息技术经济风险控制最重要的一环就是风险评估。

信息技术的经济风险控制实际上就是信息技术经济方案的前期和中期评估和比较，评估的结果优劣实际上在某种程度上也是风险的比较。"优"在某种程度上就代表该信息技术方案在经济上的风险是非常低的。信息技术的技术上风险控制也是需要在实施信息技术方案前或中期进行风险评估，根据评估的结果再进行决策。信息技术方案的技术风险评估可以说是信息技术经济风险控制的前提部分，信息技术方案的技术风险太高或超过一定范围，就意味着该方案在技术上还不可行，还需要改进。但是由于信息技术本身具有高风险性，因此最终所选择的信息技术方案不可避免地含有一定的风险，关键在于风险是否属于可控范围，是否处于可接受范围。

信息技术经济风险产生的根本内在原因就在于信息技术本身具有高风险的特征，技术上的高风险带来信息技术开发和实施应用的风险；信息技术的高成本性带来了信息技术的投资风险，加上信息技术的高创新性和更新换代快的特征，都会导致信息技术带来了经济回报风险、信息技术的广泛适用性和渗透性，除了导致经济影响外，也会在某种程度上产生信息技术社会影响风险和信息技术生态环境资源风险等。

具体信息技术经济风险控制方法见信息技术经济学方法部分。

4.3 信息技术经济学方法

可定量评价和方案比较都是技术经济学的基本特征和原则之一，因此信息技术经济学必须有计算方法来实现定量评价和方案比较。信息技术经济学方法指的是信息技术经济学的计算方法，参考一般技术经济学的计算方法，信息技术经济学计算方法包括信息技术经济效果计算方法、信息技术综合评价方法、信息技术经济比较计算方法、信息技术时间价值计算方法、信息技术经济增加值计算方法、信息技术经济标准计算方法、信息技术经济增长计算方法、信息技术经济风险控制方法、信息技术生产率计算方法和其他计算方法等①。这些方法在具体的信息技术方案比较或评价时根据具体情况可以组合选择使用，也可以单独使用。

4.3.1 信息技术经济效果计算方法

按照传统技术经济学的理论和方法，技术经济效果的计算关键在于技术经济效果系数的确定；信息技术经济效果的计算最关键的也是对信息技术经济效果系数的确定，参照信息技术经济效果理论，各种信息技术经济效果系数的计算方法如下。

4.3.1.1 信息技术的投入产出系数计算方法

如信息技术经济效果理论所述，本书中，信息技术的投入产出系数的经济含义是指单位生产要素投入到信息技术领域所生产的信息技术产品的数量。要确定这个系数，如果我们简单采用上面的符号计算方法直接计算，发现那是非常困难的，因为，信息技术的投入可以很明显的用一定量的资金投入计算，但信息技术产品的产量和质量，则通常表现为物化产品，如多少台计算机、多少次电报，多长时间的电话等，这样的话，要算出整个信息技术的投入产出系数是非常困难的，因为，不同的信息技术将会产生不同的信息技术产品的计算单元和方法，不同的量纲，对于一个完整的统一的信息技术经济来说，这显然不通用，除非可以具体到不同的信息技术，才能这样算出具体的信息技术的投入产出系数，如果是这样的话，那么投入产出系数的单位则变为如XXX台次/年.元了。这里我们把信息技术产品的产出量，均默认为质量是合格的，功能上是可用的，符合国家标准的产品，按照可比价格，统一折算为全社会信息技术产品的总产值②。从而同时也将信息技术的投入产出效果系数统一为无纲量单位，即一个具体的百分数。

① 张才明.构建信息技术经济学学科体系[J].北京：北京交通大学学报（社会科学版）.2006年12月.第5卷第4期.第23页.

② 从产业层面看，这里的总产值指的是信息技术产业部门的总产值。

根据上面符号模型 $R'=R_{iio}=P/I$，参照国内生产总净值法[①]计算 $R'=R_{iio}$，用数学公式表示为：

$$R'=R_{iio}=\frac{\sum_{i=1}^{n}\Delta(P_i-C_{fi})}{\sum_{i=1}^{n}I_i\times(1+R_{iio})^k} \quad \cdots(4\text{—}9)$$

其中：

$R'=R_{iio}$ 为时间 i 内，信息技术投资 I 的投入产出系数；

n 为总时间段；

k 为投资效应的时滞[②]；

I 为每年信息技术的投资；

P_i 为每年信息技术产品的生产总值；计算时取相对值，即扣除了物价上涨因素。

C_{fi} 为每年信息技术产品的固定增产折旧；计算时取相对值，即扣除了物价上涨因素。

$\Delta(P_i-C_{fi})$ 为每年信息技术产品的生产总净值的增加值。

4.3.1.2 信息技术的投入收益效果系数计算方法

本书中，信息技术的投入收益系数的经济含义是指单位生产要素投入到信息技术领域所生产的信息技术产品直接收益的数量。要确定这个系数，我们首先要确定信息技术的投入和信息技术产品产出的收益。可以很明显的两者都可以用一定量的资金来计算，即使不同的信息技术产出的产品是不同的量纲，不同的计算单元和价格乃至方法，但对于一个完整的统一的信息技术经济来说，我们同样可以把所有销售出去的信息技术产品，默认为质量是合格的，功能上是可用的，符合国家标准的产品，按照一定的可比价格，统一折算为全社会信息技术产品的总销售收入。从而同时也将信息技术的投入收益系数统一为无纲量单位，即一个

① 徐寿波．技术经济学［M］．南京：江苏人民出版社．1988年．第10~100页．

② 任何投资都会有一个时滞，不仅仅是投资完成有一个周期，即建设周期，投资的效果要完全发挥作用，也是需要时间的，投资需要时间才能通过生产经营活动获得经济价值的增加

具体的百分数。

根据上面符号模型 $R''=R_{iir}=P/I$，参照国内生产总净值法[①]计算 $R''=R_{iir}$，用数学公式表示为：

$$R''=R_{iir}=\frac{\sum_{i=1}^{n}\Delta(P_i-C_{fi})}{\sum_{i=1}^{n} I_i\times(1+R_{iir})^k} \quad \cdots(4—10)$$

其中：

$R''=R_{iir}$ 为时间 i 内，信息技术投资 I 的投入收益系数；

n 为总时间段；

k 为投资效应的时滞；

I 为每年信息技术的投资；

P'_i 为每年信息技术产品的销售收入，该收入包括成本和利税，是指所有销售出去的信息技术产成品；计算时取相对值，即扣除了物价上涨因素。在产销平衡的情况下，即所有生产出来的信息技术产品都被销售出去了的话，那么 $P'_i=P_i$，同时，$R'=R_{iio}=P/I=R''=R_{iir}=P'/I$，即信息技术的投入产出系数与信息技术的投入收益系数相等。

C_{fi} 为每年信息技术产品的固定增产折旧；计算时取相对值，即扣除了物价上涨因素。

$\Delta(P'_i-C_{fi})$ 为扣除固定资产折旧的每年信息技术产品的销售收入增加值。

4.3.1.3 信息技术的投资利用效果系数计算方法

本书中，投资利用效果系数是指在技术经济活动中，每增加投资所带来的经济效果的增加或减少。信息技术的投资利用效果系数的经济含义是指单位信息技术的投资（即生产要素的投入）所产生的社会总经济效益数量。这个效益数量包括两方面的内容，一个是信息技术产品本身的产值或收益（即扣除固定资产折旧后的部门生产总值），另一个是那些

① 徐寿波．技术经济学［M］．南京：江苏人民出版社．1988年．第10~100页．

被销售出去的（或被社会再生产中使用的）信息技术产品所带来的国民生产净值（即扣除固定资产折旧后的国民生产总值）的增加；或者可以理解这个效益数量就是由于信息技术的投资所带来的整个国民生产净值（扣除固定资产折旧）的增加量，这个增加量包括两个增加：一个是信息技术产品本身的增加，一个是信息技术产品使用或消耗后所带来的国民生产净值的增加（都需要扣除固定资产折旧）。

参照国内生产总净值法①，信息技术的投资利用效果系数计算模型表示为：

$$R'''=R_{iiy}=\frac{\sum_{i=1}^{n}\Delta(P_i-C_{fi})+\sum_{i=1}^{n}\Delta(GNP'_i-C_{si})}{\sum_{i=1}^{n}I_i\times(1+R_{iiy})^k}$$

…（4—11）

其中：

$R'''=R_{iiy}$ 为时间 i 内，信息技术投资 I 的投资利用效果系数；

n 为总时间段；

k 为投资效应的时滞；

I 为每年信息技术的投资；

P_i 为每年信息技术产品的产值，是指由于信息技术投资 I 所产生的信息技术产品的产值，计算时取相对值，即扣除了物价上涨因素。

C_{fi} 为每年生产 P_i 信息技术产品时的固定增产折旧；计算时取相对值，即扣除了物价上涨因素。

$\Delta(P_i-C_{fi})$ 为扣除固定资产折旧的每年信息技术产品的产值的增加值。

P'_i 为每年信息技术产品的销售收入，该收入包括成本和利税，是指所有销售出去的信息技术的产成品；计算时取相对值，即扣除了物价上涨因素。在产销平衡的情况下，即所有生产出来的信息技术产品都被销售出去了的话，那么 $P'_i=P_i$；

GNP'_i 为每年由于使用或消耗 P'_i 信息技术产品（数量等于每年信息技术产品的销售收入）所带来的国民生产净值；计算时取相对值，即扣

① 傅寿波．技术经济学［M］，南京：江苏人民出版社．1988年．第10~100页．

除了物价上涨因素。

C_{si} 为每年消耗 P'_i 信息技术产品时的社会固定增产折旧；计算时取相对值，即扣除了物价上涨因素。

$\Delta(GNP'_i-C_{si})$ 为扣除社会固定资产折旧的每年由于使用或消耗 P'_i 信息技术产品时所带来的国民生产净值的增加值。

参照国内生产总净值法[①]，或者使用以下第二种计算模型来表达信息技术的投资利用效果系数的确定：

$$R'''=R_{iiy}=\frac{\sum_{i=1}^{n}\Delta(GNP_i-C_i)}{\sum_{i=1}^{n} I_i\times(1+R_{iiy})^k} \quad \cdots(4—12)$$

其中：

$R'''=R_{iiy}$ 为时间 i 内，信息技术投资 I 的投资利用效果系数；

n 为总时间段；

k 为投资效应的时滞；

I 为每年信息技术的投资；

GNP_i 为每年由于信息技术投资 I 所带来的全部社会国民生产净值（数量上既包括信息技术产品本身的生产净值也包括由于使用或消耗所生产的信息技术产品所带来的其他社会部门国民生产净值）；计算时取相对值，即扣除了物价上涨因素。

C_i 为每年由于信息技术投资 I 所带来的全部社会固定增产折旧（数量上既包括生产信息技术产品本身的固定资产折旧，也包括由于使用或消耗所生产的信息技术产品所带来的其他社会固定资产折旧）；计算时取相对值，即扣除了物价上涨因素。

$\Delta(GNP_i-C_i)$ 为由于信息技术的投资所带来的整个国民生产净值（扣除固定资产折旧）的增加量，这个增加量包括两个增加：一个是信息技术产品本身的增加，一个是信息技术产品使用或消耗后所带来的国民生产净值的增加（都需要扣除固定资产折旧）。

① 徐寿波．技术经济学［M］．南京：江苏人民出版社．1988年．第10~100页．

4.3.1.4 信息技术的经济效果系数计算方法

本书中，信息技术的经济效果系数经济含义是指单位信息技术产品的利用所产生的全社会经济效益数量，也就是说每年社会经济活动中，使用或消耗的信息技术，所带来的全社会国民净产值的增加值。这里使用或消耗的是信息技术，是物化的信息技术，而且是被用在社会生产或经营或消费中，由于这些物化的信息技术的消耗，所带来的社会生产净值的增加。信息技术的经济效果系数是信息技术的投资利用效果系数的一部分。根据上面符号模型 $R_{ite}= Y/P'$，参照国内生产总净值法[①]，可以把信息技术的经济效果系数的计算模型表示为：

$$R'''' = R_{ite} = \frac{\sum_{i=1}^{n}\Delta(GNP'_i - C_{si})}{\sum_{i=1}^{n} P'_i \times (1+R_{ite})^k} \qquad \cdots(4\text{—}13)$$

其中：

$R''''=R_{ite}$ 为时间 i 内，信息技术 P'_i 的经济效果系数；

n 为总时间段；

k 为投资效应的时滞；

P'_i 为每年信息技术的消耗；计算时统一折算为合理价格下的货币价值，并取相对值，即扣除了物价上涨因素。

GNP'_i 为每年由于使用或消耗 P'_i 信息技术产品（数量等于每年信息技术产品的销售收入）所带来的国民生产净值；计算时取相对值，即扣除了物价上涨因素。

C_{si} 为每年消耗 P'_i 信息技术产品时的社会固定增产折旧；计算时取相对值，即扣除了物价上涨因素。

$\Delta(GNP'_i - C_{si})$ 为扣除社会固定资产折旧的每年由于使用或消耗 P'i 信息技术产品时所带来的国民生产净值的增加值；

这个计算系数模型反映了信息技术的经济效果系数的最准确的经济含义。但是要把上面每个因子都计算出来，却是很不容易的事情。由于

① 徐寿波．技术经济学［M］．南京：江苏人民出版社．1988 年．第 10~100 页．

通常信息技术产品的效果可以很明显地反映国内生产净值（社会纯收入）的增加，但信息技术产品的消耗量则表现为一个物化产品，不同的信息技术产品通常计量单位也不同，比如电报可以是几次字，通信可以是多少时间通话，计算机则表现为多少台，同时这些信息技术产品的质量和标准通常很难统一，比如20台的586式的计算机和30台的486式的计算机，所产生的经济效果如何确定呢？如果说他们产生的社会生产净值的增加值是一样的，那么他们哪一个更有效果呢？所以，如果要用上面的模型计算信息技术的经济效果系数，就必须要清晰地界定全社会使用或消耗了多少信息技术？全社会 GNP 中哪些或有多少是由于使用或消耗了信息技术才增加的？全社会固定资产折旧中哪些或有多少是由于使用或消耗了信息技术才折旧的？为此，将把信息技术产品的质量和可用性都默认为符合标准，可靠和可用。为了统一信息技术产品的消耗量，方便计算，将把信息技术产品的消耗量按照可比的合理价格折算为一定量的资金。只要把全社会每年所有销售出去的信息技术或信息技术产品价值都计算出来，并且认为这些已经销售出去的信息技术或信息技术产品都已经在社会经济活动中正常发生作用，就可以认为全社会每年销售出去的信息技术或信息技术产品就是每年全社会所消耗的信息技术或信息技术产品，数量和金额上取每年的信息技术或信息技术产品的销售收入。但对于后两项的数字确定就不容易了，全社会 GNP 和全社会固定资产折旧中哪些或有多少是由于使用或消耗了信息技术才增加的呢？由于使用或消耗了信息技术的部门、行业乃至企业众多，所生产经营活动的数量.种类都是各不相同的，要一个一个的界定清楚，在理论上也许可行，但在实际操作中，将是十分困难，计算起来也是不可行的。

需要特别说明一下的是，公式中的$\Delta(GNP'_i - C_{si})$不是简单的全社会生产总净值扣除全社会的固定资产折旧。因为全社会生产总净值和固定资产折旧的增加不是完全由信息技术产品消耗所带来的，信息技术产品消耗是全社会生产总净值和固定资产折旧的增加的一个因子，一个因素而已，它们之间具有一定的逻辑关系甚至一定的比例关系，但不能直接用全部社会生产总净值和固定资产折旧代替信息技术消耗所产生的社会生产总净值和固定资产折旧。

关于社会平均投资利用效果系数还有一个意义：那就是如果把投入和产出都定量化成一定的货币价值，社会平均投资利用效果系数也是社会平均投入产出系数，完全可以相等。因为作为全社会来说，产出就可以表现为经济效果，中间物或中间产出物的经济效果影响，可以直接融合进来，统一到产出即国民生产总净值上。因此可以用社会平均投资利用效果系数即社会平均投入产出系数与信息技术的平均投入产出系数进行比较，可以很清楚地看出，信息技术行业和全社会的投入产出效率的高低，通过系数的高低也可以解析信息技术行业在全国民经济行业的位置，解析信息技术在全社会的生产率水平。当然，也可以用信息技术的投资利用效果系数和全社会的投资利用效果系数进行比较，如果都采用投资利用效果系数来比较的话，将会不可避免地放大信息技术在全社会产业行业中的投资效果，因为信息技术的投资利用效果系数是包括信息技术的投入产出系数和信息技术的经济效果系数两部分，信息技术投资利用效果中有一个中间信息技术产品的经济效果问题。

4.3.1.5 信息技术经济的人力利用效果系数计算方法

人力也称劳动力，在信息技术经济学中，也是生产要素之一。只要是生产要素，我们就可以讨论要素的投入产出或者投入利用效率问题，在技术经济学中，人力利用效果系数是一个很重要的指标。

信息技术的人力利用效果系数的经济含义是指单位信息技术方面的人力投入所产生信息技术产品的数量。这个系数的计算方式类似信息技术的投入产出系数的计算，即所产生信息技术产品的数量就是信息技术的产出。如果产出用货币表示的话，计算出的结果单位应该是 XXX 元/人.年；如果产出用实物表达的话，计算出的结果单位就和实物的计算单位相关，如 XXX 台/人.年、XXX 件/人.年等。

信息技术的人力利用效果系数实质上是一个非常复杂的系数。在本书中，笔者按照实用性和科学性进行简单化为：信息技术的人力利用效果系数就指单位信息技术方面的人力投入所产生信息技术产品产出的效果。这里面信息技术方面的人力投入就是指在进行信息技术生产经营活动中所投入的人力数量，而不包括信息技术产品利用时的人力投入，比如一万名信息技术生产人员生产了一千台电话机，一千台电话机有两千名使用者使用，这里就只有前面一万名信息技术生产人员为信息技术的人力投入，而不包括后面两千名使用者的；同样，信息技术产品产出的效果就是指由于在进行信息技术生产经营活动中投入的人力和资金等所产生的合格信息技术产品的数量，而不包括信息技术利用后的社会经济产出，比如一万名信息技术生产人员生产了一千台电话机，一千台电话机价值十万元，同时，假设一千台电话机经两千名使用者使用后可以创造社会财富五万元，这里就只有前面十万元的一千台电话机价值为信息技术产品产出的效果，而不包括后面五万元的社会财富。为什么是这样的呢？因为后面两千名使用者和五万元的社会财富是信息技术产品利用中的投入和产出，是信息技术产品本身的二次利用所产生的，同时信息技术产品的利用所产生的社会财富的增加也是属于信息技术本身的经济效果，不仅仅是信息技术的人力利用经济效果；另外，也有很多信息技术的利用者和普通的社会劳动者并没有什么一定的区别，比如电话机、电视等等信息技术产品，但可能也有些信息技术产品如软件，使用者即利用人就和一般的社会劳动者的素质和技能有所区别；因此，在本书中，信息技术的人力利用效果系数只指单位信息技术生产时的人力投入所产生信息技术产品量，采用全国综合平衡计算方法[①]，用数学公式表示为：

$$R_{iho}=\frac{\sum_{i=1}^{n}\Delta(P_i-C_{fi})}{\sum_{i=1}^{n}H_i\times(1+R_{iho})^k} \quad \cdots(4\text{—}14)$$

其中：

R_{iho} 为时间 i 内，信息技术人力 H 的投入的利用效果系数；

n 为总时间段；

k 为人力投入效应的时滞；

H_i 为每年信息技术的人力投入；

P_i 为每年信息技术产品的生产总值；计算时取相对值，即扣除了物价上涨因素。

C_{fi} 为每年信息技术产品的固定增产折旧；计算时取相对值，即扣除

① 徐寿波．技术经济学［M］．南京：江苏人民出版社．1988 年．第 10~100 页．

物价因素。

$\Delta(P_i-C_{fi})$ 为每年信息技术产品的生产总净值的增加值；

同样，我们用同样的方法和公式①可以计算出我国全社会的平均人力利用效果系数，用数学公式表示为：

$$R_{sho}=\frac{\sum_{i=1}^{n}\Delta(P_s-C_{fs})}{\sum_{i=1}^{n}H_s\times(1+R_{sho})^k} \quad \cdots(4—15)$$

其中：

R_{sho} 为时间 i 内，全社会人力 Hs 的投入的利用效果系数；这个系数和我们平时说的人均国内生产总值是完全不一样的②。

n 为总时间段；

k 为人力投入效应的时滞；

H_s 为每年全社会的人力投入；

P_s 为每年国内的生产总值；计算时取相对值，即扣除了物价上涨因素；

C_{fs} 为每年全社会的固定增产折旧；计算时取相对值，即扣除了物价上涨因素；

$\Delta(Ps-C_fs)$ 为每年全社会的生产总净值的增加值。

4.3.1.6 信息技术经济效果的计算方法

算出了社会平均资金利用效果系数后，就可以参考行业部门的效果系数，然后得出标准效果系数。有了这个标准效果系数，在进行计算信息技术经济效果时就可以参照使用。笔者建议，取最大的技术经济效果系数进行评价和比较计算，即当行业部门的技术经济效果系数比全社会的技术经济效果系数要小，则取全社会的技术经济效果系数计算，当行业部门的技术经济效果系数比全社会的技术经济效果系数要大，则取行

① 徐寿波 . 技术经济学［M］. 南京：江苏人民出版社 .1988 年 . 第 10~100 页 .

② 人均国内生产总值是指当年的国内生产总值被除于国内就业人数的平均值，单位是 XXX 元 / 人，没有时间年，而全社会人力利用效果系数是指每个期间年内的国内生产净值的总增加量被除于国内就业人数的累积量的平均值，单位是 XXX 万元 / 人 年

业部门的技术经济效果系数计算。因为作为一个技术经济方案，目的是实现经济效果的最大化，信息技术经济评价和比较计算时也应该遵循这个原则，同时，这也更符合社会实际情况。

因此，一个信息技术方案所产生的社会经济效益增加值为$\sum\Delta GDP$则

$$\sum\Delta GDP=\sum T_i*R_{it} \qquad \cdots(4—16)$$

这个方程就可以帮助我们完成信息技术经济效果的计算。

还可以对任何时间或年份的信息技术经济方案的各种效果进行计算，比如计算信息技术的投入产出效果、投资利用效果、经济效果、人力利用效果等，只要知道相应年份的各信息技术经济效果系数，我们就可以运用相应的计算公式，把效果计算出来。

4.3.1.7 信息技术经济效果系数的预测方法

从上面各种技术经济效果系数的计算方法上，可以清楚地看到，效果系数极有可能每年不同，每一年都会变化。所以，在进行具体的经济效果评价时，可以通过计算不同时期的经济效果系数来实现。

对于事实上已经发生的数据，如全社会生产总值和全社会总投资额等，我们可以很方便的算出利用效果系数。但是如何对未来的效果系数进行计算呢？在这里可以利用数学的方法如指数平滑法、移动平均法等，根据以前各个时期的经济效果系数，来预测未来的经济效果系数。

例如，假定当前时间是2005年，现在我们要估计出2006年、2007年甚至是2008年的信息技术的投入收益系数，该如何实现呢？

首先，需要设定几个条件：（1）每个系数的源数据[①]取前五年的统计数据（实际上年数数据越多越好）；（2）是投资时滞相同，比如均为3年；（3）投资数据和收入产值数据均为同比数据，即扣除价格因数；（4）投

① 源数据：这是计算机数据库软件中常用名字，笔者借鉴使用，表示用来计算投资利用经济效果系数的数据依据，这里指的是国民生产总值、生产总值和总投资之类的数据。

入收益系数计算方法采用本书上面的计算方法。

根据信息技术的投入收益效果系数公式

$$R'' = R_{iir} = \frac{\sum_{i=1}^{n}\Delta(P' - C_{fi})}{\sum_{i=1}^{n} I_i \times (1+R_{iir})^k} \quad \cdots(4\text{—}17)$$

分别计算得出以基准年如1990年开始的各年限期间的平均信息技术的投入收益系数：

采用Ms-Office2003 Excel（微软办公软件Excel2003版）中的数据分析功能，选择指数平滑预测法，选择所有系数值作为输入区域，分别选择阻尼系数为0.05、0.1、0.2、0.6、0.9，得出五个预测目标值，选择误差值最小的预测值；再次选择指数平滑预测法，选择所有系数值作为输入区域，设置多个阻尼系数，得出多个预测目标值，选择误差值最小的预测值，即得出期间的平均信息技术的投入收益系数；

运用指数平滑法、移动平均法等数学方法还可以预测所有的信息技术经济效果系数，包括上面提到的信息技术的投入产出系数、投资利用效果系数、经济效果系数和人力利用效果系数等。

指数平滑法、移动平均法等数学方法预测信息技术经济效果系数是有前提的，那就是有一系列的历史数据做支撑，有历史的系数数据；另外这种预测方法的预测准确性是相对的。当然，任何预测都是相对的。这些数学预测方法，还可以直接预测信息技术经济效果的定量指标值，如全社会GDP、GNP、信息技术部门内的总产值、总净产值等，然后也可以通过这些预测完后的数据进行信息技术经济效果系数的运算，也是可以预测出未来某段时间内的平均信息技术经济效果系数。具体的操作过程如下：先根据信息技术产业总投资和扣除折旧后的部门总销售收入的原始历史数据，采用指数平滑法，分别选择信息技术产业总投资和扣除折旧后的部门总销售收入作为输入区域，如分别设定阻尼系数为0.05、0.1、0.2、0.6、0.9，得出多个预测值，选择误差最小的预测值，得出信息技术产业总投资和扣除折旧后的部门总销售收入，然后再把预测出的数据也作为输入区域，预测出下年的数据。

虽然是都采用同样的指数平滑法或移动平均法等数学预测方法，但预测的路径不同，一种是直接预测技术经济效果系数，一种是先预测源数据，然后再运算出技术经济效果系数。这两种途径最后的结果是差不多的，但还是会有一定的细小误差，详细的验证过程本书不做累赘。存在的误差原因主要是源数据与经济效果系数之间量级不同，有一个倍数放大或缩小的过程，特别是在系数计算的公式中有一个三次方的运算，小小的误差就会有一定的放大，而任何预测数据都有一个误差，所以两种预测途径的结果存在细小误差是不可避免的。

4.3.1.8 信息技术经济效果的预测方法

信息技术经济效果的预测也是可以有多种方法来实现的，本书只介绍两种途径来预测信息技术经济效果。计算方法仍然可采用指数平滑法或移动平均法等数学方法。

第一种途径是：按照上面一节中，知道了信息技术经济效果系数的预测，采用直接预测信息技术经济效果系数和间接预测源数据来计算出信息技术经济效果系数的预测值两种办法，都可以预测到以某年为基准至预测年的期间社会平均信息技术经济效果系数，那么根据这个预测出来的信息技术经济效果系数，就可以计算出未来的信息技术经济效果。

需要注意的是，由于所有预测出来的信息技术经济效果系数都有一定的误差，为了预测经济效果的准确性，为了项目决策的更加合理性，也是为了进一步降低风险，建议在预测信息技术经济效果时采用低值的信息技术经济效果系数。

这种途径非常适合于单项目的收益预测，也适合于中观乃至宏观的信息技术投资经济效果预测分析。

第二种途径是采用数量经济学中运用回归分析所得出的投入收益弹

性系数，按照回归方程进行预测。但任何回归方程所得出的弹性系数都是一成不变，也就是说作为信息技术等投入，在任何一年的产出弹性系数都是一样，都不变。这在实际中是肯定不合理，尤其是对信息技术这种后发，需要一段时间学习、培训和熟练后才能发挥巨大作用的技术，有一个比较长的滞后效应。一般来说，在项目生命周期内，越往后，信息技术经济效果就越大，产出弹性就越大，不可能一成不变，计算出来的预测结果也不合理。本书不做数字上的验证。

同样的我们也可以对任何时间或年份的信息技术经济方案的各种效果进行计算，比如计算信息技术的投入产出效果、投资利用效果、经济效果、人力利用效果等，只要知道相应年份的各信息技术经济效果系数，就可以运用相应的数学计算公式，把效果计算出来。本书不做一一列举。

4.3.2 信息技术经济综合评价方法

随着信息技术的飞速发展，人们为了达到相同的目的和满足相同的需要，可以采用的信息技术方案有很多，要在这些不同的方案中选择一个合适的方案，就必须要有一个判断标准或依据来衡量这些信息技术方案的经济效果。根据技术经济学的综合评价方法①，信息技术经济方案也可以从政治、国防、社会、技术、经济、环境和资源七个方面进行综合评价。

从政治评价上，信息技术方案必须符合或服从国家有关法令制度，否则再好的信息技术也不能采用。比如上世纪末，海外有一游戏公司开发出了一款电脑智能游戏系统，里面含有攻打天安门的场景，把党中央当作假想敌人，这样的电脑游戏系统即使技术上再先进，经济上再合理，也必须否决，不能引进。信息技术方案的政治评价基本指标可以包括党的方针政策、国家法令条例、政治威信和国际影响几个方面。这些政治指标首先按照是否违背党的方针政策、是否违背国家法令条例、是否有损于政治威信、是否带来不良的国际影响等角度进行先决性的筛选判断。这些指标都可以具有一票否决性质。如果有任何一项指标是否定的，即

① 徐寿波．技术经济学［M］．南京：江苏人民出版社．1988年．第362~366页．

得0分，则意味着政治这一方面的评价没有通过，即需要否决该信息技术方案。如果这些政治指标都通过了先决性的筛选判断，都没有负面影响，则该信息技术方案后续的技术经济评价可以继续进行。在通过0分检验判断后，按照该信息技术方案对政治评价指标的积极正面影响程度，可以采用5分制，从3分到5分进行直接打分评价，并参与后续的综合评价运算。这里，政治指标评价得分可以没有1分和2分，不及格则可以为0分。

在国防评价上，如果信息技术方案，危及国防安全，即使经济合理也不能采用，必须是无损于国防或有利于加强国防。目前，这一点在我国国防装备工业行业的信息化建设中就做得很好。在相关信息技术采购和方案选择时，尽可能采用国产设备和软件系统，目的就是保护我国国防装备工业安全，既有利于国防安全，同时又能促进我国民族信息技术产业的发展和应用。信息技术方案的国防评价基本指标可以包括国防安全、战备能力、战斗能力和防御能力。同上面的政治指标的评价方法一样，首先按照是否有损国防安全、是否有损战备能力、是否有损战斗能力和是否有损防御能力等角度进行先决性的筛选判断。国防评价指标方法也可以采用两段评分法，首先进行是否为0分的负面影响判断，若有一个指标为0分，则可以认为国防这一方面的评价没有通过，需要否决该信息技术方案；其次，在通过0分检验判断后，按照该信息技术方案对国防评价指标的积极正面影响程度，可以采用5分制，从3分到5分进行直接打分评价，并参与后续的综合评价运算。同样，国防指标评价得分没有1分和2分，不及格则为0分。

笔者和博士后合作导师汪向东研究员曾经合作对信息技术经济评价指标进行研究，把国防和政治等因素的评价合并为战略层面的评价，并提出信息技术的战略评价指标和标准①。

在社会评价上，必须是有利于社会的稳定和发展，有利于构建和谐社会，以人为本，有利于社会可持续发展。因此，需要尽可能采用能够改善劳动条件、改善人们生活条件的信息技术方案，特别在互联网领域，如果

① 张才明 汪向东．信息技术经济评价研究［J］．北京:《中国信息界》．2011年5月．

含有暴力、淫秽等内容就需要关停；信息技术方案的社会评价指标范围很广，按照科学发展观和社会可持续发展思路，信息技术的社会评价指标必须是体现以人为本，和谐社会、社会可持续发展的目的。

在技术上，要尽可能选用先进、安全、稳定、可靠、成熟、灵活的技术，对于信息技术而言，尽可能要先进，否则落后的信息技术很容易被淘汰，即使能够使用，也容易由于技术标准的落后带来兼容性下降，从而限制信息技术价值的发挥。而一旦技术上不安全，不仅本身的信息技术方案可能带来较大的经济损失，甚至还可能会带来严重的连锁破坏作用，带来更大的负面经济效果。在实际生活中，就经常有计算机系统由于存在技术安全漏洞，被黑客攻破或被病毒侵袭，导致数据丢失，产生严重的经济损失。这样的信息技术方案尽可能不采用，或者采用其他措施控制不安全因素，尽量避免不安全的情况发生。不同类别的信息技术方案，它的技术评价指标和标准也不同。

在经济方面，标准当然是成本最少、收益最多为最佳方案；按照不同的角度，指标有不同的划分类型。按照评价主体角度有宏观评价指标如GDP、全社会投资回报率、基准收益率等，也有微观评价指标如投资回报期、内部收益率、净利润等；按照评价指标的量纲可以分价值性指标如净现值、净年值、费用现值和费用年值等，时间性评价指标如静态投资回收期和动态投资回收期，效率型指标如内部收益率、资本金净利润率、净现值率、总投资收益率、资产负债率等；按照是否考虑时间价值，经济评价指标可以分为：静态评价指标和动态评价指标。静态评价指标包括静态投资回收期、总投资收益率、资本金净利润率、资产负债率等，动态评价指标有动态投资回收期、净现值、净年值、净现值率和内部收益率等。

在环境方面，要选择环境破坏少，辐射污染小，尽可能的保护和改善环境等的信息技术方案。环境评价就是指从社会总体自然环境的角度出发，考察信息技术方案对环境各因素的影响。信息技术方案的环境评价主要包括水环境、土地环境、大气环境、废弃物环境、噪音环境、电磁辐射污染环境等方面的评价，评价的标准就是以是否违背国家环境保护法等国家法律法规条例为准。

在自然资源方面，也要选择有利于节省和保护自然资源的信息技术方案。资源评价就是指从社会总体自然资源的角度出发，考察信息技术方案对资源各主要因素的影响，包括资源保护、资源利用、资源开发、资源扩大等多个方面①。信息技术方案的资源评价主要包括水资源、土地资源、森林资源、草地资源、矿产资源、能源、废物利用资源等资源的保护、开发和利用等方面的评价。

政治、国防、社会、技术、经济、环境和资源七个标准要素都很重要，都需要在进行综合评价时加以考虑。不同的信息技术方案，这七个方面的评价指标也会不同，特别是在技术和经济的评价指标上，在对具体的专业信息技术经济方案进行评价和比较时，必须详细列出该专业信息技术方案各要素的评价指标内容和评分标准或计算公式，用数学的方法进行权重设置和定性指标转化为定量指标，或采用专家打分法等方法确定各评价指标的分值与权重等，最后运用综合评价方法进行综合评分计算，得出最优信息技术方案。

这是基于一般技术经济学从政治、国防、社会、技术、经济、环境和资源七个方面进行综合评价的方法。信息技术经济评价中的技术评价、经济评价、社会评价、环境与资源评价、战略评价五个方面综合评价方法和上面一般技术经济学的政治、国防、社会、技术、经济、环境和资源七个方面的综合评价方法本质上并没有很大区别，相应的部分评价指标本质上可以相互通用和借鉴。

4.3.3 信息技术经济比较计算方法

信息技术经济比较计算方法目的是为了计算被比较的各种信息技术方案的某个经济指标的数值，然后根据这个经济指标数值的大小选择经济上最合适的信息技术方案。“正确的技术经济比较计算方法应该满足，

① 徐寿波．技术经济学［M］．南京：江苏人民出版社．1988年．第365页．

4 信息技术经济学

一技术方案经济衡量标准的要求，二技术方案经济比较原理”①。信息技术经济学中的比较计算方法也要结合这两个要求，在不同的情况下，选择不同的技术经济学比较计算方法。

技术经济学比较计算方法有“附加纯收入法”②、“内部收益率”③和“外部收益率”④及“净现值法”等。这些比较计算方法具体模型和公式在很多技术经济学文献中都已经有非常详细的阐述⑤,⑥,⑦,⑧，本书不再做详细阐述。

对于信息技术经济比较计算而言，“附加纯收入法”、“内部收益率”、“外部收益率”和“净现值法”等方法都可以根据具体的信息技术方案比较和评价而适当采用。如果是站在国家宏观经济层面上对信息技术方案进行比较和选择的话，可以选择宏观评价指标进行比较计算；如果仅仅是微观企业对不同的信息技术方案或项目进行比较和选择，则可以选择微观评价指标进行计算比较，如投资回报期、内部收益率、净利润等；如果单个信息技术方案的选择，可以选择效率型指标，如内部收益率进行比较计算；如果是互斥的信息技术方案的比较选择，可以选择动态投资回收期、净现值、净年值、净现值率；如果是信息技术方案的评价，则还可以选择效率型指标如资本金净利润率、总投资收益率或者时间性评价指标如静态投资回收期和动态投资回收期等。

总之，信息技术经济比较计算方法是最常用于信息技术方案的比较计算和评价的方法。信息技术经济比较计算的指标可以是绝对指标，也可以是相对指标。具体指标和比较计算的方法根据具体的不同信息技术方案而定。

---

① 徐寿波．能源技术经济学［M］．长沙：湖南人民出版社．1982年．第71页．

② 同上．

③ 内部收益率：是净现值为零时的折现率。

④ 外部收益率：是修正后的内部收益率，相当于差额内部收益率。

⑤ 徐寿波．能源技术经济学［M］．长沙：湖南人民出版社．1982年．第71页．

⑥ 吴添祖．技术经济学概论［M］．北京：高等教育出版社．2004年．第50~65页．

⑦ 傅家骥 仝允桓．工业技术经济学［M］．北京：清华大学出版社．1996年．第60~75页．

⑧ 齐建国．技术经济评价总公式评介概论［J］．北京：技术经济资料．1986年3期．

4.3.4 信息技术时间价值计算方法

最基本的时间价值计算方法就是利率的计算。利率是在一个周期内，所得的利息额与本金之比。利息则是占用资金所付出的代价或放弃使用资金所得的补偿。一般有单利和复利两种形式的利率计算方式。

对于信息技术方案寿命周期内不同时间发生的全部费用和全部收益，在信息技术经济评价中，为了进行计算比较，还需要通过等值计算将它们换算到同一时间点上进行比较，也只有这样才能符合时间可比原理，这就是财务评价中常说的成本和收入的现值和终值。最基本的也是最常用的时间价值有四种：一次支付终值、一次支付现值、等额分付终值和等额分付现值四种计算方法。这些计算方法也有很多文献介绍过[①、②、③]。

技术经济学和财务会计中的时间价值计算方法也可以为信息技术经济学所采用，信息技术经济计算方法也必须要考虑信息技术的时间价值。

4.3.4.1 单利和复利

利息的计算分单利和复利。

单利计息就是仅用本金计算利息，利息不再生利息。公式为：

$$F_n=P(1+i\times n)=P+I_n \quad \cdots(4—18)$$

其中：

F_n 为本利和，即本金和利息之和；

P 为本金；

i 为利率；

I_n 为利息；

n 为年限。

① 徐寿波．能源技术经济学［M］．长沙：湖南人民出版社．1982年．第50~75页．
② 吴添祖．技术经济学概论［M］．北京：高等教育出版社．2004年．第45~69页．
③ 傅家骥 仝允桓．工业技术经济学［M］．北京：清华大学出版社．1996年．第45~75页．

复利计息就是本金和利息都要计算利息，利息可以再生利息。公式为：

$$F_n=P(1+i)^n=P+I_n \quad \cdots(4—19)$$

其中：

F_n 为本利和，即本金和利息之和；

P 为本金；

i 为利率；

I_n 为利息；

n 为年限。

另外，利率在实际中还分名义利率和实际利率，在技术经济评价只一般都采用实际利率[①]。单利中，名义利率和实际利率相同，在复利中，实际利率要比名义利率要大。信息技术方案的时间价值计算上可以根据具体方案具体选择使用单利或复利。

4.3.4.2 资金等值计算方法

资金等值是指在考虑时间因素的情况下，不同时间点发生的绝对值不等的资金可能具有相同的价值。也就是说，在信息技术经济评价中，类同于一般技术经济评价，为了把信息技术方案寿命周期内不同时间发生的全部费用和全部收益进行计算比较，也需要通过等值计算将它们换算到同一时间点上进行比较，也只有这样才能符合时间可比原理。资金等值计算公式和复利计算公式形式上是相同的[②,③,④]。最基本的也是最常用的有四种计算公事，分别是：

（1）一次支付终值公式

① 在徐寿波．技术经济学［M］．南京：江苏人民出版社． 1988年． 第139页． 称为资金效果系数，并分名义资金效果系数和实际资金效果系数，这些只是不同的叫法，其作用相同。

② 徐寿波．能源技术经济学［M］．长沙：湖南人民出版社．1982年．第50~75页．

③ 吴添祖．技术经济学概论［M］．北京：高等教育出版社． 2004年． 第30~65页．

④ 傅家骥 仝允桓．工业技术经济学［M］．北京：清华大学出版社 1996年 第30~75页．

$F=P(1+i)^n$ …（4—20）

其中：

F 为终值[①]；

P 为现值[②]；

i 为折现[③]率；

n 为年限。

（2）一次支付现值公式

$P=F/(1+i)^n$ …（4—21）

其中：

F 为终值；

P 为现值；

i 为折现率；

n 为年限。

（3）等额分付终值公式

$F=A\times[(1+i)^n-1]/i$ …（4—22）

其中：

F 为等额年值[④]系列的终值；

A 为等额年值；

i 为折现率；

n 为年限。

（4）等额分付现值公式

$P=A\times[(1+i)^n-1]/[i(1+i)^n]$ …（4—23）

① 终值：与现值等价的将来某时间点上的资金金额称为终值，或叫将来值，一般是指财务学中的专有名字。

② 现值：把将来时间点上的资金折现后的资金金额称为现值，一般是指财务学中的专有名字。

③ 折现：把将来某一时间点的资金金额换算成现在时间点的等值金额称为折现，或叫贴现，一般是指财务学中的专有名字。

④ 等额年值：指从第一年末至第 n 年末的系列等额金额称为等额年值。

其中：

F 为等额年值系列的终值；

A 为等额年值；

i 为折现率；

n 为年限。

关于时间价值的计算方法，还有很多学者提出了各种计算方法[①,②,③,④]，徐寿波教授还曾经提出了十六个时间因素计算公式[⑤]，这些公式本质上是一样的，只是符号和名字不一样，最主要的因素公式也是差不多的，其他的都是为了方便应用，这些计算方法本质上，利用数学公式都可以相互推导出来。

有关更多的技术经济评价公式的评价和分析，齐建国教授曾做过专门系统的研究[⑥]，本书不做详细阐述。

4.3.5 信息技术经济增加值计算方法

信息技术经济学的计算方法除了可以使用技术经济学中的计算方法，还可以借鉴其他学科计算方法，比如价值工程原理和计算方法、可行性分析，财务评价和分析方法。对于宏观信息技术方案，可以适当借鉴可行性分析，对于微观信息技术方案来说，可以适当借鉴比较典型的财务评价和分析方法，包括企业经济增加值（EVA）评价法。

EVA 是经济增加值（ Economic Value Added）的英文缩写。作为一个经济学概念，它最基本的形式是公司的剩余收入，其提出已有200多年的历史。但作为现代公司的一种理财理念，理论渊源出自于诺贝尔经济学奖获得者默顿·米勒（Merton Miller）和弗兰科·莫迪利亚尼

① 徐寿波 . 能源技术经济学［M］. 长沙：湖南人民出版社 .1982年 . 第50~75页 .

② 吴添祖 . 技术经济学概论［M］. 北京：高等教育出版社． 2004年 . 第30~65页.

③ 傅家骥 仝允桓 . 工业技术经济学［M］. 北京：清华大学出版社 .1996年 . 第30~75页.

④ 徐寿波 . 技术经济学［M］. 南京：江苏人民出版社 .1988年 . 第160 ~162页.

⑤ 徐寿波 . 技术经济学［M］. 南京：江苏人民出版社 . 1988年 . 第160 ~162页.

⑥ 齐建国 . 技术经济评价总公式评介概论［J］. 北京：技术经济资料 .1986年3期 .

(Franco Modigliani) 1958 ~ 1961年发表的一系列关于公司价值的经济模型的论文。

EVA的基本含义是指经调整后的企业净利润减去所投入的所有资本成本(包括债务资本成本和权益资本成本即投资成本和资本成本)后的差额。

用计算公式可以表示为:

$$EVA=NOPAT-TC\times WACC=(RROI-WACC)\times TC \qquad \cdots(4—24)$$

其中:

NOPAT 是调整后的税后净营业利润;

TC 是使用的全部资本即资本总额;

WACC 是以债务资本成本和权益资本成本所占比例为权数计算的加权平均资本成本率,即投资成本和资本成本加权后的资本使用成本率;

RROI 是投资报酬率。

EVA 在某种程度上反映的是对真正经济利润的评价,对 EVA 的应用做适当的调整和变通,也可适用于信息技术经济计算。

在信息技术方案评价中定义 EVA 为某项信息技术方案的投资净收益和投入资本费用(投入资本 × 资本成本)的差值,即 EVA 是在信息技术方案投资成本之上由于信息技术方案带来的新增的财富。因为同样可以了解为投资某项信息技术方案,不仅本身的投资成本需要计算,还有如果投资信息技术方案的收益不高,决策者可以选择不投资该信息技术方案,可以投资其他项目或技术如扩建厂房等,哪怕放到银行也有利息收入,所以还有一个投资机会成本,或叫资本成本。

另外,在利用 EVA 做信息技术方案评价时,需要特别注意的是:

(1)有的信息技术方案投资可能没有税后净营业利润产生。

有的信息技术方案投资完成后也不能为企业带来营业收入,从而不能产生税后经营业利润，但可以带来别的财务收益如成本和费用的降低。这时可以用信息技术方案投资带来的财务收益代替税后净营业利润。

例如，一个投资额为500,000 元 IT 项目，其可以计量的财务收益为80,000 元。则该投资项目收益率为16%。假定公司资本成本为10%。根据EVA值的计算公式，该项目的EVA值 = 8,000 － 50,000 × 10% = 3,000元。本例的 EVA 值另一种计算方法就是用16%的投资收益率减去10%的资本成本后再乘以投资资本500,000元，也是3,000 元。

（2）信息技术新旧设备更换等信息技术经济问题需要灵活处理。

EVA 虽然并没有使信息技术方案投资收益量化变得更容易，但是以EVA 值为标准使得公司能更准确和方便地进行这类信息技术方案项目投资决策。

假定一家公司考虑是否投资购买采用新技术的存储设备（硬信息技术方案）。公司需要考虑是保留现有的存储设备还是更换新储存技术的设备。假定新设备要花费1,000万元，年维护成本为100万元。原有设备年维护成本为350万元。为简化问题，假定新设备的好处只是降低了维护成本。假定公司资本成本为10%，则新设备投资的资本费用为10% ×1000万 = 100万元。从而该项投资的真正年总成本为100万元的维护成本与100万元资本费用之和。新设备的年总成本200万元与原有设备的350万元年维护成本相比，降低营业成本150万元。故应该投资购买新设备。

因此，EVA 评价计算方法，经过适当调整完全也是可以适用于信息技术经济计算。

4.3.6 信息技术经济标准计算方法

参照技术经济学中的“多快好省”[①] 评价标准，技术经济评价标准计算公式分为宏观和微观多快好省评价公式。宏观评价标准公式有社会劳动生产率 I 法、社会劳动生产率 II 法、社会纯收入法、社会国民收入法

① 徐寿波．技术经济学［M］．南京：江苏人民出版社．1988年．第76~82页．

等。微观评价标准公式有企业超额（全部）劳动生产率法、企业超额利润法等。[①] 信息技术经济评价标准计算方法也可以采用“多快好省”的评价方法，计算公式也可以采用上述技术经济学中的评价标准计算公式[②]。

除了上述“多快好省”的经济评价标准，还有许多其他经济评价标准公式，分为七类：一是净产出和投入之比最大标准，如投资利润率、投资纯收入（利税）率、投资国民收入（净产值）率、成本利润率、工资利润率、投资利用经济效果系数、劳动力利用经济效果系数、物资利用经济效果系数、运力利用经济效果系数、自然资源利用经济效果系数、内部收益率等最大标准；二是投入和净产出之比最小标准，如投资回收期、附加投资回收期等最小标准；三是产出和投入之比最大标准，如资金产值率、成本产值率、活劳动生产率、效益费用比等最大标准；四是投入和产出之比最小标准，如产品价值最小、消耗定额最小等标准。[③] 信息技术经济学也同样可以采用这些经济评价标准公式[④]。

4.3.6.1 单利下的单项目信息技术经济标准计算方法

对于单项目而言，在能够满足需求的情况下，只需要判断该项目值不值得投资？划不划算？因此，单项目的信息技术方案评价的参考对象是该项目和整个国民投资报酬率的比较，因而，单项目信息技术经济标准计算方法可以简单的设定为：

$R_{IT}>R_S$ 和 $R_{IT}>R_{IT'}$ …（4—25）

$R=V/C$（该公式代表 $R_{IT}=V_{IT}/C_{IT}$；$R_s=V_s/C_s$；$R_{IT'}=V_{IT'}/C_{IT'}$）…（4—26）

其中：

---

① 徐寿波．技术经济学［M］．南京：江苏人民出版社．1988年．第76~82页．

② 张才明．构建信息技术经济学学科体系［J］．北京：北京交通大学学报（社会科学版）．2006年12月．第5卷第4期．第23页．

③ 徐寿波．技术经济学［M］．南京：江苏人民出版社．1988年．第94页．

④ 张才明．构建信息技术经济学学科体系［J］．北京：北京交通大学学报（社会科学版）．2006年12月．第5卷第4期．第23页．

R 为投资报酬率；

R_{IT} 为信息技术方案投资报酬率；

R_S 为社会平均投资报酬率；

$R_{IT'}$ 为信息技术领域平均投资报酬率；

V_s 为国家全社会投资报酬；

C_s 为国家全社会成本费用；

V_{IT} 为信息技术方案的社会投资报酬；

C_{IT} 为信息技术方案的社会成本费用；

$V_{IT'}$ 为信息技术行业的社会投资报酬；

$C_{IT'}$ 为信息技术行业的社会成本费用。

当 $R_{IT}>R_S$ 或者 $R_{IT}>R_{IT'}$ 时候，就可以认为该信息技术方案可以接受，可以值得投资。$R_{IT}>R_S$ 代表该信息技术方案的投资报酬率超过全社会平均的投资报酬率；$R_{IT}>R_{IT'}$ 代表该信息技术方案的投资报酬率超过信息技术行业平均的投资报酬率，因此值得投资。

4.3.6.2 单利下的多项目信息技术经济标准计算方法

对于多项目信息技术方案比较评价来说，单单判断项目值不值得投资？划不划算是远远不够的，除了要判断这些方案是否可行？是否经济？是否值得投资？还要判断哪个信息技术方案更好更优，更可行，更经济，这也是“多快好省”原理的一个体现，而如果仅仅用上面的单项目信息技术经济标准计算方法中用到的投资报酬率来评价是远远不够的，因为它无法反映不同投资额之间的项目的评价和选择，也无法反映方案之间的差异关系。

为此，可使用投资增值率①来作为多项目信息技术经济标准的计算方法。

$$\Delta R_{IT} > \Delta R_S \text{ 和 } \Delta R_{IT} > \Delta R_{IT'} \text{ 且 } Max\{\Delta R_{IT}\} \qquad \cdots（4—27）$$

① 投资增值率：指投资带来收益增长的差额与投资的差额的比率。
投资报酬率：指投资带来收益额与投资额的比率；两者是有区别的，在很大程度上，投资增值率更能反映投资的效率。

$\Delta R=(V-V_0)/(C-C_0)=\Delta V/\Delta C$

（该公式代表$\Delta R_{IT}=\Delta V_{IT}/\Delta C_{IT}$；$\Delta R_s=\Delta V_s/\Delta C_s$；$\Delta R_{IT'}=\Delta V_{IT'}/\Delta C_{IT'}$）
…（4—28）

其中：

ΔR为投资增值率；

ΔR_{IT}为信息技术方案投资增值率；

ΔR_S为社会平均投资增值率；

$\Delta R_{IT'}$为信息技术领域平均投资增值率；

ΔV_s为国家全社会投资报酬增加值；

ΔC_s为国家全社会成本费用增加值；

ΔV_{IT}为信息技术方案的社会投资报酬增加值；

ΔC_{IT}为信息技术方案的社会成本费用增加值；

$\Delta V_{IT'}$为信息技术行业的社会投资报酬增加值；

$\Delta C_{IT'}$为信息技术行业的社会成本费用增加值。

当$\Delta R_{IT}>\Delta R_S$和$\Delta R_{IT}>\Delta R_{IT'}$，同时，哪一个项目方案的$\Delta R$最大，即哪一个项目方案的投资增值率高$Max\{\Delta R_{IT}\}$，就可以认为该信息技术方案可以接受，是相对最优的项目方案。$\Delta R_{IT}>\Delta R_S$代表该信息技术方案的投资增值率超过全社会平均的投资增值率；$\Delta R_{IT}>\Delta R_{IT'}$代表该信息技术方案的投资增值率超过信息技术行业平均的投资增值率；代表项目方案值得投资。$Max\{\Delta R_{IT}\}$得到最大时，代表该项目方案的ΔR_{IT}最大，表示该项目方案相对最优，因此值得投资。

4.3.6.3 复利下的单项目信息技术经济标准计算方法

上面无论是单项目还是多项目的信息技术经济标准计算方法中都没有考虑时间价值因素，没有考虑复利因素，因此可以对上面的信息技术经济标准计算方法进行修正。

假设全社会每年的基准利率为i_t，信息技术方案生命周期为n，同时每年信息技术方案所产生的投资报酬又可以投入继续再生产，再生产的基准利率仍然为i_t，把每年的投资报酬和成本费用都折现到现值计算，信息技术经济标准计算公式修正为：

$R_{IT}>R_S$ 和 $R_{IT}>R_{IT'}$ …（4—29）

$$R=\frac{\sum_{t=0}^{n}V(1+i_t)^t}{\sum_{t=0}^{n}C(1+i_t)^t} \quad \cdots（4—30）$$

（该公式中R、V、C代表R_S、R_{IT}、$R_{IT'}$、V_s、V_{IT}、$V_{IT'}$、C_s、C_{IT}、$C_{IT'}$）

其中：

R 为投资报酬率；
i_t 为社会基准利率；
n 为项目生命周期；
R_{IT} 为信息技术方案投资报酬率；
R_S 为社会平均投资报酬率；
$R_{IT'}$ 为信息技术领域平均投资报酬率；
V_s 为国家全社会投资报酬；
C_s 为国家全社会成本费用；
V_{IT} 为信息技术方案的社会投资报酬；
C_{IT} 为信息技术方案的社会成本费用；
$V_{IT'}$ 为信息技术行业的社会投资报酬；
$C_{IT'}$ 为信息技术行业的社会成本费用。

当 $R_{IT}>R_S$ 和 $R_{IT}>R_{IT'}$ 时候，就可以认为该信息技术方案可以接受，可以值得投资。$R_{IT}>R_S$ 代表该信息技术方案的投资报酬率超过全社会平均的投资报酬率；$R_{IT}>R_{IT'}$ 代表该信息技术方案的投资报酬率超过信息技术行业平均的投资报酬率，因此值得投资。

4.3.6.4 复利下的多项目信息技术经济标准计算方法

多项目的信息技术经济标准计算方法修正为：

$\Delta R_{IT}>\Delta R_S$ 或者 $\Delta R_{IT}>\Delta R_{IT'}$ 且 $Max\{\Delta R_{IT}\}$ …（4—31）

$$\Delta R=\frac{\sum_{t=0}^{n}\Delta V(1+i_t)^t}{\sum_{t=0}^{n}\Delta C(1+i_t)^t} \quad \cdots（4—32）$$

（该公式中 ΔR、ΔV、ΔC 代表 ΔR_S、ΔR_{IT}、$\Delta R_{IT'}$、ΔV_s、ΔV_{IT}、$\Delta V_{IT'}$、ΔC_s、ΔC_{IT}、$\Delta C_{IT'}$）

其中：

ΔR 为投资报酬率；

i_t 为社会基准利率；

n 为信息技术项目方案生命周期；

ΔR_{IT} 为信息技术方案投资报酬率；

ΔR_S 为社会平均投资报酬率；

$\Delta R_{IT'}$ 为信息技术领域平均投资报酬率；

ΔV_s 为国家全社会投资报酬；

ΔC_s 为国家全社会成本费用；

ΔV_{IT} 为信息技术方案的社会投资报酬；

ΔC_{IT} 为信息技术方案的社会成本费用；

$\Delta V_{IT'}$ 为信息技术行业的社会投资报酬；

$\Delta C_{IT'}$ 为信息技术行业的社会成本费用。

当 $\Delta R_{IT} > \Delta R_S$ 和 $\Delta R_{IT} > \Delta R_{IT'}$，同时，那一个项目方案的 ΔR 最大，即那一个项目方案的投资增值率高 $Max\{\Delta R_{IT}\}$，就可以认为该信息技术方案可以接受，是相对最优的项目方案。$\Delta R_{IT} > \Delta R_S$ 代表该信息技术方案的投资增值率超过全社会平均的投资增值率；$\Delta R_{IT} > \Delta R_{IT'}$ 代表该信息技术方案的投资增值率超过信息技术行业平均的投资增值率；代表项目方案值得投资。$Max\{\Delta R_{IT}\}$ 得到最大时，代表该项目方案的 ΔR_{IT} 最大，表示该项目方案相对最优，因此值得投资。

4.3.6.5 信息技术经济评价中的净现值计算方法

信息技术经济中的净现值是指在信息技术方案的寿命周期内，每年发生的现金流量，按一定的折现率折现到同一时点（通常是期初）的现值累加值，常用 NPV（Net Present Value：净现值）表示。净现值的计算公式为：

$$NPV = \sum_{t=0}^{n} \frac{(CI_t - CO_t)}{(1+i_0)^t} \quad \cdots (4\text{—}33)$$

其中：

NPV 为净现值；

CI_t 为第 t 年的现金流入量；

CO_t 为第 t 年的现金流出量；

n 为信息技术方案寿命年限；

i_0 为基准折现率。

对于单一项目信息技术经济方案而言，不考虑社会因素或其他因素如通货膨胀等，仅仅考虑该项目是否值得投资，仅仅从该项目的微观本身出发考虑，也是可以用这个净现值 NPV 来判断的。若 NPV 大于或等于0，理论上该项目就值得投资、方案可以接受；反之，如果 NPV 小于0，则该项目就不值得投资、方案拒绝。

对于多项目信息技术方案比较选择时，则可以选择 NPV 值大的，净现值 NPV 越大，说明该方案就越值得投资，方案越优。

4.3.6.6 信息技术经济评价中的净现值指数计算方法

信息技术经济中的净现值 NPV 没有考虑信息技术方案的投资额度大小，没有反映资金的投资利用系数，也就是没有考虑投资效果系数。我国目前很多技术经济项目方案评价时还采用净现值指数这个指标来作为评价项目的标准。净现值指数是净现值的辅助指标，是指技术经济项目方案的净现值与项目方案的投资额总现值之比，其经济含义是单位投资现值所带来的净现值，常用 NPVI(Net Present Value Index：净现值指数) 表示计算公式为：

$$NPVI=\frac{NPV}{K_p}=\frac{\sum_{t=0}^{n}\frac{(CI_t-CO_t)}{(1+i_0)^t}}{\sum_{t=0}^{n}\frac{K_t}{(1+i_0)^t}} \quad \cdots(4—34)$$

其中：

NPVI 为净现值指数；

NPV 为净现值；

K_p 为信息技术方案的投资额总现值；

K_t 为信息技术方案的每年投资额；

CI_t 为第 t 年的现金流入量；

CO_t 为第 t 年的现金流出量；

n 为信息技术方案寿命年限；

i_0 为基准折现率。

NPVI 指标在信息技术经济中的应用其实和 NPV 是差不多，对于单项目信息技术方案而言，两者基本上没有区别，但对于多项目信息技术方案的选择而言，特别是信息技术方案的投资金额不等的多项目方案而言，仅仅用 NPVI 的值来判断也是不完全准确，用数学方法可以证明①，在进行多项目方案比较选择时，以 NPVI 最大为准则，有利于投资规模偏小的项目方案。NPVI 指标仅适用于投资额相近的项目方案比较。

4.3.6.7 信息技术经济评价中的内部收益率计算方法

内部收益率是一个非常重要的技术经济标准评价指标，在很多项目评价中经常会用到。在信息技术经济评价中，内部收益率也是净现值为零时的折现率，常用 IRR（Inner Rate of Return：内部收益率）表示。其表达式为：

$$NPV(IRR)=\sum_{t=0}^{n}\frac{(CI_t+CO_t)}{(1+IRR)^t} \quad \cdots(4\text{—}35)$$

其中：

IRR 为内部收益率；

NPV 为净现值；

CI_t 为第 t 年的现金流入量；

CO_t 为第 t 年的现金流出量；

n 为信息技术方案寿命年限。

内部收益率 IRR 的计算是一个比较复杂的高次方程求解的过程，一般常用“试算内插法”近似解②，现在有计算机系统，可以采用编程的方

① 详细证明方法请参见傅家骥 仝允桓．工业技术经济学［M］．北京：清华大学出版社．1996年第三版 第59~61页．

② 详细求解过程请参见傅家骥 仝允桓．工业技术经济学［M］．北京：清华大学出版社，1996年．第65页．

法进行求解，方便快捷。

内部收益率 IRR 在信息技术经济标准评价中的应用方法是：

对于单项目信息技术方案的技术经济评价，设定基准折现利率为 i_0，若 IRR 大于或等于 i_0，则说明该信息技术方案在技术经济标准评价上是可以接受的；若 IRR 小于 i_0，则说明该信息技术方案在技术经济标准评价上是不可以接受的。

对于多项目信息技术方案的技术经济评价比较，不仅要比较上面 IRR 和 i_0 之间的大小关系，还要比较项目方案之间的 IRR 大小，一般来说，IRR 值越大的信息技术项目方案，其技术经济效果越好！投资回报率越高，越值得投资和选择。

内部收益率 IRR 被普遍认为是项目投资的赢利率，反映了投资使用效率。它的经济含义是：在项目方案的整个寿命周期内，按利率等于 IRR 计算，如果始终存在未能收回的投资，而在寿命结束时，投资恰好被完全收回。也就是说，在项目方案的寿命周期内，项目方案始终处于"偿付"未被收回的投资的状况。

但是内部收益率 IRR 作为技术经济方案的评价指标虽然克服了净现值和净现值指数的需要事先设定基准折现率的缺点，但也存在一些问题，比如其隐藏着一个基本假设，那就是项目方案寿命周期内所获得的净收益全部可用于再投资，而且再投资的收益率等于项目的内部收益率。这在实际中是一个比较困难的事情，而且容易引起不同学者的争议。为此也有学者提出了外部收益率 ERR（External Rate of Return）来修正内部收益率 IRR，外部收益率 ERR 计算时，也需要假定项目方案寿命周期内所获得的净收益全部可用于再投资，但不同的是，假定再投资的收益率等于基准折现率，而不是内部收益率[①]。

① 傅家骥 仝允桓．工业技术经济学［M］．北京：清华大学出版社．1996年．第73页．

4.3.6.8 内部收益率在信息技术经济中的适用性分析

对于内部收益率，吴添祖教授认为："内部收益率法适用于独立方案的经济评价和可行性判断，但一般不能直接用于互斥方案的比较和选优，也不能用来对多个独立项目按优劣次序进行项目排队。"[①] 在分析其优点时，他认为：内部收益率是内生决定的，即由项目的现金流量系统特征决定的，不是事先外生给定的。对于净现值法和净年值法等都需要事先设定一个基准折现率才能进行计算和比较而言，操作起来困难小，容易得多。确实，内部收益率法在不需要知道基准收益率之前就可以测取方案本身的收益率，即内部收益率，但绝不是不需要基准收益率，如果没有基准收益率，怎么考察方案在经济上是否可行？退一步讲，即使没有行业或部门基准收益率，也很容易找到一个替代值来代替基准收益率作为参照，如国债利率、长期存贷款利率甚至投资者的最低期望要求收益率等。

另外，以净现值法评价结论为绝对衡量标准的单纯追求利润或价值最大化的经济性评价原则就没有很好地体现提高经济效益的思想。因为，提高经济效益不只体现在追求利润最大化一个方面，还体现在追求投入产出比最高的水平效率方面。另外，在追求提高经济效益的同时，如何实现最大限度地避免风险？现有技术经济评价理论并没有给予贯穿始终的研究，这在技术经济学的评价指标体系及评价方法体系的理论构建中体现最为明显。

因此，内部收益率法可以直接应用于信息技术方案寿命期相同或不同、投资额相同或不同的互斥信息技术方案的评价。因为，内部收益率的基本经济含义是单位投资的年收益水平，只不过是考虑时间价值后计算的结果，所以，无论是投资额相同与否、寿命期相同还是不同（在此隐含假设信息技术项目持续运营、方案可重复再现），使用该种方法评价，其评价结果均具有可比性。投资回收期法也可以直接应用于寿命期相同或不同、投资额相同或不同的互斥信息技术方案的评价。因为，投

① 吴添祖．技术经济学概论［M］．北京：高等教育出版社．2004年．第58页．

资回收期的基本经济含义是投资的回收速度，它不关心信息技术方案寿命期长短，其计算也和寿命期无关，因此它不受互斥信息技术方案之间寿命期是否相同的可比问题约束。另外，假设收益的变化与投资的变化成正比关系，则利用投资回收期进行评价也不受互斥信息技术方案之间投资差异的影响。

4.3.7 信息技术经济价格计算方法

由于信息技术本身具有高风险高收益的特性，不能完全按照社会平均报酬率的水平去决定信息技术的价格，尤其是对新颖的信息技术，由于投资大，风险大，加上技术更新快，技术生命周期比较短等因素，如果没有一定的超额利润，就容易没有吸引力，不能很好的促进信息技术和信息技术产业的发展。因此，信息技术的合理价格的确定非常关键。所谓合理价格就是所有的成本加上税费和适当的利润。用公式可以表示为[①]：

$$p=c'+v'+m' \qquad \cdots(4—36)$$

其中：

p 为合理价格；

c' 为已消耗的生产资料的价值转移；

v' 为劳动者为自己创造的价值；

m' 为劳动者为社会创造的价值。

任何一个技术方案在做技术经济效果评价时，必须要从社会全部效益和社会全部消耗费用考虑技术方案的直接效益和间接效益、直接费用和间接费用[②]。为了解决间接效益和间接费用的计算，学术界又提出了“影子价格”。目前最为广泛的“影子价格”理论是基于机会成本和福利经济学理论。在机会成本理论中，“影子价格”就是一种机会成本，是指一种资源用于某一生产或某一活动时而放弃掉用于其他项目的机会所花费的代价[③]。在福利经济学理论中，“影子价格”被定义成由于商品或生产

① 徐寿波．技术经济学［M］．南京：江苏人民出版社．1988年．第166页．

② 同上．

③ 同上．第241页．

要素可用量的任何边际变化所引起的福利增加[①]。基于机会成本的“影子价格”实质上是基于成本投入的“影子价格”，反映的是投入的代价，不是收益的“影子价格”。徐寿波教授提出影子价格理论应该是机会成本理论和机会效益理论的结合，即全部效益和全部费用理论，“影子价格”应等于合理价格和经济效果系数之和，并得到了数学证明。[②、③]即

影子价格 = 合理价格 + 经济效果系数 …（4—37）

信息技术经济的合理价格和影子价格都可以采用上述的公式进行计算，但由于信息技术本身的特点，实际计算出来的合理价格和影子价格可能会比一般技术要大，原因就是信息技术劳动者为自己和为社会所创造的价值比一般技术行业的劳动者要大，信息技术的经济效果系数也要比一般技术的经济效果系数要大，此处的信息技术的经济效果系数实际上就是本书的第四种信息技术经济效果系数即信息技术的投入产出系数。

影子价格的计算和确定方法除了技术经济学中的方法，在经济学特别是福利经济学中也有专门的分析[④]。

影子价格在传统技术经济评价中具有重要地位，近年来，使用影子价格进行技术项目或方案的评价，已经越来越少，但并不意味着影子价格不存在或不适用。

4.3.8 信息技术经济增长计算方法

信息技术经济增长表现形式有三种：在宏观经济领域中，主要是国民经济的增长和增加值；在中观/产业经济领域中，主要是行业部门的经济的增长和增加值；在微观经济领域中，主要是企业经济的增长和增加值。

---

① 林恩·斯夸尔 赫尔曼·G.范德塔克.项目经济分析［M］.北京：清华大学出版社.1985年版.第71页.

② 徐寿波.技术经济学［M］.南京：江苏人民出版社.1988年.第242页.

③ 齐建国.技术经济评价总公式评介概论［J］.北京：技术经济资料.1986年3期.

④ 林恩·斯夸尔 赫尔曼·G.范德塔克.项目经济分析［M］.北京.清华大学出版社.1985年.第71页.

4.3.8.1 经济增长文献综述

（一）索罗（Solow）（1956）经济增长理论

其经济增长理论是现代经济增长模型的基准。在新古典生产函数、生产要素的供求均衡和以价格机制为中心的新古典调整过程的假设下，它使得给定人们掌握的技术水平下总量生产函数中资本、劳动和总产出之间的比例关系变成了增长模型的内生变量。

索罗在其长期经济增长模型中将人口增长率、技术进步和储蓄率看成外生变量。在总量生产函数中，劳动与资本可以相互替代生产出等量产品。并且他认为整个经济时刻都处于劳动与资本的供求均衡状态，就业是充分的。同时索罗还认为整个经济呈现出规模报酬不变的特性，也就是说经济足以穷尽专业化的好处，且自然资源等其他投入可以忽略不计。

最终索罗得出一个国家的经济增长率取决于外生的技术进步率的结论。经济增长最终会收敛到一个稳态的增长路径上，也就是其所说的“平衡增长状态”。但是，索罗模型也有一定的缺陷。首先，其技术进步率是外生给定的。其次，储蓄率为外生给定，并非由个人最优化行为内生决定。最后，在其随后（1957）文章中，他把不能有资本和劳动的增长来解释的“剩余”都归之于技术进步。并且技术进步在 GDP 年均增长率和人均产出增长率中的贡献度占相当大比例。这也就是说贡献度较大的技术进步率在模型中却是外生给定的。

（二）拉姆齐－卡斯－库普曼斯（Ramsey-Cass-Koopmans）经济增长理论

用无限期界下个人效用最大化模型，使得索罗模型中外生化的储蓄率内生化。内生的储蓄率意味着资本积累速度和资本公积的内生决定，从而决定经济增长的一个投入要素（资本）从数量上是模型内生的。

模型中引入了家庭和企业的微观因素，通过在竞争性市场中的最优行为来决策其储蓄率，它使得经济增长理论第一次有了微观分析基础。拉姆齐－卡斯－库普曼斯经济增长理论用动态最优化方法最终得到经济可以均衡增长的结论。结论与索罗经济增长理论大致相同：均衡增长不仅是稳定的而且是收敛的。但是资本收益率递减的假设导致资本积累动力的逐渐削减，除非存在外生的人口增长或技术进步冲击，否则经济增长只有水平效应，而没有增长效应。也就是说人均产出长期增长率对外生技术进步的依赖仍没有消除。一个更高的储蓄意愿或者技术水平的增进在长期中体现为更多的资本或更有效的工人产出水平，但却不会引起人均增长率的变化。同时还检验了经济增长中的福利状况，论证了在均衡增长状态下，全社会处于福利最大化状态，也就是帕累托最优的状态。

（三）钻石（Diamond）世代交叠经济增长理论

将拉姆齐－卡斯－库普曼斯经济增长理论的无限期界模型改为有限期界模型，论证了在对数效用函数和柯布－道格拉斯生产函数的条件下，经济可以达到稳定的均衡增长状态。虽然与拉姆齐－卡斯－库普曼斯经济增长理论中一样，使用了新古典的假设条件，但是结论中强调地指出了在世代交叠经济增长中可能出现“动态无效率”的情况。它强调自由放任的市场经济可能在宏观经济增长上是无效率的，政府可以利用国债等手段来调节社会的资本积累以增进社会福利。

钻石模型增长理论虽然说明了经济增长中存在的福利问题，但是对于经济增长源泉的解释仍然没有脱离对外生的技术进步率的依赖。经济增长的源泉仍然被假定是外生的技术进步率和人口增长率带来的。

（四）阿罗（Arrow）（1962）经济增长理论

认为技术进步是内生的，是资本积累的副产品。因此，新增的资本投资具有外部性。厂商可以通过投资来积累生产经验，从而提高生产率。而且其他厂商由于市场的完全竞争性，也可以通过学习来提高生产效率。阿罗的前提假设为：1. 知识是投资的副产品，厂商资本存量的提高会带来知识存量的提高。2. 知识是公共品，具有“溢出效应”。因此，将技术变化看作是知识的函数，进而是经济的总资本存量的函数。

最终，阿罗推导出的社会总生产函数具有规模报酬递增的特性，但是其模型所假定的参数条件说明资本的社会报酬仍然无法保持不变，因此其认为经济增长率的增加取决于外生的人口增长率。

（五）罗默（Romer）（1986）经济增长理论

对于阿罗模型中存在要素报酬递增，经济增长路径就是发散的结论给与否定。证明了存在要素报酬递增条件下，经济可以持续增长，而且存在一个稳定的均衡增长路径。罗默假定知识具有春资本品的性质，而且有着报酬外在于其生产者内部的特性。也就说罗默既保证了生产函数报酬递增，同时又确保存在一个竞争均衡，能使之做到这一点的前提是，知识的外在性、知识报酬的递增性和知识生产的报酬递减性。

最终罗默得出知识的私人边际产品小于知识的社会边际产品的结论。这意味着竞争性的均衡并不会导致社会最优的结论。

（六）伯利兹（Brezis），埃利斯（Ellis），克鲁格曼（ Krugman）和齐东（Tsiddon）（1993）蛙跳增长模型

将技术进步内生化的经济增长理论与国际贸易理论结合起来研究技术变化对于一国经济增长，特别是超越原有技术领先国的经济增长的贡献。当偶然技术变迁发生时，由于领先国家积累了旧技术丰富的生产经验，最初，新技术反而不如旧技术有效率，加之使用就技术的现有产业工人的高工资水平，延滞了领先国家对新技术的采用。而落后国家较少的使用旧技术的经验，工资水平较低，因此更倾向于采纳新技术。新技术在落后国家中的使用，最终会带来该国技术的实质性进步，也就超过原领先国的生产效率。其结果就是导致落后国在国际贸易中进行生产率高的部门的专业化生产，从而原落后国的工资率超过原领先国。

该模型中，特别的贡献在于知识积累的表达，也就是把技术进步的表示分为两类：一种是通过“干中学”来推进的“普通的”技术变迁，主要发生在那些已经建立起比较优势的发达国家，表现为在大多数时间内通过渐进地积累生产经验而得到的知识，很难复制；另一种就是技术的重大突破，也就是新技术的产生，它需要国家力量的推动，并会从根本上改变技术的性质。

（七）罗默（Romer）（1990）蛙跳增长模型

其认为经济增长的核心问题是对于技术进步的解释。技术进步的产生来自于从事市场活动的人们有意识的进行的技术改进。

将经济中假设存在三个部门：最终产品部门、研究与开发部门、中间产品生产部门。其中最终产品部门与研究开发部门是完全竞争的，中间产品部门是完全垄断的。但是模型的本质仍然是单部门的新古典模型，只不过将知识的产出进行内生化的处理。一方面新知识可以用于新产品生产之中，另一方面新的知识产生可以增加社会中总的知识存量。

最终模型得到的增长率与人力资本的存量相关。人力资本总的存量增大，可以导致经济增长率的提升。但是一国的人口数量多少并不与经济增长相关系。模型中也指出国际间的贸易对于经济增长也有促进作用。该模型说明那些不发达经济封闭的国家的经济增长率较低是由于低的人力资本水平造成，还说明了那些人口多的欠发达国家可以通过国际贸易来刺激经济增长。

（八）格罗斯曼（Grossman）和赫尔普曼（Helpman）（1991）产品质量阶梯内生增长模型

提出了一个产品质量阶梯不断提高的内生技术变化增长模型。模型中每一个产品存在着一个质量阶梯。将生产率的提高表现为同种产品质量的提高，而提高质量的技术是靠专门的技术研发部门有目的的进行R&D投资获得的。将技术优势方的领导厂商和技术劣势的跟随厂商引入模型，是为了说明产品的质量提高与跟随者的研发结果相关，而与领先者的研发无关。

在垄断竞争下，由于技术领先垄断者享有对其产业竞争对手的一个质量阶梯优势，寡头均衡就使得领导者获有垄断利润。因此，对于垄断利润的追求是追随者研发新技术的最大动力。该模型还对于技术研发中引入的不确定性因素。最终稳态的均衡增长与产品的更新换代和周期相关。

（九）阿洪（Aghion.）和休伊特（Howitt.）（1992）知识创新性破坏

经济增长理论（新熊彼特经济增长理论）

引入创造性破坏过程的内生增长模型，来说明知识的创造性破坏和经济增长的相互关系。该模型将产品质量升级的概念纳入分析框架，特别是对于知识的两面性有着特殊的理论分析。一方面认为，创新增加了知识，提高生产效率，因此有正的外部性；另一方面新知识的出现，使得原有知识失效，降低了其收益，具有负的外部性。

将经济中分为三部门：最终消费品部门、中间产品部门和研发部门。其中中间产品部门具有垄断性，而最终消费品部门和研发部门具有完全竞争性。伴随每创新出现的一个质量更高的新中间产品，研究成功的厂商就会拥有其特定的、暂时的垄断租金。每当新的产品出现时，旧的垄断利润就会被破坏。但是领导厂商由于没有成本优势，对于创新也就没有动力，创新只发生于追随厂商中。

最终，阿洪和休伊特认为，经济的动态均衡可能表现为平衡的增长路径，也可能表现为非增长的陷阱。由于知识的两面性，因此研究生产率的提高并不必然导致经济增长率的提高。模型中得到了均衡增长率与社会最优增长率。若知识的正外部性更大（跨时溢出效应、占有效应）时，均衡增长率大于最优增长率；若知识的负外部性更大时（商业盗窃效应、垄断扭曲效应），均衡增长率就会小于最优增长率。作者还认为，提高实现参数、创新规模、技能劳动禀赋规模以及市场垄断程度都会提高一国的均衡增长率。

（十）卢卡斯（Lucas）（1988）人力资本增长理论

卢卡斯认为各国间的技术差别，并不是指一般的知识，而是在于一国所拥有的特殊人力资本。将新古典生产函数中的投入要素资本分为物质资本和人力资本，将劳动分为“原始劳动”和“专业化的人力资本”区分。认为人力资本不仅具有内部效应，而且还有外部效应。并把人力资本的外部效应看成是生产函数规模报酬递增的关键所在。

该模型引入人力资本的生产和积累函数，从而把技术进步内生化的问题看作是人力资本内生化增长的问题。最终，该模型证明人力资本增长率与人力资本投资的有效程度成正相关，与贴现率成反比。并且在经济增长的均衡路径上，提出了即使劳动力增长率为0，增长仍然是可能的结论。同时，该模型解释了人均收入的跨国差异问题。由于人力资本可以在新老家庭成员在中传递，专业化的人力资本根据比较优势的生产方式，生产其最擅长的商品来积累技能，不断强化初始得到的比较优势，这也就解释了增长率在各国有广泛差异的原因。

4.3.8.2 宏观信息技术经济增长模型和计算方法

宏观信息技术经济增长是指由于信息技术的应用，带来全社会经济的增加。由于信息技术具有“高扩散性”等特点，在产业上表现为产业经济的聚集效益。因此，信息技术经济增长不仅是本身的信息技术的经济效益，更有信息技术带来的产业聚集效果和扩散效果，因而信息技术经济增长往往是很大的。如果一旦使用正当，所产生的整体社会经济效应非常巨大。信息技术经济增长的表现形式主要是国民经济产出的增加。

新古典经济增长模型用柯布·道格拉斯生产函数表示：

$$Y=A\times K^{\alpha}L^{\beta} \quad \cdots(4—38)$$

其中：

$$\alpha+\beta=1 \quad \cdots(4—39)$$

Y 为社会总产出；

A，α，β 为系数，其中 α，β 分别为资本，劳动的产出弹性系数；

K 为社会总资本量；

L 为社会劳动总量。

这个经济增长模型没有考虑技术进步因素，也比较简单和理想化。现代的经济增长正是由于技术的不断进步，才有持续的经济增长，同时正是由于技术进步的支持，才使得资本和人力投入的效率发挥更大。在信息化社会，信息技术得到广泛应用，信息技术的影响力越来越大的情况下，这个简单而又经典的经济增长模型更显得不全面。

4 信息技术经济学

1957年，美国经济学家索罗对技术进步进行了细致的研究，发现1909~1949年美国非农部门的劳动生产率翻了一番，其中技术进步或叫技术革新占了87.5%，劳动和资本仅占了12.5%。稍后以罗默为代表的经济学家对新古典经济增长模型进行了改进，把模型改为新经济增长模型：

$$Y=A\times K^{\alpha}L^{\beta}S^{\gamma} \quad \cdots(4—40)$$

其中：

$$\alpha+\beta+\gamma=1 \quad \cdots(4—41)$$

Y 为社会总产出；

A，α，β，γ 为系数，其中 α，β，γ 分别为资本，劳动，技术进步的产出弹性系数；

K 为社会总资本量；

L 为社会劳动总量；

S 为技术进步。

这个模型解决了技术进步带来的经济增长问题，又同时考虑到了传统的资本和劳动对经济增长的影响。

也有学者把包含技术进步因子的经济增长模型认为是：

$$Y=A_s\times K^{\alpha}L^{\beta} \quad \cdots(4—42)$$

其中：

$$\alpha+\beta=1 \quad \cdots(4—43)$$

Y 为社会总产出；

α，β 为系数，分别为资本，劳动的产出弹性系数；

K 为社会总资本量；

L 为社会劳动总量；

A_s 为技术进步率。

这个经济增长模型把技术进步考虑为一个系数，一个效率，相当于考虑技术进步对经济增长的影响，但它仅仅是把所有技术进步统一为一个效率，不考虑不同种类的技术进步在经济增长中的效率或作用，既没有考虑不同类别的技术进步对经济增长的贡献率，也没有考虑不同类别劳动和投资对经济增长的贡献率；好处是运用数学的差分方程法很容易，很便捷地计算出技术进步率，也容易计算出劳动和资本对经济增长的贡献率。

作为经济分析而言，上面两个模型可以适用于一般经济增长分析和理论研究，但在信息技术经济增长分析上，上面的增长模型还可以做适当的调整。因为：一、信息技术和一般通用目的技术不同，信息技术有自身的特点，具有和一般通用目的技术不同的经济性和经济效果路径，因而在评价和比较信息技术方案的经济增长时，不适合完全照搬这个模型；信息技术的经济效果系数和一般通用目的技术的经济效果系数也不相等，大部分情况下，信息技术的经济效果系数要比一般其他通用目的技术的经济效果系数要大；二、在大部分情况下，信息技术的资金投入，所带来的回报，即投资利用效果系数是和其他部门经济的投资利用效果系数是不一样的，一般来说要大些甚至大得多；三、信息技术领域的人力成本一般比社会平均人力成本要高，信息技术领域的人力普遍接受的教育程度要高，生产效率也要高。也就是说，信息技术的资金和技术的产出弹性系数和非信息技术的资金和技术的产出弹性系数是不同的。为此，参照新经济增长模型，考虑信息技术的特征因素，把信息技术进步等同于投资和劳动力的一个投入要素来看待，如前面信息技术经济效果理论所说的一样，一定的信息技术消耗会带来社会经济的增加，不同类别的信息技术消耗就等同于不同的信息技术进步在社会经济活动中应用和消耗。为此，构造新的信息技术经济增长模型为：

$$Y=A\times K^{\alpha}\ K_i^{\alpha'}L^{\beta}\ L_i^{\beta'}\ S^{\gamma}\ S_i^{\gamma'} \qquad \cdots(4\text{—}44)$$

其中：

$$\alpha+\beta+\gamma+\alpha'+\beta'+\gamma'=1 \qquad \cdots(4\text{—}45)$$

Y 为社会总产出；

A，α，β，γ，α'，β'，γ' 为系数；其中 α，α'，β，β'，γ，γ' 分别为非信息技术资本，信息技术资本，非信息技术劳动，信息技术劳动，非信息技术进步，信息技术进步的产出弹性系数；

K 为非信息技术总资本投入量；

K_i 为信息技术总资本投入量；

L 为非信息技术劳动总量；

L_i 为信息技术劳动总量；

S 为非信息技术进步；

S_i 为信息技术进步。

在这个模型中：

一是基本上已经涵盖了信息技术和非信息技术带来的区别，同时又考虑了资本、人力和技术进步等经济增长要素的影响，特别是考虑了各自的产出弹性系数不一样的情况下，某种程度上，比新经济增长模型更加贴切信息技术社会的经济增长实际情况。

二是如果资本、劳动和技术进步三者可以构成经济增长要素的话，加上信息技术和非信息技术的区别，并没有改变它们之间的本质关系，只是更加细化，更加体现信息技术特殊的经济加速度的作用，这六个要素也能构成经济增长要素。

同时，这个模型也可以简单的用函数表示为：

$$Y=F(K, K_i, L, L_i, S, S_i) \qquad \cdots(4—46)$$

这表示社会总产出是 K，K_i，L，L_i，S 和 S_i 组合的函数

这个模型的计算步骤和方法如下①。

根据数学一般方法，对于公式（4—44），考虑时间因素 t，公式可以变为：

$$Y_t=e^{\sigma} \times K_t^{\alpha} K_{it}^{\alpha'} L_t^{\beta} L_{it}^{\beta'} S_t^{\gamma} S_{it}^{\gamma'} \qquad \cdots(4—47)$$

其中，令

$$A= e^{\sigma} \qquad \cdots(4—48)$$

（1）首先对式（4—46）取对数，则式（4—47）变为：

$$LnY_t=\sigma+\alpha LnK_t+\alpha' Ln K_{it}+\beta LnL_t+\beta' Ln L_{it}+\gamma LnS_t+\gamma' Ln S_{it}+\varepsilon。 \qquad \cdots(4—49)$$

其中：

$$\alpha+\beta+\gamma+\alpha'+\beta'+\gamma'=1; \qquad \cdots(4—50)$$

① 这是一个多元回归分析和数理统计的数学计算问题，本文不做详细的介绍，详细的计算过程和方法可参考相关数学方面的教材。见钱颂迪．运筹学［M］．北京：清华大学出版社．1990年．吴翊．应用数理统计［M］．长沙：国防科技大学出版社．1995年

Y_t 为时间 t 的社会总产出；

σ 为常数；

α 为非信息技术总资本的产出弹性系数；

α' 为信息技术总资本的产出弹性系数；

β 为非信息技术劳动的产出弹性系数；

β' 为信息技术劳动的产出弹性系数；

γ 为非信息技术进步的产出弹性系数；

γ' 为信息技术进步的产出弹性系数；

K_t 为时间 t 的非信息技术总资本投入量；

K_{it} 为时间 t 的信息技术总资本投入量；

L_t 为时间 t 的非信息技术劳动总量；

L_{it} 为时间 t 的信息技术劳动总量；

S_t 为时间 t 的非信息技术进步；

S_{it} 为时间 t 的信息技术进步；

t 为时间年限；

ε_0 为白噪声误差；计算时可以和 σ 合并为一个常数。

这个方程式里，在做实证分析时，t 表示的有几年，则该公式意味着是有几个方程组成的方程组。

（2）分别列出 Y_t，K_t，K_{it}，L_t，L_{it}，S_t 和 S_{it} 的实际值，可以取一个时间区间的数据为样本数据，如可以取 1986 年到 2005 年 20 年的实际数据；

（3）把上面 Y_t，K_t，K_{it}，L_t，L_{it}，S_t 和 S_{it} 的实际值相应的求出 Ln 值，并且列出作为新的样本数据；

（4）确定样本数据和置信区间，进行回归分析，计算出各常数和系数；

（5）对上面的回归方程结果进行显著性和可信性检验；

（6）检验显著并可信，回归分析获得成功；方程可以用于实际计算。

在实际计算时，这里有一个问题，就是如何界定非信息技术进步 S_t 和信息技术进步 S_{it} 的值的问题，有了这个值并且能够完全列出来，那么用上面的步骤和方法是完全可行的。

任何信息技术进步和非信息技术进步的目的或最终效果就是全社会经济增长，而这种经济增长又是信息技术进步和非信息技术进步通过对各自的资金和劳动的投入产出效率的提高来实现。也就是说，技术进步是一种提高资金和劳动效率的手段和工具，通过资金和劳动的综合效率提高来实现经济增长。只是信息技术和非信息技术对资金和劳动投入的投入产出的综合效率提高的倍数是不一样的。为了简洁明了，在此，假设技术进步与资金和劳动投入产出效率之间存在一个简单的比率函数关系。同时参考

$$Y=A\times K^{\alpha}L^{\beta}S^{\gamma} \quad \cdots(4—51)$$

其中：

$$\alpha+\beta+\gamma=1 \quad \cdots(4—52)$$

分别进行信息技术和非信息技术进步两种展开，但考虑综合效率和保持弹性系数在运算模型中的存在，如果只是简单的把 S^{γ} 定义为 $Y/(A\times K^{\alpha}L^{\beta})$，那么在后面的运算中将无法得出弹性系数 γ 和 γ'。为此，把非信息技术进步的值定义为：

$$S_t=m\times Y'_t\times (K_t\times L_t)^{-1/2} \quad \cdots(4—53)$$

其中：

S_t 为时间 t 的非信息技术进步的值；

Y'_t 为时间 t 的非信息技术的社会总产出；

K_t 为时间 t 的非信息技术总资本投入量；

L_t 为时间 t 的非信息技术劳动总量；

m 为非信息技术进步对非信息技术投资和劳动的效率的影响系数，其值为大于0的常数。

同样，把信息技术进步的值定义为：

$$S_{it}=n\times Y_{it}\times (K_{it}\times L_{it})^{-1/2} \quad \cdots(4—54)$$

其中：

S_{it} 为时间 t 的信息技术进步的值；

Y_{it} 为时间 t 的信息技术的社会总产出；

K_{it} 为时间 t 的信息技术总资本投入量；

L_{it} 为时间 t 的信息技术劳动总量；

n 为信息技术进步对信息技术投资和劳动的影响效率，其值为大于 0 的常数。

式（4—53）和式（4—54）中，其中的 Y'_t 是时间 t 的非信息技术的社会净产出，Y_{it} 是时间 t 的信息技术的社会净产出，这是因为信息技术进步也好，非信息技术进步也好，都会促进全社会的经济增长。在信息技术经济学的范畴里，信息技术进步首先应该是促进信息技术产业的发展，即首先表现的是信息技术领域的经济增长，然后通过信息技术产成品的利用，促进非信息技术领域的经济增长，从而实现整个社会经济的增长。比如电脑信息技术由原来的 CPU386 技术进步到 CPU586 技术，首先是表现为同等资金和劳动情况下，电脑的产值和销售收入的增加，然后这些生产出来的 CPU586 的电脑在社会经济活动中被消耗，促进了全社会的经济增长。因此任何一种信息技术或非信息技术对社会经济增长有两个阶段，即第一个阶段是信息技术产业内部的经济增长，第二个阶段是通过信息技术产成品的消费和利用带来其他非信息技术产业部门的经济增长，实现整个社会经济增长。因而本书中，上面两个函数公式即式（4—53）和式（4—54）中，Y'_t 是非信息技术的社会净产出，Y_{it} 是信息技术的社会净产出。

当然上面两个函数公式即式（4—53）和式（4—54）还是相对比较简单，也比较粗糙，要确切的准确反映它们之间的关系还有待于进一步研究，但式（4—53）和式（4—54）也可以反映信息技术进步和非信息技术进步对资金和劳动的利用效率的影响，m 和 n 作为技术进步对综合效率提高的一个因子，也应该确实存在。因而上面的公式可以看作是合理的，计算起来也可行。

把式（4—53）和式（4—54）分别代入信息技术经济增长模型即式（4—47）中，可以得到如下公式：

$$Y_t=e^{\sigma}K_t^{\alpha}K_{it}^{\alpha'}L_t^{\beta}L_{it}^{\beta'}S_t^{\gamma}S_{it}^{\gamma'}$$

$$=e^{\sigma}K_t^{\alpha}K_{it}^{\alpha'}L_t^{\beta}L_{it}^{\beta'}[m\times Y'_t\times(K_t\times L_t)^{-1/2}]^{\gamma}[n\times Y_{it}\times(K_{it}\times L_{it})^{-1/2}]^{\gamma'}$$

…（4—55）

其中:

$\alpha+\beta+\gamma+\alpha'+\beta'+\gamma'=1$; …（4—56）

Y_t 为时间 t 的全社会总产出;

Y'_t 为时间 t 的全社会非信息技术总产出;

Y_{it} 为时间 t 的全社会信息技术总产出;

σ 为常数;

α 为非信息技术总资本的产出弹性系数;

α' 为信息技术总资本的产出弹性系数;

β 为非信息技术劳动的产出弹性系数;

β' 为信息技术劳动的产出弹性系数;

γ 为非信息技术进步的产出弹性系数;

γ' 为信息技术进步的产出弹性系数;

K_t 为时间 t 的非信息技术总资本投入量;

K_{it} 为时间 t 的信息技术总资本投入量;

L_t 为时间 t 的非信息技术劳动总量;

L_{it} 为时间 t 的信息技术劳动总量;

m 为非信息技术进步对非信息技术投资和劳动的效率的影响系数;

n 为信息技术进步对信息技术投资和劳动的效率的影响系数;

t 为时间年限。

两边取自然对数，并展开，上述方程（4—55）可变为:

$$LnY_t=\sigma+\alpha LnK_t+\alpha' LnK_{it}+\beta LnL_t+\beta' LnL_{it}+\gamma Lnm+\gamma Ln[Y'_t(K_t\times L_t)^{-1/2}]$$
$$+\gamma' Lnn+\gamma' Ln[Y_{it}(K_{it}\times L_{it})^{-1/2}] \quad …（4—57）$$

上式（4—57）移位，方程可变为:

$$LnY_t=\sigma+\gamma Lnm+\gamma' Lnn+\alpha LnK_t+\alpha' LnK_{it}+\beta LnL_t+\beta' LnL_{it}$$
$$+\gamma Ln[Y'_t(K_t\times L_t)^{-1/2}]+\gamma' Ln[Y_{it}(K_{it}\times L_{it})^{-1/2}] \quad …（4—58）$$

上式（4—58）合并同类项，同时由于 σ、γLnm、$\gamma' Lnn$ 客观上都是一个常数，因此可以令:

$$\varepsilon=\sigma+\gamma Lnm+\gamma' Lnn \quad （4—59）$$

则式（4—58）可变为：

$$LnY_t=\varepsilon+\alpha LnK_t+\alpha' LnK_{it}+\beta LnL_t+\beta' LnL_{it}$$
$$+\gamma Ln\left[Y'_t(K_t\times L_t)^{-1/2}\right]+\gamma' Ln\left[Y_{it}(K_{it}\times L_{it})^{-1/2}\right] \quad \cdots(4—60)$$

其中：

$$\alpha+\beta+\gamma+\alpha'+\beta'+\gamma'=1; \quad \cdots(4—61)$$

Y_t 为时间 t 的全社会总产出；

Y'_t 为时间 t 的全社会非信息技术总产出；

Y_{it} 为时间 t 的全社会信息技术总产出；

ε 为常数；

α 为非信息技术总资本的产出弹性系数；

α' 为信息技术总资本的产出弹性系数；

β 为非信息技术劳动的产出弹性系数；

β' 为信息技术劳动的产出弹性系数；

γ 为非信息技术进步的产出弹性系数；

γ' 为信息技术进步的产出弹性系数；

K_t 为时间 t 的非信息技术总资本投入量；

K_{it} 为时间 t 的信息技术总资本投入量；

L_t 为时间 t 的非信息技术劳动总量；

L_{it} 为时间 t 的信息技术劳动总量；

t 为时间年限。

上式（4—60）中，除了 ε、α、α'、β、β'、γ、γ' 系数外，其他的值都是可知的，因此方程可解，取适当的样本数据，利用回归方程进行估计检验是可以计算出来的。

上面信息技术经济增长计算模型是完全站在一个全社会的经济增长角度出发考虑的，分析信息技术与全社会经济增长的关系，并区分了信息技术和非信息技术的产出弹性，如果再稍微进行改变一下，也可以适用于信息技术部门内的经济增长计算。在信息技术生产部门，可以简单认为是没有非信息技术资本、非信息技术劳动力和非信息技术进步的投入，可以认为所有的资金投入就是信息技术资金投入、所有劳动力投入都是信息技术劳动力投入、所有技术进步都是信息技术进步。

因此，宏观经济增长模型

$$Y_t=e^{\sigma}\times K_t^{\alpha}K_{it}^{\alpha'}L_t^{\beta}L_{it}^{\beta'}S_t^{\gamma}S_{it}^{\gamma'} \quad \cdots(4—62)$$

其中：

$$\alpha+\beta+\gamma+\alpha'+\beta'+\gamma'=1; \quad \cdots(4—63)$$

经过修正后可以成为信息技术产业部门内的经济增长模型，即：

$$Y_{it}=e^{\sigma}\times K_{it}^{\alpha'}L_{it}^{\beta'}S_{it}^{\gamma'} \quad \cdots(4—64)$$

其中：

$$\alpha'+\beta'+\gamma'=1; \quad \cdots(4—65)$$

和宏观经济增长模型一样，令

$$S_{it}=nY_{it}(K_{it}\times L_{it})^{-1/2} \quad \cdots(4—66)$$

然后两边取对数，模型变为：

$$LnY_{it}=\varepsilon+\alpha'LnK_{it}+\beta'LnL_{it}+\gamma'Ln[Y_{it}(K_{it}\times L_{it})^{-1/2}] \quad \cdots(4—67)$$

其中：

$$\varepsilon=\sigma+\gamma'Lnn \quad \cdots(4—68)$$

$$\alpha'+\beta'+\gamma'=1 \quad \cdots(4—69)$$

Y_{it} 为时间 t 的全社会信息技术总产出；

ε 为常数；

α' 为信息技术总资本的产出弹性系数；

β' 为信息技术劳动的产出弹性系数；

γ' 为信息技术进步的产出弹性系数；

K_{it} 为时间 t 的信息技术总资本投入量；

L_{it} 为时间 t 的信息技术劳动总量；

S_{it} 为时间 t 的信息技术进步；

t 为时间年限；

n 为信息技术进步对信息技术投资和劳动的效率的影响系数。

该方程也是可解。

4.3.8.3 宏观信息技术经济增长模型数据检验

参照有关数据，根据我国现有的数据如下表4–2，按照上面宏观信息技术经济增长模型和计算方法进行数据校验。

表4-2　宏观信息技术经济增长模型校验数据表一　　（单位：亿元）

年份 T	全社会总净产出 Y	非信息技术总资本投入量 K_t	信息技术总资本投入量 K_{it}	非信息技术劳动总量 L_t（万人）	信息技术劳动总量 Lit（万人）	全社会非信息技术总净产出 Y_t	全社会信息技术总净产出 Y_{it}
2005	114622.587	83479.5	5124.5	75160.4	759.6	79569.09	35053.497
2004	99890.557	66103.41	4373.99	74521	601	70713.31	29177.247
2003	85970.687	51487.9	4078.7	73945.72	486.28	64914.971	21055.716
2002	78140.517	39810.66	3689.24	73357.57	382.43	58252.341	19888.176
2001	73824.997	33195.1	4018.4	72668.9	356.1	57325.657	16499.34
2000	69140.197	29393.5	3524.2	71740	345	55657.917	13482.28
1999	64579.667	27101	2754	71072	322	53093.967	11485.7
1998	63401.827	25744	2662	70340.7	296.3	53690.727	9711.1
1997	61884.447	22931	2387	69556.6	263.4	53748.147	8136.3
1996	57459.077	21129.03	1845	68722	228	50460.077	6999
1995	50037.92	18369.3	1650	67865	200	43901.42	6136.5
1994	40066.83	15472.1	1570	67263	192	34600.33	5466.5
1993	29462.75	11792.3	1280	66623	185	24426.25	5036.5
1992	22644.47	7045.1	1035	65982	170	17865.77	4778.7
1991	18340.04	4704.5	890	66002	150	13692.84	4647.2
1990	15739.29	3737	780	64614	135	11234.89	4504.4

（资料来源：国家统计年鉴2005年度，http://www.stats.gov.cn, 国家工业和信息化部统计报告，http://www.mii.gov.cn，部分数据为笔者根据上述数据来源整理计算而出，其中资本投入和净产出单位为亿元，劳动投入单位为万人。）

对上表数据进行转化，按照回归分析该方程

$$LnY=\varepsilon+\alpha LnK_t+\alpha' LnK_{it}+\beta LnL_t+\beta' LnL_{it}+\gamma Ln\left(Y_t/\sqrt{K_t\times L_t}\right)+\gamma' Ln\left(Y_{it}/\sqrt{K_{it}\times L_{it}}\right)$$

…（4—70）

所需，得出新的数据排列，如下表4-3：

表4–3 宏观信息技术经济增长模型校验数据表二 （单位：无）

年份T	LnY	LnK_t	LnL_t	$Ln[Y_t/(K_t \times L_t)^{1/2}]$	LnK_{it}	LnL_{it}	$Ln[Y_{it}/(K_{it} \times L_{it})^{1/2}]$
2005	30.070081	29.753037	20.43772	4.6096831	26.962469	15.84313	7.4825107
2004	29.932511	29.519656	20.429177	4.6126534	26.804112	15.60894	7.4953017
2003	29.782442	29.269783	20.421427	4.6559094	26.734214	15.39712	7.3099384
2002	29.686945	29.012571	20.413441	4.6802143	26.633857	15.15689	7.4231902
2001	29.630133	28.830838	20.404009	4.7597606	26.71932	15.08555	7.2293205
2000	29.564572	28.70921	20.391144	4.7974835	26.588089	15.05388	7.1088251
1999	29.496336	28.628007	20.381789	4.7956015	26.34149	14.98489	7.1063476
1998	29.477929	28.576638	20.371446	4.8376344	26.307514	14.90171	6.9970923
1997	29.453705	28.460926	20.360237	4.9021641	26.198473	14.78401	6.9335278
1996	29.379509	28.379084	20.348165	4.885994	25.940915	14.63969	6.9839027
1995	29.241217	28.239117	20.335616	4.8230162	25.829211	14.50866	6.973756
1994	29.018985	28.067474	20.326706	4.6752091	25.779512	14.46784	6.9034009
1993	28.711563	27.795883	20.317146	4.4675802	25.575296	14.4307	6.9421513
1992	28.448352	27.280768	20.307478	4.4171996	25.362837	14.34614	7.0381164
1991	28.237523	26.876956	20.307781	4.352941	25.211902	14.22098	7.148262
1990	28.084596	26.646719	20.286527	4.2808372	25.079975	14.11562	7.2356958

（注：该表是采用前表数据经过运算得出的）

运用计算机电子表格程序微软的办公软件Excel2003版的数据分析功能对上表数据进行回归分析，得出回归方程的结果为：

$$\mathbf{LnY}=19.8739+0.4205LnK_t+0.0893LnK_{it}-0.6477LnL_t$$
$$+0.1417Ln\ L_{it}+0.8761Ln(Y_t/\sqrt{K_t \times L_t})+0.2979Ln(Y_{it}/\sqrt{K_{it} \times L_{it}}) \quad \cdots(4—71)$$

其中1.8息技术经济增长模型中的生产要素产出弹性系数分别为：

非信息技术总资本的产出弹性系数 α 为0.4205；

信息技术总资本的产出弹性系数 α' 为0.0893；

非信息技术劳动力的产出弹性系数 β 为–0.6477；

信息技术劳动的产出弹性系数 β' 为0.1417；

非信息技术进步的产出弹性系数 γ 为0.8761；

信息技术进步的产出弹性系数 γ' 为0.2979；

ε 常数为19.8739；

把这些系数代入模型：

$$Y_t=e^{\sigma}\times K_t^{\alpha}K_{it}^{\alpha'}L_t^{\beta}L_{it}^{\beta'}S_t^{\gamma}S_{it}^{\gamma'} \quad \cdots(4—72)$$

得出我国现有的宏观经济增量模型为[①]：

$$Y_t=e^{\sigma}\times K_t^{0.4205}K_{it}^{0.0893}L_t^{-0.6477}L_{it}^{0.1417}S_t^{0.8761}S_{it}^{0.2979} \quad \cdots(4—73)$$

其中：

$$\sigma+0.8761Lnm+0.2979Lnn=19.8739 \quad \cdots(4—74)$$

$$S_t=m\times\frac{Y_t}{\sqrt{K_t\times L_t}} \quad \cdots(4—75)$$

$$S_{it}=n\times\frac{Y_{it}}{\sqrt{K_{it}\times L_{it}}} \quad \cdots(4—76)$$

再回过头来分析这些产出弹性系数的结果，非信息技术资本的产出弹性还比信息技术资本的产出弹性要高；非信息技术进步的产出弹性系数也要比信息技术进步的产出弹性系数要高；非信息技术劳动力的产出弹性系数甚至还出现了负数；表明上看起来很不合理，尤其是和文中信息技术经济效果系数有很大不同。

其实不然，以下做进一步分析：

非信息技术资本的产出弹性还比信息技术资本的产出弹性要高，以及非信息技术进步的产出弹性系数也要比信息技术进步的产出弹性系数要高，正好说明了我国目前正处于所谓的“IT生产率悖论”阶段；这在美国上世纪80年代到近上世纪末，也都是处于这样一个阶段，即有很大的信息技术投入，却对经济增长的贡献不大，表面上看信息技术对生产率和社会经济增长都不如非信息技术，这是每个国家在一开始发展信息技术和信息技术产业的过程中必须要走的一个过程，时间甚至需要长达

① 该模型经过进一步的数学方法运算，还可以把 σ、m、n 等常数计算出来，本书不做详细介绍。

十几年。这也提醒我们在发展信息技术和信息技术产业的过程中，必须要正确认识“IT生产率悖论”现象，应该坚持不懈的发展我国信息技术和信息技术产业。

非信息技术劳动力的产出弹性系数甚至还出现了负数，说明了我国非信息技术劳动力太多了，即使现在增长非信息技术劳动力也只会引起经济的负增长，增加非信息技术劳动力的投入只会对经济增长和生产率的提高产生负的贡献。这提醒我国企业改革仍然应该减员增效；走提高劳动生产率的方式实现经济增长。

当然，这个回归模型也可能会存在一些问题，正如前文分析的那样，这个模型没有考虑各个信息技术的产出弹性系数在其相应的寿命周期内应该是每年逐步提高的，而不是一成不变。

4.3.8.4 中观信息技术经济增长模型和计算方法

在宏观信息技术经济增长计算模型和方法中，分析了信息技术与全社会经济增长的关系，并区分了信息技术和非信息技术生产要素的产出弹性，从而得出了包含信息技术投入和进步的宏观经济增长模型。

这个模型稍微改变一下，也可适用于信息技术部门内的经济增长计算。在信息技术生产部门，可以简单认为是没有非信息技术资本、非信息技术劳动力和非信息技术进步的投入，可以认为所有的资金投入就是信息技术资金投入、所有劳动力投入都是信息技术劳动力投入、所有技术进步都是信息技术进步。

因此，宏观经济增长模型

$$Y_t = e^{\sigma} \times K_t^{\alpha} K_{it}^{\alpha'} L_t^{\beta} L_{it}^{\beta'} S_t^{\gamma} S_{it}^{\gamma'} \qquad \cdots(4\text{—}77)$$

经过修正后可以成为中观的或信息技术产业部门内的经济增长模型，即：

$$Y_{it} = e^{\sigma} \times K_{it}^{\alpha'} L_{it}^{\beta'} S_{it}^{\gamma'} \qquad \cdots(4\text{—}78)$$

和宏观经济增长模型一样，令

$$S_{it} = n \times \frac{Y_{it}}{\sqrt{K_{it} \times L_{it}}} \qquad \cdots(4\text{—}79)$$

然后两边取对数，模型变为：

$$LnY_{it}=\varepsilon+\alpha' LnK_{it}+\beta' LnL_{it}+\gamma' Ln(Y_{it}/\sqrt{K_{it}\times L_{it}}) \quad \cdots(4—80)$$

其中：

$$\varepsilon=\sigma+\gamma' Lnn \quad \cdots(4—81)$$

Y_{it} 为全社会信息技术总净产出；

ε 为常数；

α' 为信息技术总资本的产出弹性系数；

β' 为信息技术劳动的产出弹性系数；

γ' 为信息技术进步的产出弹性系数；

K_{it} 为信息技术总资本投入量；

L_{it} 为信息技术劳动总量；

S_{it} 为信息技术进步；

t 为年限；

n 为信息技术进步对信息技术投资和劳动的效率的影响系数。

4.3.8.5 中观信息技术经济增长模型数据检验

根据我国现有的数据如下表4-4，按照上面中观信息技术经济增长模型和计算方法进行数据校验。

表4-4 1990~2005年中观信息技术经济增长模型校验数据表一

年份 T	全社会信息技术总净产出 Y_{it}（亿元）	信息技术总资本投入量 K_{it}（亿元）	信息技术劳动总量 L_{it}（万人）
2005	35053.497	5124.5	759.6
2004	29177.247	4373.99	601
2003	21055.716	4078.7	486.28
2002	19888.176	3689.24	382.43
2001	16499.34	4018.4	356.1
2000	13482.28	3524.2	345
1999	11485.7	2754	322
1998	9711.1	2662	296.3

（续表）

年份 T	全社会信息技术总净产出 Y_{it}（亿元）	信息技术总资本投入量 K_{it}（亿元）	信息技术劳动总量 L_{it}（万人）
1997	8136.3	2387	263.4
1996	6999	1845	228
1995	6136.5	1650	200
1994	5466.5	1570	192
1993	5036.5	1280	185
1992	4778.7	1035	170
1991	4647.2	890	150
1990	4504.4	780	135

（数据来源：国家统计年鉴2005年度，http://www.stats.gov.cn, 国家工业和信息化部统计报告，http://www.mii.gov.cn，部分数据为笔者根据上述数据来源计算而出，其中资本投入和净产出单位为亿元，劳动投入单位为万人。）

对上表数据进行转化，按照回归分析该方程

$$LnY_{it}=\varepsilon+\alpha' LnK_{it}+\beta' LnL_{it}+\gamma' Ln(Y_{it}/\sqrt{K_{it}\times L_{it}}) \quad \cdots (4—82)$$

所需，得出新的数据排列，如下表4–5：

表4–5　1990~2005年中观信息技术经济增长模型校验数据表二

年份 T	LnY_{it}	LnK_{it}	LnL_{it}	Ln $[Y_{it}/(K_{it}\times L_{it})^{1/2}]$
2005	10.464631	26.962469	15.84313	7.4825107
2004	10.281144	26.804112	15.60894	7.4953017
2003	9.9549273	26.734214	15.39712	7.3099384
2002	9.8978807	26.633857	15.15689	7.4231902
2001	9.7110757	26.71932	15.08555	7.2293205
2000	9.5091315	26.588089	15.05388	7.1088251
1999	9.3488581	26.34149	14.98489	7.1063476
1998	9.1810248	26.307514	14.90171	6.9970923

（续表）

年份 T	LnY_{it}	LnK_{it}	LnL_{it}	$Ln[Y_{it}/(K_{it}\times L_{it})^{1/2}]$
1997	9.0040908	26.198473	14.78401	6.9335278
1996	8.8535226	25.940915	14.63969	6.9839027
1995	8.7220098	25.829211	14.50866	6.973756
1994	8.6063938	25.779512	14.46784	6.9034009
1993	8.5244667	25.575296	14.4307	6.9421513
1992	8.4719238	25.362837	14.34614	7.0381164
1991	8.4440202	25.211902	14.22098	7.148262
1990	8.41281	25.079975	14.11562	7.2356958

（注：该表是采用前表数据经过运算得出。）

运用计算机电子表格程序微软的办公软件Excel2003版的数据分析功能对上表数据进行回归分析，得出回归方程的结果为：

$$LnY_{it} = -18.4207+0.499133L_nK_{it}+0.500867L_nL_{it}+0.999408L_n(Y_{it}\sqrt{K_{it}\times L_{it}}) \quad \cdots(4—83)$$

其中 $R^2=1$, t检验为 −533203.3144，F值为865814723528.9，置信度95%，n为16。

由于 R^2 等于1，且t检验和F值都明显偏离正常值，未通过检验，因此，可以认为回归结果不可以接受。

为什么会出现这种情况呢？主要原因就是因为有了信息技术进步因子，而这个因子又是和信息技术部门总净产值是关联的，并用了信息技术部门总净产值和信息技术资本与劳动力三者计算的方式来表达；客观上造成了系数存在1:1的直线关联的可能。

为此，需要重新构建中观/产业部门信息技术经济增长模型。对于信息技术产业部门内，信息技术进步的影响主要是通过劳动力的效率提高和部分信息技术投资回报率的提高来体现的，技术进步都会直接对部门内的经济增长产生全部作用，因此我们可以把信息技术进步因子去掉，仅仅保留信息技术资本和信息技术劳动力投入因子就可以了。

因此中观/信息技术产业部门内的信息技术经济增长模型可以调整为：

$Y_{it}=e^{\sigma} \times K_{it}^{\alpha'} L_{it}^{\beta'}$ …（4—84）

两边取对数得新的模型为：

$LnY_{it}=\sigma+\alpha' LnK_{it}+\beta' LnL_{it}$ …（4—85）

列出1990~2005年的LnY_{it}、LnK_{it}、LnL_{it}的值，采用回归分析法，

得方程：

$LnY_{it}=-11.665736+0.082121LnK_{it}+1.261683LnL_{it}$ …（4—86）

其中$R^2=0.9697$, t检验为-6.05209，F值为208.025643，置信度95%，n为16。

由于R^2非常接近于1，且t检验和F值都通过检验，因此，可以认为回归结果可以接受。

所以，各信息技术经济增长模型中的生产要素产出弹性系数分别为：

信息技术资本的产出弹性系数 α' 为0.082121；

信息技术劳动力的产出弹性系数 β' 为1.261683；

σ 常数为-11.665736；

把这些系数代入模型：

$Y_{it}=e^{\sigma} \times K_{it}^{\alpha'} L_{it}^{\beta'}$ …（4—87）

得到我国现阶段在信息技术产业部门内的信息技术经济增长模型为：

$Y_{it}=e^{-11.665736} \times K_{it}^{0.082121} L_{it}^{1.261683}$ …（4—88）

模型中 σ 常数为-11.665736说明了在信息技术更新快，间接说明了信息技术的高可竞争性和替代性，一旦没有新的信息技术跟进，没有新的信息技术资金投入和劳动力投入的增长，部门内经济增长将会呈现下降；信息技术劳动力的产出弹性系数远远比信息技术资本的产出弹性系数要大，说明了在我国现阶段，信息技术对经济的增长主要还是体现在

信息技术劳动力的生产率的提高上，而信息技术资本对信息技术产业部门内的经济增长贡献度不大。这提醒我们，要提高信息技术产业部门的经济增长就应该把主要着落点放在信息技术人才的培养上，扩大信息技术人才的数量和投入量，其次才是增加信息技术的资金投入。

4.3.8.6 微观信息技术经济增长计算方法

上面是宏观和中观经济领域的信息技术经济增长模型，但不适用于微观经济领域的信息技术经济增长计算。因为站在微观组织里看，一般来说，主观意义上都是只考虑内部组织的绩效，不会考虑整个社会的经济效果，只要是不违反法律，微观组织在做任何信息技术方案比较和评价时都会只考虑本组织的利益。

目前在企业微观经济活动中，计算经济增长的理论和方法有很多。在此，本书在前面已经介绍了一种理论和方法：经济增加值（EVA）评价和计算方法。其模型是：

$$EVA = NOPAT - TC \times WACC = (RROI - WACC) \times TC \quad \cdots(4\text{—}89)$$

其中：

NOPAT（Net Operation Profit after Tax）是调整后的税后净营业利润；

TC（Total Capital）是使用的全部资本即资本总额；

WACC 是以债务资本成本和权益资本成本所占比例为权数计算的加权平均资本成本率，即投资成本和资本成本加权后的资本使用成本率；

RROI（Rate Return of Investment）是投资报酬率。

当然，也可以使用投入产出表① 进行微观信息技术经济增长分析。投入产出分析是一个专门的计算分析工具，本书中不做详细介绍，详情可以参考李子奈教授编著的《计量经济学——方法和应用》一书（清华大学出版社 1992 年版）。

---

① 投入产出表分析法，也可以用于宏观信息技术经济增长计算，但笔者认为，由于投入产出分析工具的特征因素，可能更适合微观企业和中观 / 部门经济领域的信息技术经济增长计算。对于宏观，由于数据资料不一定全面，特别是信息技术方面的数据，另外投入产出关系的不确定性也在一定程度上限制了它的使用。

4.3.9 信息技术经济风险控制方法

信息技术经济风险控制最主要的一环就是风险评估。信息技术经济风险评估可以采用类似德尔菲（Delphi）法的风险评估树模型，信息技术经济风险评估树就是运用技术经济学的方法，构造一个决策树型的模型工具，通过分区分层分级评估各个节点上的风险，最后归纳汇总成整体的风险评估值。风险评估树中的每个节点都会对应信息技术的一个子域，而每个节点都会对应信息技术的一个元域。通过确定每个节点的权重和风险值，就可以构造出风险评估树。借助风险评估树，可以比较不同信息技术所面临的风险值的大小，也可以比较同一个信息技术中不同层次的信息技术域之间所面临的风险值的大小，帮助我们控制和解决信息技术中的风险问题。值得注意的是，某些域或子域的风险权重可能不一定很大，但是，有些域或子域甚至节点都可能具有"一票否决"功能，也就是说，某些域或子域甚至节点一旦风险很高，如在安全性或保障上接近于零，则意味着整个信息技术方案必须要被"否决"。这样的事例很多，比如在国防事业中，国外公司的某项信息技术解决方案即使在技术上非常先进，功能上非常完备，也符合使用单位的业务需求，但是由于该信息技术方案是由国外公司提供，存在安全漏洞，容易泄密，那整个方案则不可行！

信息技术的技术风险评估树模型可以分成不同的域（Domain），每一个域能被分解成子域（Sub-Domain）。这种分解过程能够不断重复，直到取得可以加以评估的最小单位——元域（Elementary Domain）。对树中的每个非元域节点而言，通过一定的标准确定其子节点的权重；而对于每个元域，则进行控制性测试，找出可能面临的威胁和风险，并对风险进行定量化，计算其对应的风险值。通过这种权重和风险的定量化设置就可以计算出每个节点对应的风险值。通过对这些风险值的比较，就可以比较出各个信息系统之间所面临的风险的大小。这样，信息技术的域、节点权重以及节点的风险值就被组合形成一个有层级关系的风险评估树。在风险评估树中，其节点定义如下：

非终端的节点代表域，如信息技术方案的技术性能、信息技术方案的业务功能、信息技术方案的管理维护、信息技术方案的实施应用等；

非终端的节点代表子域，如信息技术方案的技术性能域中的开发方法、开发过程、系统安全性等；

终端节点代表元域而言，由于元域是评估的最小单位，所以需要分析元域可能出现的各种威胁，也就是风险评估树中的控制测试点。如信息技术方案的技术性能域中的开发方法子域中的开发流程、系统文档；开发过程子域中的质量控制流程、测试报告等。

当分析一个特定的域时，给每个节点都授予一个权重（Weight），这样就形成了一个定制子树（Customized Subtree）。对每个终端节点（也就是控制测试点），则赋予一个分数（Grade）。根据所赋予的权重和分数，就能确定信息技术中的不同域的综合分数。整个的信息技术风险评估树模型如下图：

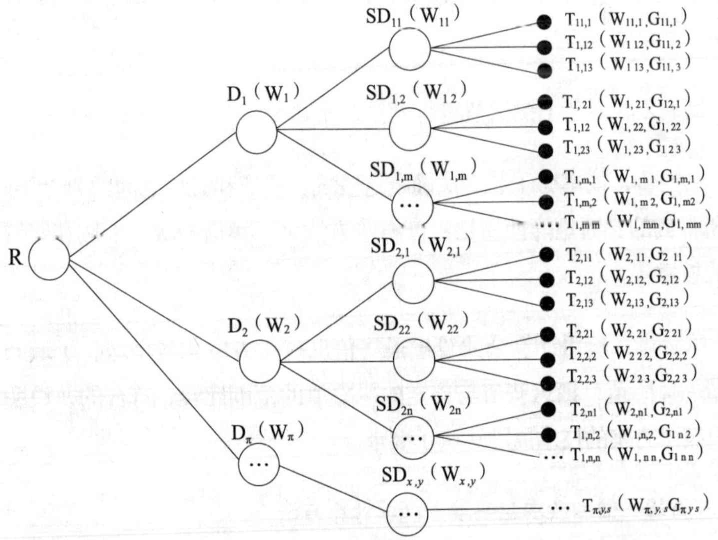

图4–14 信息技术经济风险评估树模型

其中 R 代表根，即最终信息技术风险评估值，D 代表域（Domain），

SD 代表子域（Sub Domain），T 代表某个元域的测试（Test），G 代表某个元域的测试分数（Grade），而 W 代表权重（Weight），上面的域、子域、元域都有可能多个。

信息技术风险评估树模型的计算方法为：

$$R=\Sigma D_x(W_x)=\Sigma SD_{x,y}(W_{x,y})=\Sigma T_{x,y,z}(W_{x,y,z},G_{x,y,z})=\Sigma(W_{x,y,z}\times G_{x,y,z}) \quad \cdots(4\text{—}90)$$

比如，在上图中域 D_2（W_2）中的 $SD_{2,2}$（$W_{2,2}$）子域的风险值为各个元域的权重乘于分值，即：

$$R(SD_{2,2}W_{2,2})=W_{2,2,1}\times G_{2,2,1}+W_{2,2,2}\times G_{2,2,2}+W_{2,2,3}\times G_{2,2,3} \quad \cdots(4\text{—}91)$$

同样还可以继续算出各个子域和域的风险值，最后得出根的值即信息技术的总的技术风险值。

至于每个元域的测试分值可能不同单位或量纲，以及每层的权重确定，都可以采用德尔菲和层次分析法（Analytic Hierarchy Process. 简称 AHP）的办法确定：

第一步，对各个测试值进行无量纲化处理；

第二步，使用德尔菲方法确定这些域、子域和元域之间的判断矩阵；对所得到的判断矩阵使用层次分析法方法来得到这些域、子域和元域之间的权重；

第三步，运用计算公式算出最终信息技术方案和各个域、子域乃至元域的风险值；把这些值与预定的风险值的范围比较，符合的，说明该信息技术方案的技术风险达到了要求。

4.3.10 信息技术全要素生产率计算方法

4.3.10.1 全要素生产率

全要素生产率是近来研究的热点，它是反映一个国家、地区、产业内生增长的一个重要指标。全要素生产率是荷兰著名经济学家丁伯根（Tinbergen）于上世纪40年代初提出的。1942年，丁伯根在《世界经济文献》杂志上发表了一篇题为“关于趋势运动的理论”文章。在该文中，丁伯根定义了全要素生产率并比较了法国、德国、英国和美国从1870 ~ 1914年间的实际产出、实际要素投入和全要素生产率的变动趋势。[①] 斯蒂格勒（Stigler）于1947年独立提出全要素生产率概念并进行了研究，计算了美国制造业的全要素生产率。[②]1951年，约翰·肯德里克（John Kendrick）在美国的收入与财富研究大会上详尽地阐述了全要素生产率概念。1961年肯德里克出版了《美国生产率趋势》一书，他在这部著作中指出，生产率是产出与投入的比率，本质上反映了人自身摆脱贫困的能力或努力。丹尼森（Denison）针对要素生产率的增长率无法直接计算的难题，他用产出量增长率和要素投入量增长率之差的“剩余”作为对要素生产率增长率的计量。[③]70年代以来，西方经济理论界对全要素的研究继续加强实际分析的同时，对已有的全要素生产率理论不断进行补充和完善。

1983年，《经济学译丛》刊登了美国学者杰罗姆·马克（Jerome Mark）的文章“生产率的计量”，该文介绍了西方生产率理论并提到了生产率的“多要素”、“全要素”计量法。我国学者真正开始对全要素生产率的研究始于1986年。当年，胡祖光率先对全要素生产率展开了研究。[④] 关于生产率的研究可以说是技术经济学领域内一项重要的研究内容，对全要素生产率的研究在技术经济学的快速发展期内还较少，进入90年代，我国学者对全要素生产率的研究才逐步走向深入。

---

① 冯海发等．西方经济理论界对总要素生产率的研究动态［J］．北京：经济学动态．1990年5月．

② George J. Stigler. Trends in Output and Employment［J］.New York：National Bureau of Economic Research（NBER）. 1947.

③ J.W.Kendrick. Productivity Trends in The united States.［M］.Princeton：Princeton university Press. 1961.

④ 胡祖光．全要素生产率：理论与实证研究［J］．北京：管理现代化．1986年2月．

4.3.10.2 信息技术与全要素生产率

信息技术对经济增长的贡献并不是一开始就十分明显，而是经历了相当长的过程后，直到上世纪90年代末才在GNP或生产率中表现出来。期间比较有名的就是由诺贝尔经济学奖得主索罗在1987年提出的“IT生产率悖论”：即社会信息技术投入不断增加，信息技术对社会产出的贡献也不断增加，但贡献幅度很小，也就是说IT投资增长很快，但IT投资增大并未使经济增长幅度加大。索罗长期研究技术进步与美国生产率变化的经济学家，他一提出这个观点，马上引起了全球学者和IT界的广泛关注，对信息技术的发展产生了广泛的质疑，根据数据统计和分析，大家确实发现：IT技术和信息产业确实对GNP或总体生产率没有什么显著贡献。

表4–6　1947 ~ 1992年美国计算机对产出增长的贡献（单位：%）

时间期	总增长	资本贡献		
		总贡献	非计算机贡献	计算机贡献
1947~1992	3.42	1.47	1.26	0.21
1947~1953	5.46	1.92	1.92	0
1953~1957	2.14	1.42	1.42	0
1957~1960	2.39	0.83	0.83	0
1960~1966	5.38	1.36	1.36	0.1
1966~1969	2.61	1.74	1.74	0.2
1969~1973	3.67	1.4	1.4	0.24
1973~1979	2.63	1.19	1.19	0.26
1979~1985	2.89	0.76	0.76	0.52
1985~1992	2.49	0.88	0.88	0.38

（数据来源：Jack E.Triplett, The Solow Productivity Paradox,What Do Computers Do to Productivity。）

为什么IT价格大幅下降，IT投资增长很快，但IT投资增大并未使经济增长幅度加大，造成这种结果的原因，美国经济学者乔根森（Jorgenson）和斯提洛（Stiroh）（简称J&S）和奥利纳（Oliner）和西切尔（Sichel）（简称O&S）认为是因为IT投入初期占总投资比例较小所致。如下表4–7：

表4–7 J&S和O&S对IT投资与经济增长数据表

IT类型	O&S的研究（1993年数据）		J&S的研究（1993年数据）	
	占存量份额	占收入份额	占存量份额	占服务份额
计算机设备	2	0.9	0.5	1.8
信息处理设备	11.7	3.5	–	–
计算机硬件软件及劳动	–	2.7	–	–

（数据来源：Jack E.Triplett, The Solow Productivity Paradox,What Do Computers Do to Productivity。）

如上面数据表明：O&S的研究中计算机设备占资本存量的份额只有2.0%，而J&S的研究中只有0.5%。随着IT占总投资的比重有所提高，IT对经济增长的影响会改善。

经过广大经济学家包括美国经济学家乔根森、斯提洛和奥利纳、西切尔继续研究，终于在上世纪90年代中后期发现，计算机．互联网等IT信息技术和信息产业提高了美国的生产率，并通过替代其他生产要素而带动了美国的经济增长。根据乔根森和斯提洛（1995）的研究，1993年美国的GDP达到了1730亿美元，其中计算机的贡献为290亿美元占总量的16.76%，资本的贡献为460亿美元占总量的26.59%，多要素生产率的贡献是400亿美元占总量的23.12%，计算机贡献比例不低。布伦乔尔森（Brynjolfsson）和希特（Hitt）研究发现IT资本对产出增长的贡献年均1%，超过了一般资本的贡献水平，贡献是非常独特的。到1999年美国商业部认为，IT生产行业增长显著，在经济中所占份额不断增加。统计也显示美国整个经济产出中IT贡献占到了三分之一。其他一些相关研究也得到了类似结果。如下表4–8：

表4–8 国外对IT生产率研究数据表

研究人员	研究时间	研究时期	IT对产出贡献	其他条件
Oliner&Sichel	1994	1970 ~ 1992	0.16%–0.38%	假设计算机资本的各种超额收益
Romer	1986–1987	1970 ~ 1992	0.32%	假定实物资本是正的外生变量的条件下
Brynjolfsson&Hitt	1993	1970 ~ 1992	0.35%。	–
Alan&Kruege	1993	1970 ~ 1992	0.38%	–
Jorgenson&Stiroh	1995	1979 ~ 1992	0.38%–0.52%	其他资本的贡献0.72%。
Brynjolfsson&Hitt	1994	1988 ~ 1992	1%	–
Lau&Tokutsu	1992	30年	50%	–

（数据来源：Barry P. Bosworth and Jack E. Triplett, what's new about the new economy? It, economic growth and productivity。）

美国经济在1950 ~ 1970年这个时期是增长的。20世纪70年代两次石油危机、原材料的短缺等一系列问题，使经济从1973年开始下降（一般以1973年为界进行研究）。1973 ~ 1995年美国经济平均增长只有3%，但1995 ~ 1999年，经济增长则达到了4.8%。乔根森和斯提洛（2000），奥利纳和西切尔（2000）就IT对美国经济增加的影响分1973 ~ 1995年和1995 ~ 1999年两期进行了研究，得到的结论是：虽然资本投入对经济增长的贡献减少，但IT投入对经济增长的贡献是不断加大的。依O&S的研究IT对经济增长的贡献从17.11%上升到22.82%。由J&S的研究IT对经济增长的贡献从13.16%上升到19.87%。与其他资本投入和劳动投入相比，IT投资对经济增长的加速贡献是最大的，两项研究对增长的加速分别是32.07%和31.95%（见表4–9），而对应的其他资本投入对加速的影响只是–0.54%和5.92%。非IT资本在90年代后期对经济增长加速的贡献不大，甚至有减少的趋势。如下表4–9：

表4–9　J&S和O&S对IT投资与经济增长贡献数据表

研究者	时期	经济增长	资本增长	资本增长贡献	IT增长	IT增长贡献	非IT资本增长	非IT资本贡献
O&S	1973 ~ 1995	1.27	42.62	17.11	0.51	17.11	0.76	25.5
	1995 ~ 1999	1.85	38.38	22.82	1.1	22.82	0.75	15.56
	增长加速	0.58	31.52	32.07	0.59	32.07	−0.01	−0.54
J&S	1973 ~ 1995	1.53	50.33	13.16	0.4	13.16	1.13	37.17
	1995 ~ 1998	2.17	45.88	19.87	0.94	19.87	1.23	26
	增长加速	0.64	37.87	31.95	0.54	31.95	0.1	5.92

（数据来源：Barry P. Bosworth and Jack E. Triplett, what's new about the new economy? It, economic growth and productivity。）

美国商务部每年的研究报告也表明，电脑、通讯、计算机硬件和软件、信息服务产业等产值占美国总产值的比重逐年上升。索罗本人也在2000年承认了所谓的"IT生产率悖论"已经成为过去。

那么为什么会有十多年的"IT生产率悖论"阶段呢？其实，除了IT产业本身当时不够发达，计算机等信息技术设备占全国资本存量的比重比较低外，还有对计算机产值的估算过高；由于信息技术服务业的产出与价格不易衡量，因此在GDP和GNP中的地位被低估；以及计算机软硬件所引起的技术进步未能反映在统计数据上等原因；另一方面，由于学习效果、计算机等信息化使生产力下降，经过一段时间后，生产力才得以回升并超过以前的水平这一特定的信息技术作用路径的影响也是造成"IT生产率悖论"的原因。

信息技术与"IT生产率悖论"不应该成为我们不发展信息技术的发展和信息技术产业的理由。我们知道，美国在信息技术及信息技术产业上是走在世界的前列，我国的信息技术和信息技术产业也基本上跟随美国的发展而发展的，所以有人说，美国信息技术的昨天就是我们的今天，美国信息技术的今天就是我们的明天。也就说即使在美国这样一个在信息技术和信息技术产业上起步很早的国家，都需要经历一个超过十年的

"IT 生产率悖论"阶段，在这样的一个阶段，尽管家庭、企业、学校、个人以及经济部门等普及了计算机，但信息技术对经济的宏观效应仍不显著，也会有学者和业内人士对信息技术的发展和作用提出怀疑。那在我国也很有可能现在或将来要经历这样的一个阶段，也可能会有学者和业内人士对信息技术的发展和作用提出怀疑。因此，必须清楚地认识到信息技术对经济增长所起作用的特殊路径，坚定的相信信息技术对经济增长的巨大作用，坚定的大力发展我国信息技术和信息技术产业。

4.3.10.3 信息技术全要素生产率的计算方法

在对全要素生产率的估算中，现存方法大致分为参数估计和非参数估计两种。参数估计法的理论依据主要来自于索洛余值的思路，即预先设定生产函数，用回归分析的方法来确定表达式中参数，将误差项分为管理误差以及随机误差。非参数法无须预选设定生产函数形式，如常见的 DEA（数据包络分析方法），直接利用线性规划给出边界生产函数与距离函数的估算，从而避免了较强的理论约束。其优势是不需要人为设定各指标的权重，也无需事先给定生产前沿函数形式，同时能处理多个输入和输出[①]。

本书采用的理论方法主要基于法尔（Fare）等人（1994）的研究成果——以产出为基础的 Malmquist 生产率变化指数，其表达式为：

$$M_i^{t,t+1}(x^{t+1},y^{t+1},x^t,y^t)=\left(\frac{DV_i^{t+1}(x^{t+1},y^{t+1})}{DV_i^t(x^t,y^t)}\right)\times\left[\frac{DV_i^{t+1}(x^t,y^t)}{DC_i^{t+1}(x^t,y^t)}\bigg/\frac{DV_i^{t+1}(x^{t+1},y^{t+1})}{DC_i^{t+1}(x^{t+1},y^{t+1})}\right]\times\left[\frac{DC_i^{t+1}(x^t,y^t)}{DC_i^{t+1}(x^t,y^t)}\times\frac{DC_i^t(x^{t+1},y^{t+1})}{DC_i^{t+1}(x^{t+1},y^{t+1})}\right]^{\frac{1}{2}} \quad \cdots（4—92）$$

其中 $DV_i^t(x^t,y^t)$ 代表 t 期规模报酬可变下的投入产出组合 (x^t,y^t) 的距离函数。$DC_i^t(x^t,y^t)$ 代表 t 期规模报酬不变下的投入产出组合 (x^t,y^t) 的距离函数，可以解释为 t 期技术条件下给定投入向量 X^t[②]，产出向

① 章祥荪 贵斌威. 中国全要素生产率分析：Malmquist 指数法评述与应用［J］. 北京：数量经济技术经济研究. 2008年第6期.

② X^t 为 K*N 的向量，Y^t 为 M*N 的向量。

量 Y[t]① 最大可能扩张倍数的倒数，具体表达式为：

$$D_i^t(X^s,Y^s)=\inf\{\theta\left|(X^s,Y^s)/\theta\in S^t\right.\}=(\sup\{z\left|(X^s,zY^s)\in S^t\right.\})^{-1}$$

…（4—93）②

其中 S^t 定义为 t 期生产可能集。$D_i^t(x^s, y^s)$ 可以用线性规划来表示

$$\begin{aligned}[D_i^t(x^t,y^t)]^{-1}&=Max_{\phi,\lambda}\phi\\ s.t.-\phi y_i^t+Y^t\lambda&\geqslant 0\\ x_i^t-X^t\lambda&\geqslant 0\\ \lambda&\geqslant 0\end{aligned}$$

…（4—94）③

方程（4—93）中第一项为纯技术效率变化（Pure Technical Efficiency Change），用 Pech 来表示。第二项为规模效率变化（Scale Efficiency Change），用 Sech 来表示。第三项为技术水平变化（Technical Change），用 Tech 来表示。第一项与第二项的乘积为技术效率变化（Technical Efficiency Chang），用 Effch 来表示，有称之为追赶效应。当 $M_i^{t,t+1}>1$④ 时，表示 TFP 进步；当 $M^{t,t+1}<1$时，表示 TFP 退步。若 Pech、Sech、Tech 或者 Effch 即表明它是 TFP 增长的源泉，反之就是对于 TFP 有降低的作用。

在本书第6章中，将以我国软件行业为例，实证信息技术全要素生产率的计算。

4.3.11 其他计算方法

技术经济学最常用的数学及其计算工具有普通数学运算、优选法、微

① X^t 为 K*N 的向量，Y^t 为 M*N 的向量。

② 章祥荪　贵斌威．中国全要素生产率分析：Malmquist 指数法评述与应用［J］．北京：数量经济技术经济研究．2008年第6期．

③ 蔡跃洲　郭梅军．我国商业银行全要素生产率的实证分析［J］．北京：经济研究 2009年第9期．

④ Malmquist 指数还可以有多种其他的方法来计算。（卡乌斯（Caves）等，1982）本文中使用的是 DEA 线性规划的非参数方法。

分、矩阵、运筹学、概率论、数理统计、逐次近似法、电子计算机等①。近来也有越来越多的学者运用边际法、回归分析法、时间序列统计法、神经网络等等方法进行技术经济计算。随着技术的进步，计算机计算方法在技术经济学中的应用也越来越广泛，基本上所有的数学计算公式、技术经济计算方法都可以通过编成计算机程序，让计算机自动计算。现在，随着学科的发展，财务分析工具和计算方法如杜邦分析法等，也越来越多的得到运用；可行性分析②、③、价值工程原理和计算方法等也在相应的技术经济学学科领域④得到应用。

信息技术经济学作为一门新的技术经济学分支学科，决定了信息技术经济的计算方法可以使用技术经济学中的所有计算方法，同时还可以借鉴其他学科计算方法，包括价值工程原理和计算方法、可行性分析、财务评价和分析方法等等⑤。

4.4 信息技术经济学应用

信息技术经济学的应用范围和内容十分广泛，基本上在社会信息和信息技术经济活动中的每个方面都有涉及或都可以应用，包括宏观经济活动和微观经济活动中都会有信息技术经济学的应用⑥。

4.4.1 信息技术经济学在宏观经济中的应用

信息技术经济学在宏观经济中的应用非常广泛，从国家信息技术政策的制定、国家信息产业结构的调整、全国信息产业布局决策和各地区

① 徐寿波．技术经济学［M］．南京：江苏人民出版社．1988年．第408页．

② 张玉娥．可行性研究座谈会［J］．北京：煤炭工程．1980（4）．

③ 包宗华．美、英等国基本建设项目的可行性研究［J］．北京：经济管理．1980（2）．

④ 傅家骥 仝允桓．工业技术经济学［M］．北京：清华大学出版社．1996年3月．

⑤ 张才明．构建信息技术经济学学科体系［J］．北京：北京交通大学学报（社会科学版）．2006年12月．第5卷第4期．第23~24页．

⑥ 同上．

4 信息技术经济学

信息产业政策、到各种宏观信息技术的规划、设计和实施、到各种信息技术标准的制定等都是覆盖范围和领域[①]。

一、国家信息技术政策的制定

基本上国家所有的信息技术政策制定时或执行后，都可以用信息技术经济学的理论和方法进行方案比较、评价或评估，从而获得科学决策的重要依据。比如我国通讯行业的分业和分区的经营制度、软件企业先征后返的税收优惠政策、信息技术实行准入和备案制度等都是属于国家信息技术政策的范畴。

在软件业，多年来，我国政府一直对民族软件企业实现退税保护政策，凡是我国的民族软件企业在缴纳企业所得税17%后，在年底实现一次退返14%，先征后返的税收优惠政策自实现以来，给予了我国民族软件产业的极大促进作用，虽然国家损失了一定的税收，但如果用信息技术经济理论和方法来计算整个社会经济效果的话，还是划算，整个社会“福利”还是得到扩大。在对民族合法软件保护的同时，国家还出台了严厉措施和政策打击盗版非法软件，也是为了促进我国软件产业的发展。

对国外信息技术的准入制度和备案制度的制定和执行。这和信息技术本身的发展规律密切相关。前文提到，信息技术对国防和社会等各方面的影响力非常大，超过了一般意义上的技术，如计算机互联网信息技术和计算机软件技术，世界大多数国家都是对国外的信息技术实行市场准入制度和备案制度。在我国，对国外所有进入中国市场的软件产品实行软件登记、软件代码备案等制度，在互联网应用领域，实行登记备案之后，取得国家公安管理部门的许可才可以运营。在特别的行业和产业里面实行市场限制比如国防领域和国防装备业等，限制国外软件和解决方案等信息技术进入，目的就是除了要考虑信息技术的经济性外，更要考虑保护我国国防和国防工业的安全。这些信息技术经济制度问题用信息技术经济学的理论和方法就非常容易理解了。

① 张才明．构建信息技术经济学学科体系［J］．北京：北京交通大学学报（社会科学版）.2006年12月．第5卷第4期．第23~24页．

二、国家信息产业结构的调整

以计算机技术为例，全球计算机产业经过这么多年的发展，以美国为首和西欧、日本为第二梯队的信息产业发展局面，尤其是英特尔处理器－微软视窗（Interl–Windows）垄断的局面下，在操作系统和处理器甚至数据库软件，基本上都被国外垄断了，而且由于信息技术市场的天然壁垒和人们的操作习惯、学习过程等成本因素，使得后来者即使在技术上突破了垄断，要在市场上获得成功也非常难，即经济学者所说的信息技术存在高度“路径依赖”和“消费锁定”。那么怎样在计算机信息技术产业上获得发展呢？应该实行什么样的信息产业结构呢？是否和国外一样先从处理器、低层操作系统和数据库系统开始做呢？是否一样要发展这些产业呢？如果利用信息技术经济学的理论和方法进行评价一下的话，就会发现这很不经济，因为虽然技术上也许是突破了垄断，也许在某些领域或方面有创新，但对社会经济包括企业的微观经济都不经济，比如在我国上世纪，金山软件公司一直战略重点于有自主知识产权的中文 Office 办公软件，虽然技术上不错，但在微软 Office 办公软件的市场垄断下和软件技术本身的高度路径依赖作用下，金山 Office 软件在市场上表现一直不好，业务一直处于亏损，苦苦支撑了近十年，金山软件公司不得不战略转型改攻企业应用软件、杀毒软件和网络游戏软件与服务业务，之后企业取得快速发展，并在2007年成功在香港创业板上市。所以，要做到既要突破国外技术垄断又要经济性好，就应该调整信息产业结构，调整信息技术的发展路线。目前，我国众多信息技术厂商完全可以实行从应用层面开始做，在企业管理软件、电子政务软件、网络游戏、杀毒及网络服务等应用软件及信息服务上大力发展，这些产业里面由于需要本土的需求和特征为基础，国外即使有成熟的产品也不会具有市场垄断优势，比如我国用友软件公司的成功就是选对产品线，从财务软件和 ERP 系统等软件上入手，从而取得了国内财务软件和 ERP 软件市场占有率第一的位置；在芯片产业里面也是，最里层的处理器基本上对于我国机会不是很多，但在多媒体数据存储芯片上，可以找到后发优势，比如现在我国中芯微电子公司走的就是这条路，实践证明中芯微电子发展良好和它选择的产品路线和技术路线密不可分。

以后随着社会经济和信息技术本身的发展，我国信息产业结构还会面临着新的调整，企业信息技术发展战略必然会面临新的选择等，这些调整都可以用信息技术经济理论和方法来解决，这也是信息技术经济学的应用范围。

三、全国信息产业布局决策和各地区信息产业政策

目前我国一些主要大城市都建有软件园或高科技园区，地方政府也对各自辖区的高科技企业实行一系列的优惠政策。研究哪些城市或区域适合发展软件园或高科技园区？地方政府的信息产业政策是否合适？制定这些政策的依据和条件是什么？等等，都是信息技术经济学的应用范围。

四、各种宏观信息技术的规划、设计和实施

我国目前正处于社会经济转型的关键时期，信息技术对社会经济活动的影响更是前所未有，信息技术的应用正处于大规模推广的阶段，因而各种宏观信息技术的规划、设计和实施等信息技术经济问题将是我国目前面临较多的问题。

五、各种信息技术标准的制定

各种信息技术的国家行业技术标准的制定、信息技术评价指标的制定等等也是信息技术经济在宏观中的一个应用。

实际上，信息技术经济学在宏观经济中的应用还有很多，一般来说，只要某信息技术经济问题涉及宏观的经济评价和宏观的技术影响，就需要宏观信息技术经济理论和方法来解决，就是信息技术经济学在宏观经济中的应用。

4.4.2 信息技术经济学在微观经济中的应用

信息技术经济学在微观经济中的应用主要体现在微观经济单元主体的信息技术经济问题的解决和微观经济活动中的信息技术经济评价或信

息技术方案比较等，主要用在解决微观经济活动中具体的实际信息技术经济问题，以提供企业、事业单位和个人等微观经济活动主体作为实际工作和决策的科学依据。在信息社会的今天，信息技术对经济活动的影响异乎寻常的大，信息技术在微观经济活动中地位也异乎寻常的大，人们的社会经济活动已经越来越离不开信息技术，无论是企业、事业单位还是个人，无论是在日常生活小事还是重要决策，都会经常碰到各类信息技术经济问题，而这些也正是信息技术经济学在微观经济领域的用武之地。粗略地归纳出以下应用①：

（1）各企业、事业单位和个人等微观经济活动主体的信息技术需求和需要方式的预测、评估等；

（2）各微观经济活动主体的信息技术方案的技术经济评价；

（3）各微观经济活动主体对各种信息技术开发及其方案的选择和配合；

（4）各微观经济活动主体对信息技术生产、加工和更新的选择和配合；

（5）各微观经济活动主体对各种信息技术的规划、设计和实施选择；

（6）各微观经济活动主体对各种信息技术的发展方向研究；

（7）各微观经济活动主体的各种信息技术管理的技术经济问题；

（8）各微观经济活动主体的各种信息技术方案的应用效果问题；

（9）各微观经济活动主体对各种信息技术的合理利用和有效利用；

（10）各微观经济活动主体对各种信息技术方案的选型；

（11）各微观经济活动主体对信息技术方案的自主开发和外购的决策；

（12）各微观经济活动主体对新信息技术、工艺、设备等的采用和选择；

（13）各种人力、财力、物力等在信息技术方案中合理分配使用问题；

（14）各种信息技术的管理措施和政策研究；

以上列举的这些方面问题仅仅是信息技术经济学在微观经济活动中比较常见的或比较重要的一些应用，并没有包括所有的应用领域。可以

① 张才明．构建信息技术经济学学科体系［J］．北京：北京交通大学学报（社会科学版）.2006年12月．第5卷第4期．第23~24页．

肯定的说，只要微观经济活动中涉及信息技术，就有信息技术经济问题，有了信息技术经济问题就有了信息技术经济学应用的地方。

4.5 本章小结

本章提出了并详细论述了信息技术经济学学科体系的基本组成内容，包括概论、理论、方法和应用四部分。本章阐述了信息、信息技术、信息技术产业等信息技术经济学中涉及的一些基本要素的基本概念，并对信息技术和信息技术产业做了创新性的软、硬分类研究，并提出了软、硬信息技术和产业的具体组成；同时阐述了信息技术软、硬分类的必要性，分析了为什么要进行软、硬信息技术的分类以及它的好处；介绍了信息技术经济学的研究对象、目的、意义、任务、内容、方法和程序。

本章中重点详细阐述了信息技术经济学理论内容，信息技术经济学理论包括信息技术与经济的矛盾统一理论、信息技术经济学生产要素理论、信息技术经济比较理论、信息技术时间价值理论和信息技术经济效果理论、信息技术经济标准理论、信息技术经济增长理论和信息技术经济风险控制理论。并在信息技术经济效果理论一节中创新性的提出了信息技术经济效果模型和四种信息技术经济效果系数，并分析了四种信息技术经济效果系数的计算模型和四者的关系。

本章重点详细阐述了信息技术经济学方法。信息技术经济学方法包括信息技术经济效果计算方法、信息技术综合评价方法、信息技术经济比较计算方法、信息技术时间价值计算方法、信息技术经济增加值计算方法、信息技术经济标准计算方法、信息技术经济价格计算方法、信息技术经济增长计算方法、信息技术经济风险控制方法、信息技术生产率计算方法和其他计算方法。其中在信息技术经济效果计算方法上，分别讨论了信息技术的投入产出系数的计算公式、信息技术的投入收益效果系数的计算公式、信息技术的投资利用效果系数的计算公式、信息技术的经济效果系数的计算公式、信息技术经济中的人力利用效果系数的计算公式和信息技术经济效果的计算公式以及信息技术经济效果系数预测和信息技术经济效果预测；在信息技术经济标准计算方法中，详细分析了单项目信息技术经济标准计算方法和多项目信息技术经济标准计算方法，以及相关评价标准指标的计算方法和适用性；在信息技术经济增长计算方法一节中对经济增长模型进行改造，创新性的提出了宏观信息技术经济增长模型和中观信息技术经济增长模型，使其融入信息技术因素并给出了具体的计算方法使其可行，同时用我国实际数据进行模型实证计算；在信息技术综合评价方法中，还具体的提出了信息技术方案的社会等七个领域的评价基本指标和标准。

最后本章还从宏观经济和微观经济角度分别介绍了信息技术经济学的应用。

本章是本书的重要组成部分和主要内容。论述的是信息技术经济学学科的基本组成内容。

5

信息技术经济评价理论与方法

5 信息技术经济评价理论与方法

本章节中的信息技术指狭义信息技术，即以现代微电子为应用基础的信息和通信技术（ICT）主要包括计算机软、硬技术、互联网技术和通信通讯技术以及信息传输传感及信息服务技术，而不是广义信息技术。

信息技术经济评价是一个综合的复杂的系统评价，尤其是信息技术的间接效果突出，对社会经济各个方面都有巨大影响的时候，必须要进行全面信息技术经济评价。参照信息技术经济理论和方法，信息技术经济评价适合采用综合评价方法，评价信息技术方案在技术、经济、社会、环境与资源、战略等各个层面的影响。

5.1 信息技术经济评价原则

信息技术经济评价原则实际上就是信息技术经济评价指标的设计原则和指导思想以及实际评价和操作过程中的原则，这些原则包括如下几点：

1. 独立性原则

独立性原则指设计和实际评价信息技术经济评效果时，应该排除各方面和各种形式的干预独立地进行。评价机构及工作人员应该恪守相应的行业纪律和职业道德，依据国家制定的法规和可靠的数据资料，作出完全独立的评定。

2. 客观性原则

客观性原则指评价机构及评价人员应具有公正、客观的态度和方法，评价结果有充分的事实为依据。评价过程中的预测、推算和逻辑运算等只有建立在市场和现实的基础上才有意义。

3. 科学性原则

科学性原则指在评价过程中，必须根据特定的目的，选用适用的标准和科学的方法，制订科学的评价方案。从信息技术经济角度，科学性原则还包括选择和设计科学的评价指标与方法模型。

4. 技术先进原则

由于ICT技术发展的速度惊人。因此，在进行信息技术经济评价时，我们要尽量选择全球或全国业界到目前为止先进的技术作为一个基本出发点，尽量选择有自主知识产权的信息技术方案，以保证信息技术在一定时期内处于领先状态，同时也保证信息技术方案在以后有不断发展和扩充的余地。

5. 技术可行原则

信息技术上的可行性是指拟采用的信息技术必须在其特定的技术条件和经济条件及社会条件下可行，可以迅速消化、投产、提高并能取得良好的经济效益。具有先进性的信息技术不一定就能可行，而不可行的信息技术是不可能取得良好的经济效益的。

6. 风险可控原则

信息技术具有明显的高风险性和不确定性特征，对信息技术进行经济评价时，必然要考虑风险可控问题。对于高风险的信息技术方案，需要采用多种安全防范技术和措施，保障信息技术的安全性、可靠性的需求得到满足。

7. 战略优先原则

信息技术是一门不同于以往的传统技术，信息技术对经济、社会乃至政治、国防等各个领域的影响非常巨大深远。在诸多信息技术评价领域，处于国家安全和战略发展，有必要优先考虑战略评价，尤其是国防安全及国家战略布局上的评价。战略优先原则不仅仅体现在局部与整体效果评价上的优先，也是信息技术应用本身战略效果评价上的体现。

8. 全面评价原则

信息技术评价过程中，需要尽可能全面分析和估价信息技术作用的各种效果，既要看到眼前的、直接的、显著的效益，又要看到具有长期影响的潜在效应，既要重视信息技术对社会的积极作用和影响，又要充分估计到它的消极作用和不良后果。既要考虑局部效益相对最佳，也要重视整体效益相对最佳。

9. 社会、环境、经济协调发展原则

社会、环境、经济协调发展原则是对全面评价原则的一个补充，就是在全面评价的基础上，尤其要重视和注意社会、环境与经济之间的协调发展评价上。也就说信息技术方案即使在某一方面效益显著，但在其他方面，尤其是在社会、环境与经济某一方面或某两方面都很差，那么这个方案违背了社会、环境、经济协调发展原则，也不足取。

5.2 信息技术经济评价理论

信息技术经济评价可以从技术评价、经济评价、社会评价、环境资源评价和战略评价五个方面建立信息技术经济评价指标体系。任何一个信息技术方案都可以考虑根据这五大信息技术经济评价指标进行评价，只是不同的具体信息技术方案在具体的指标设计、计算和确定上会有所区别和不同，尤其在末端的指标。

5.2.1 技术评价

技术经济评价的本质就是选择“性价比”最优的方案。它首先是“性比”，然后才是“价比”。任何一个信息技术方案在做技术经济评价之前都需要对该信息技术方案做技术上的可行性评价，这是信息技术经济评价的前提，如果在技术上都不可行、不成立，那么就没有进行技术经济评价的必要，只要当该信息技术方案在通过技术上是可行性的才可以进行技术经济评价。

由于信息技术的先进性、适应性、利用水平、创新能力、扩散程度随着不同的信息技术、不同行业、不同领域而有所不同，一般难以用统一的指标量度；信息技术“性比”评价指标在不同的信息技术方案、不同类型信息技术，都会有很大不同，包括由于技术标准和规范的不同，信息技术评价标准也会不同。

信息技术方案的技术评价包括技术可行性评价、技术先进性评价和技术风险性评价。技术的可行性是评价信息技术方案对应用者的合适程度和功能应用上的可行程度；技术的先进性是评价信息技术方案在同类技术或产品中的先进程度、所处的行业技术地位。信息技术风险性是评价相对于某个期望信息技术经济结果可能发生的变动情况或者导致发生损失的可能性。

无论是信息技术的可行性评价、先进性评价还是风险性评价，评价指标及其评价标准和具体的信息技术方案的种类、性质等密切相关，不同类别的信息技术方案需要采用不同的技术评价指标和标准，比如电子行业的信息技术方案、邮政通讯的信息技术方案和计算机的信息技术方案的技术评价指标和技术标准是完全不同，尤其是软信息技术和硬信息技术方案的技术评价指标和评价标准更加明显不同。本书以ERP软件为例来说明信息技术方案的技术评价指标体系。ERP系统是以管理思想为基础，建立在信息技术基础上的一整套企业管理信息软件系统，其目的是为了整合、优化企业资源、提高企业经营效率。从信息技术的分类来看，ERP系统属于软信息技术。参照2003年出版的《企业资源规划系统（ERP）规范应用指南》[①]详细列出了长达数百页的ERP系统达到商品化的技术规范。笔者认为一套基本的ERP系统至少需要涵盖采购、销售、库存、生产制造和财务会计等组成模块。

1. 信息技术的可行性评价

信息技术的可行性评价是评价信息技术方案对应用者的合适程度和功能应用上的可行程度；评价该信息技术方案价值实现是否可行，也同时评价该信息技术方案本身在技术上是否可行。在做技术经济评价前，必须选择技术上可行的信息技术方案来进行评价。作为ERP系统评价来说，主要评价ERP系统的技术功能上的可行。如下表5–1：

① 邓超．企业资源规划系统（ERP）规范应用指南［M］．北京：电子工业出版社．2003年版．第151~288页．

表5-1 信息技术的可行性评价指标与标准——以ERP系统为例

评价领域	一级指标	二级指标	指标评价标准
技术可行性指标	采购业务	供应商管理	是否支持供应商信息、评价和等级分类等
		价格管理	是否支持价格记录、最高最低价格控制、寻价对比等
		采购计划管理	是否支持采购计划生成、审批、更改与维护等
		请购管理	是否支持自动生成请购单修改、审批及维护等
		招标管理	是否支持招标业务管理
		采购管理	是否支持采购单的生成、修改、审批及记录和跟踪等
		采购合同管理	是否支持合同生成、修改、审批、跟踪和结算管理等
		到货管理	是否支持自动生成到货单、到货检验和入库业务等
		退货管理	是否支持自动生成退货单，退货控制、审批和结算等
		进口管理	是否支持预付采购或赎单等进口业务管理等
		进货代销管理	是否提供进货代销转存货等功能支持进货代销业务等
		采购运输管理	是否提供运输单生成、跟踪信息及在途统计功能
		采购返还管理	是否支持返利与返物等形式的采购返还处理业务等
		采购结算管理	是否支持自动一次或多次采购结算，与财务系统集成等
		采购分析	是否提供多种分析报表如价格分析、供应商分析、采购波动分析、到货质量分析、到货及时率分析等
	库存业务	库存定义	是否提供仓库设置、权限定义、仓位设置、核算期等
		条形码业务	是否支持物品的条形码管理等
		安全库存管理	是否支持最低、最高等安全库存管理业务
		库位管理	是否提供物品的库位、仓位、货位等业务管理
		批号批次管理	是否提供物品的批号批次管理等
		入库管理	是否支持物品的入库单生成、审核、修改等业务
		出库管理	是否支持物品的出库单生成、审核、修改等业务
		调拨管理	是否支持集团及内部单位的物品调拨业务等
	销售业务	盘点管理	是否支持定时的物品的自动盘点业务等
		移库管理	是否提供物品的移库功能等
		有效期管理	是否提供物品的有效期管理等
		库存预测分析	是否提供物品的库存量预测功能等
		存货 ABC 分析	是否提供存货 ABC 分析报表等
		可用量分析	是否提供实时的物品的可用量分析报表等
		库存成本分析	是否提供实时的物品的库存成本分析报表等
		库存报警	是否支持有效期报警、最高最低库存量等库存报警
		库存账表	是否提供库存流水、明细等账表
		客户管理	是否提供客户全面信息生成、审批、修改及历史记录等
		渠道管理	是否提供渠道商信息、信用、物品、销售考核等业务
		销售价格管理	是否支持灵活的多样的销售价格政策、及最低价控制等
		信用管理	是否支持多级的客户、渠道的信用设置、控制和分析等
		销售计划管理	是否提供销售计划的自动生成、审批等业务管理
		销售预测管理	是否提供多样的销售预测如产品销售量、金额预测等

（续表）

评价领域	一级指标	二级指标	指标评价标准
技术可行性指标	销售业务	销售报价管理	是否提供模拟报价、报价控制和审批等功能
		销售订单管理	是否支持自动订单生成、审批、修改及跟踪等业务管理
		销售合同管理	是否支持合同的生成、修改、审批、跟踪和结算管理等
		销售发货管理	是否支持自动生成发货单、修改、审批和跟踪等业务
		销售退货管理	是否支持多种方式的销售退货及结算业务等
		委托代销管理	是否支持委托代销业务等
		出口管理	是否支持常规出口业务等
		销售运输管理	是否支持销售发运及跟踪业务等
		零售管理	是否支持多种方式的零售业务及能否与零售终端集成等
		分销管理	是否支持多种方式的分销业务管理等
		销售佣金管理	能否提供业务人员的销售佣金处理，如提成计算等
		销售结算	是否支持自动一次或多次销售结算，并与财务系统集成等
		销售发票	是否支持自动生成的销售发票，并与财务系统集成等
		销售费用分析	是否提供多角度的销售费用分析报表等
		销售收入分析	是否提供多角度的销售收入分析报表等
		渠道分析	是否提供渠道销售分析报表等
		客户分析	是否提供多角度的客户价值分析报表等
		销售绩效分析	是否提供多种角度的销售绩效分析报表等
	生产制造业务	物料清单	是否支持多层多样的 BOM 设置和维护等
		工程变更管理	是否支持工程变更业务管理，并与其他模块集成等
		生产预测管理	是否提供自动的生产数量、时间、成本金额等生产预测
		生产计划管理	是否支持自动生成生产计划、审批和维护，并自动排产等
		生产工单管理	是否支持自动生成工单，提供审批和维护及跟踪功能等
		物料需求计划	是否支持自动生产物料需求单，提供审批和维护功能等
		生产能力管理	是否支持生产能力分析、规划、产能安排和优化等业务
		生产备料管理	是否支持实时的自动生成备料单，并形成领退料单等
		生产领退料	是否支持自动的领退料单生成、修改、审批和记录等
		生产返工管理	是否支持生产返工业务，并提供相应的领退料业务和排产
		委外加工管理	是否支持委外加工业务，并提供相应的领退料业务和排产
		工艺路线管理	是否支持生产工艺流程，并提供相应的领退料业务和排产
		生产看板管理	是否提供生产进度等看板式管理
		生产工序管理	是否提供多种生产工序，并集成相应的领退料业务和排产
		车间管理	是否提供车间作业计划、进度，并集成领料和排产安排等
		生产排程管理	是否提供具体的生产排程计划、审批，集成领料等
		生产质量管理	是否提供生产检验方案、检验执行和结果反馈等业务

（续表）

评价领域	一级指标	二级指标	指标评价标准
技术可行性指标	生产制造业务	生产完工管理	是否支持生产完工的原材料、工时、废料、成品等管理
		生产批次管理	是否支持产成品或半成品的批号批次管理等
		生产设备管理	是否提供生产设备信息、状态和维修管理，并与产能集成
		生产入库管理	是否提供产成品的完工入库管理，并与库存管理集成等
		生产成本核算	是否支持全成本动态成本核算，提供实际和模拟成本报表
		生产领料分析	是否提供全面的生产用料分析报表等
		生产完工分析	是否提供全面的产成品分析报表等
		生产质量分析	是否提供产成品率、废品率等分析报表等
		生产效率分析	是否提供人均产成品数、单位工时完工数等分析报表
	财务会计	应收管理	是否支持从销售发票、应收款、收款单到凭证分录全部操作业务，是否支持冲账、预收款业务，提供应收账表等
		应付管理	是否支持从采购发票、应付款、付款单到凭证分录全部操作业务，是否支持冲账、预付款业务，提供应付账表等
		总账管理	是否提供自动凭证操作和记账业务，提供期初和月结功能，提供总账报表等
		固定资产管理	是否支持固定资产卡片管理，支持从固定资产的购入、变动到维修、盘点等业务操作，是否支持折旧处理以及在财务账表上的反映等
		财务分析	是否提供包括现金流量表、损益表、资产负债表三大报表在内的各种财务分析报表等

信息技术的可行性评价是非常重要的一环评价。如果从可行性评价上得不到支持，则该信息技术方案就没有必要立项，信息技术方案在可行性评价上必须得到一定的支持，该方案才值得继续做其他评价。

2. 信息技术的先进性评价

信息技术先进性评价是评价信息技术方案在同类技术或产品中的先进程度、所处的行业技术地位。需要尽量选择技术先进的信息技术方案。要判断一项信息技术是否先进，需要系列技术指标进行判断，评价 ERP 系统的技术上是否先进可以考虑如下表 5–2 指标：

表5-2　信息技术的先进性评价指标与标准——以ERP系统为例

评价领域	一级指标	二级指标	指标评价标准
技术	平台性指标	系统平台	是否支持Windows2000/ XP/Vista/Linux等主流系统
		数据库平台	是否支持MS-SQL/Sybase/DB2/Oracle等主流数据库
		部署平台	是否支持B/S和C/S应用部署
		应用基础平台	是否支持系统所有的基础数据和公共功能的平台化
先进性指标	集成性指标	子系统整合	是否支持各子系统既可独立使用、也可集成使用
		集成电子商务	是否支持网上采购、网上销售业务及结算等网上业务
		异地数据整合	是否支持异地各种数据的整合和集中
		企业应用集成	是否支持与其他系统集成及数据交换
	安全性指标	权限管理	是否支持用户角色权限、功能模块权限和数量权限等
		密码管理	是否支持密码授权、密码权限修改和记录
		网络安全	是否支持主流防火墙管理
		操作安全	是否支持操作记录备份
		数据管理	是否支持数据备份
		异常信息检测	是否支持异常信息定义、自动检查、发送报告
	易用性指标	用户学习	是否提供安装手册、操作使用手册等
		知识转移	是否提供数据结构说明文档、系统程序说明文档等
		信息传递	是否支持集成Email邮件等信息发送功能
		帮助指导	是否提供在线帮助指南或操作导航功能
	灵活性指标	其他应用整合	是否支持多币种、多言语、多税率等
		使用者界面	是否可配置自己的界面如图形界面、浏览器界面等
		信息搜寻	界面输入输出是否支持模糊信息自动搜寻
		单据应用	是否支持自定义单据设计和输出
		报表界面	是否支持灵活的报表输入、输出、执行、查询等

3. 信息技术的风险性评价

信息技术仅有新颖先进、实施可行还不够，还应有一定的成熟性。即使信息技术在研究领域很领先，如果在运行使用中却因各种因素而时常出现故障和存在不可控的风险，也会使信息技术不能正常发挥作用，甚至会带来巨大负面作用，这样的技术由于存在过大的风险性，也是要慎重考虑。信息技术本身具有高风险性（包括投资周期风险、实施应用风险、经济回报风险、社会影响风险和生态环境风险）的特点，例如，由于信息技术的不成熟性，往往造成一些巨额投资得不到回报，同时，由于信息技术对社会经济发展影响的不可预见性，某些信息技术的发展可能会造成对现有经济、环境、社会文化等的冲击，进而可能导致整个社会经济结构的失调与震荡。如信息技术的飞速发展，导致了网络安全、经济信息安全乃至国家安全的问题。因此，在开发、利用信息技术时，应该尽量地降低其风险性，以避免损失。

以 ERP 系统软件技术为例，信息技术风险性评价指标可以考虑如下几方面：

满意度：用户使用的反馈投诉率

信息准确度：用户数据或信息的误差次数

维护风险：是否具备可方便维护技术方案或系统的运行能力

需求调整风险：是否具备可以根据用户需求进行灵活调整的能力

扩展风险：是否具备可根据用户需求扩展出新的功能

升级风险：是否具备可通过升级换代提升性能和扩展功能

稳定性风险：工作过程中故障率

移植风险：可在不同环境中进行工作

交付风险：信息技术实施交付延误周期

竞争风险：市场占有率或技术市场地位

政策风险：国家政策规范调整的可能性

5.2.2 经济评价

对信息技术的经济合理性进行定量的评价是信息技术经济评价的重要内容，根本目的就是要选择成本最少、收益最多的信息技术方案。信息技术经济评价指标上有宏观评价指标，也有微观评价指标。宏观经济评价也可以叫国民经济评价，微观经济评价则大部分采用财务评价指标。宏观信息技术经济评价计算是站在全社会和国家的立场上，对信息技术方案所发生的内外部经济利益关系进行分析计算，微观信息技术经济评价计算方法是站在局部利益主体（如企业、行业、地区、项目）的立场上，对信息技术方案本身所发生的经济利益关系进行分析计算。

信息技术经济指标就是对信息技术带来的收益方面情况的衡量指标，主要反应信息技术的“高效益”水平。无论是宏观信息技术经济评价指标，还是微观信息技术经济评价指标都可以分为两大类型评价指标：即效益型指标和效率型指标。效益型指标大部分是直接指标，是可以直接进行定量计算的显性指标，而效率型指标大部分是间接指标，需要间接进行定量定性计算的隐性指标。

A. 国民经济评价指标

国民经济评价指标既要考虑本技术所带来的直接宏观经济效果，也要充分考虑它的间接效果，而信息技术经济效果更多是体现在间接效果上。信息技术方案的国民经济评价指标可以考虑如表5–3：

表5–3　信息技术的国民经济评价指标

指标类型	指标名称	指标定义	备注
效益性指标	社会经济总量指标	GNP 或 GDP	
	社会人均经济指标	人均 GDP 或人均 GNP	
	社会经济结构指标	三产 GDP 占比	
	行业经济总量指标	信息技术总产值	
	行业人均经济指标	信息技术总产值 / 行业总人数	
效率性指标	行业经济增长率	信息技术的经济总产值增长率	
	科技进步率	信息技术的经济总产值增长率 – 因新增投入量产生的总产值增长率	
	科技进步贡献率 =	科技进步率 / 信息技术经济总产值增长率	
	信息技术关联度	（直接关联度 + 间接关联度）或（直接的技术群数目 + 可能的间接技术群的数目）	
	行业内部收益率		
	社会投资净效益率	社会利润增长总额 / 社会总投资	
	行业信息技术投资效果系数	1/ 行业信息技术基准投资回收期	
	全员劳动生产率	信息技术净产值 / 平均职工人数	
	信息技术产出投入比	应用后产生的经济价值 /（信息技术研发投入资金 + 应用阶段投入资金）	

B.财务评价指标

财务评价主要从信息技术方案本身角度考虑它的直接和间接效果。信息技术方案的财务评价指标同样可以分为效益和效率两大类，如表5–4：

表5–4　信息技术的财务评价指标

指标类型	指标名称	指标定义	备注
效益性指标	方案经济总量指标	信息技术方案总产值	
	方案成本总量指标	信息技术方案总成本	
	方案效益总量指标	信息技术方案总利润：总产值－总成本	
	净现值	在技术寿命期内不同时间上的净现金流量，按一定折现率和统一的基准时间进行折现的累计值。	
	投资回收期	从建设之日起，每年获得的净回收全部项目投资所需的时间：投资总额/年净收入＋建设周期	
效率性指标	方案投入产出比	信息技术方案总产值/信息技术方案总投资	
	投资利润率	信息技术带来的利润增长总额/信息技术总投资	
	投资收益率	（年利润＋折旧与摊销＋利息支出）/全部投资额	
	销售收入增长率	（新技术平均一年的销售收入－原技术平均一年的销售收入）/原技术平均一年的销售收入	
	信息技术关联度	（直接关联度＋间接关联度）或（直接的技术群数目＋可能的间接技术群的数目）	
	技术项目内部收益率		
	偿债能力指标	如速动比率＝（流动资产合计－存货净额）/流动负债合计	
	营运能力指标	如总资产周转率＝企业销售收入净额/资产总额	
	盈利能力指标	如资本金利润率＝企业利润总额/资本金总额率	
	发展能力指标	如净资产增长率＝本年净资产增长/上年净资产总额	
	信息技术投资效果系数	1/信息技术基准投资回收期	
	企业劳动生产率	信息技术总产值/企业职工总人数	
	生产运营效率指标	需要用的指标反映不同信息技术所带来的运营效率提高	

其中生产运营效率是和具体的信息技术内容和方案密切相关的，需要用的指标反映不同信息技术所带来的运营效率提高。以ERP系统为例，生产运营效率指标可以包括如表5-5：

表5-5　信息技术的运营效率评价指标——以ERP为例

一级指标	二级指标	评价指标标准
企业运营效率	采购到货及时率	及时到货订单数/采购订单数
	采购合格率	采购合格订单数/采购订单数
	采购成本与销售收入比	采购总成本/销售总收入
	库存损耗率	库存损耗总金额/入库总金额
	安全库存率	物品安全库存品种数/在库物品品种总数
	库存成本与销售收入比	库存总成本/销售总收入
	销售收入增长率	（本期销售总额－上期销售总额）/上期销售总额
	销售成本与销售收入比	销售总成本/销售总收入
	销售退货率	销售退货订单数/销售总订单数
	成品制造及时率	成品及时制造产品数/总制造产品数
	产成品完好率	完好产品数/总制造产品数
	生产成本与销售收入比	生产总成本/销售总收入
	呆账坏账率	呆账坏账总额/总账余额
	财务错账率	错账凭证数/凭证总笔数
	人均财务业务效率	凭证总笔数/财务人员总数
	人均净利润	净利润/总员工数

5.2.3 社会评价

在社会评价上，必须是有利于社会的稳定和发展，有利于构建和谐社会，以人为本，有利于社会可持续发展；因此，需要尽可能采用能够改善劳动条件、改善人们生活条件的信息技术方案，特别在互联网领域，社会影响极容易；信息技术方案的社会评价指标范围很广，按照科学发展观和社会可持续发展思路，信息技术的社会评价指标必须是体现以人为本，和谐社会、社会可持续发展的目的，信息技术方案的社会评价基本指标可以包括以下几部分：社会质量的改善、社会公平的改善、社会可持续发展的改善以及和谐社会的建立。

A. 社会质量评价指标

信息技术对现代社会生活方式、质量等都会带来不同程度的影响，信息技术方案的社会质量评价指标如表5–6：

表5–6 信息技术的社会质量评价指标

一级指标	二级指标	评价指标标准计算
社会质量指标	生活质量水平指标	恩格尔系数（%）= 食品支出总额 / 消费支出总额 ×100%
	精神面貌指标	人均精神娱乐费用 / 人均可支配收入
	社会文明指标	人均教育程度（年数或学历）
	城市化水平	城市人口占总人口比重
	新增就业效果	新增就业人数 / 方案总投资
	国民寿命指标	社会人均寿命
	物价水平	CPI 指数
	人均可支配收入	可支配总收入 / 总人数
	住房面积	城镇总住房面积 / 城镇常住总人口
	医疗水平	每万人医生数
	医疗质量	平均没患者医疗费用

B. 社会公平评价指标

信息技术对社会信息的公开透明带来重大影响，信息技术对社会公平上会带来积极作用。信息技术方案的社会公平评价指标如表5–7：

表5–7 信息技术的社会公平评价指标

一级指标	二级指标	评价指标标准计算
社会公平指标	收入公平性指标	全国居民基尼系数
	政府透明度指标	电子政务普及率
	公众参与度指标	选举投票率

（续表）

一级指标	二级指标	评价指标标准计算
	社会保障指标	社会保障率 = 参保人数 / 社会人数
	教育机会平等指标	九年义务教育普及率
	性别公平度指标	社会劳动人数的男女比率
	收入分配比	国家 \ 地方 \ 企业 \ 个人收入分配比

C. 社会可持续发展评价指标

事实证明，信息技术对社会经济的持续发展有巨大的积极作用，尤其是一些绿色信息技术如软件技术，不仅无害低碳消耗资源少，而且对社会其他行业和整个社会经济都有巨大的促进作用。信息技术方案的社会可持续发展评价指标如表5–8：

表5–8　信息技术的社会可持续发展评价指标

一级指标	二级指标	评价指标标准计算
可持续发展指标	死亡率指标	社会死亡率
	壮年劳动者指标	壮年劳动人数 / 社会总人数
	高等教育指标	高等教育录取率
	信息技术从业人员指标	信息技术从业人数 / 社会总从业人数
	人力资源水平	每万人中专业技术人员比重
	信息化水平指标	信息化水平指数 NIQ[①]
	社会成本	财政赤字增长率
	社会创新能力指标	社会专利申请增长率
	社会创新效果指标	科技成果转化率
	公共教育经费占比	公共教育经费总投入 /GDP
	义务教育达标率	接受义务教育人数 / 应接受义务教育人数
	贫困人口减少效果	贫困人口减少 / 项目投资
	中产阶层比重	中等收入阶层人数 / 总人口
	研究与开发经费占 GDP 比重	全年研究与开发经费 /GDP
	科技进步影响指标	全社会科技进步率

① 靖继鹏 . 应用信息经济学 [M]. 北京 : 科学出版社 .2002年9月 . 第300页 .

D. 社会和谐评价指标

应用得当，信息技术方案对贯彻科学发展观和构建和谐社会有明显的促进作用，网络反腐败、网络追查逃犯，利用先进的信息技术，可以实现很多以前无法实现的目标。信息技术方案的对和谐社会构建的积极作用的评价指标如表5–9：

表5–9 信息技术的社会和谐评价指标

一级指标	二级指标	评价指标标准计算
社会和谐指标	社会和谐指标	社会民事刑事案件增长率
	社会治安指标	犯罪率或每万人案件数量
	城乡差别指标	城市人均可支配收入 – 农村人均可支配收入
	东西部差别指标	东部 GDP 增长速度 – 西部 GDP 增长速度
	贫困人口指标	贫困人数 / 社会总人数
	居民满意度	每百人居民满意人数
	国民幸福指标	国民幸福指数 = 收入的递增率 / 基尼系数 × 失业率 × 通货膨胀率
	失业率	登记失业率
	消费者满意	消费者投诉增长率

5.2.4 环境与资源评价

自然资源和生态环境是人类赖以生存的基本物质条件。因此，分析信息技术对自然资源是否进行了综合开发利用，评价信息技术对生态环境是否进行了积极保护，对实现信息技术方案的目标具有重要的影响。

A. 环境评价指标

环境是人类生存和发展的必要条件。技术对环境的影响及可持续发展的影响已经得到各国的共识和重视，信息技术也不例外。环境评价会涉及水环境评价、土地环境评价、空气环境评价、太空环境评价、噪音环境评价、辐射环境评价等多个领域，如表5–10。

表5-10 信息技术的环境评价指标

一级指标	二级指标	评价指标标准计算
环境总体评价	环保投资占比	环保投资 / 总投资
	环保投入占 GDP 比率	环保投入 /GDP
	环境事故频率	年环境事故发生次数
	环境罚款	违反环境法规的罚款
	环境事故直接损失	
	环境事故间接损失	
水环境评价	人均生活污水中化学需氧量排放量（吨 / 人）	生活污水中化学需氧量排放量 / 总人数
	废水万元产值的排放量（吨 / 万元）	废水排放量 / 工业总产值
	城市污水日处理能力（万吨）	
	废水排放达标率	废水排放总量 / 国家废水排放标准
土地环境评价	固废产生量（万吨）	
	固废处置量（万吨）	
	固体废弃物综合利用率（%）	
	土地流失（万吨）	
	人均耕地面积（亩 / 人）	
空气环境评价	人均二氧化硫排放量	
	粉尘万元产值的排放量	
	二氧化硫万元产值的排放量	
	废气万元产值的排放量	
	氨氮排放量（吨 / 年）	
太空环境评价	太空垃圾总量（吨）	
	太空垃圾增长率	年太空垃圾增长量 / 上年太空垃圾量
噪音环境评价	夜间噪声 dB（A）	
	白天噪声 dB（A）	
辐射环境评价	电磁辐射事故频率	年电磁辐射事故发生次数
	电磁辐射事故直接损失	
	电磁辐射事故赔偿	违反电磁辐射法律法规的罚款或赔偿
	放射物排放强度	放射物排放强度超过国家规定次数

B. 资源评价指标

一项优秀的信息技术的研究、开发及其投入生产（产前—产中—产后全过程）和使用都必须符合环保和生态上的要求，即要求信息技术在使用过程中不会过多地消耗资源，特别是不可再生资源。狭义信息技术是基于现代微电子应用为基础的一门新技术，而现代微电子技术由离不开硅，硅的提炼需要矿资源做支持，而且无论是作为原材料硅还是信息技术本身的生产和使用，都需要消耗一定的能源等资源，因此有必要对信息技术做资源评价，如表5–11：

表5–11 信息技术的资源评价指标

一级指标	二级指标	评价指标标准计算
综合资源评价指标	综合能耗指标：产值能源消耗率	能源消耗总量 /GDP 万元
	一次性资源消耗产值	消耗一次资源（包括：煤、石油、铁矿石、十种有色金属矿、稀土矿、磷矿、硫矿、石灰石、沙石等）所产出的项目生产总值
	单位产值能耗	能源消耗量 / 总产值
	节约资源程度	主要指与同类技术和替代技术相比在资源消耗方面的不同，尤其指资源的节约水平
	资源替代率	在使用资源方面对不同的替代资源的可行程度，还有技术产品可以替代其他产品或资源的水平
土地资源评价指标	耕地面积（亩）	
	人均耕地面积	耕地总面积 / 总人口
水资源评价指标	万元产值用水量（吨 / 万元）	
	工业重复用水率（%）	
	耗水量（吨 / 年）	
	人均日用水量（升 / 人）	
	可供水总量（万吨）	
	自来水生产能力（万吨 / 日）	
	安全饮水人口比重	可获得安全用水人数 / 总人数

（续表）

一级指标	二级指标	评价指标标准计算
原材料评价指标	年材料回收利用率	原材料投入与回收的比值
	年材料成本占比	年材料总成本 / 总产值
能源资源评价指标	万元产值电力消费量（亿千瓦小时 / 万元）	
	耗煤量（万吨）	
	电网覆盖面积	
	年耗电量	
矿产资源评价指标	矿藏资源保有储量	
	矿藏资源年消耗量	
森林水草资源评价指标	森林覆盖率	森林总面积 / 土地总面积
	人均公共绿地面积	
海洋太空资源评价指标	海洋产业总产值增加速度	年海洋产业增加额 / 上年海洋产业总额
	太空飞行器数量增加率	年飞行器增加数量 / 上年飞行器数量

上述这些环境与资源评价指标也并不是对所有的信息技术方案都适合，比如对于企业用软件来说，对海洋太空资源、环境和森林水草资源的影响几乎为零，除非这些软件使用者或者企业是为森林水草或海洋太空行业服务。但是对于一些比如全球定位系统（GPS）信息技术，它就会有太空环境和太空资源的影响。因此，归根到底，具体信息技术需要选择具体的评价指标。

5.2.5 战略评价

信息技术的战略评价主要是从国家战略层面对信息技术做可行性和合理性评价。可以从政治、国防安全、国家发展战略等方面做评价，其评价指标可以通过专家或相关部门进行定性确定，如表5–12。

表5–12 信息技术的战略评价指标

一级指标	二级指标	评价指标标准
政治评价指标	党的方针政策	是否违背党的方针政策
	政治威信	是否有损国家和党的政治威信
	国际影响	在国际上造成的坏的或良好影响
国防安全评价指标	战备能力	是否有助于提高战备能力
	战斗能力	是否有助于提高战斗能力
	防御能力	是否有助于提高防御能力
	安全漏洞	是否会带来国防安全漏洞或是否加强国防安全建设
国家发展战略评价指标	国家政策适合度	是否符合国家相关技术产业政策
	国家战略技术支持度	是否在国家支持的技术行列

5.3 信息技术经济评价方法与模型

5.3.1 信息技术经济评价方法

一般技术经济评价方法有静态评价方法和动态评价方法。由于信息技术评价是一个复杂的系统，单纯的使用传统的静态或动态技术经济评价方法，很难全面反映信息技术的多方面直接或间接效果。信息技术经济评价需要考虑技术评价、经济评价、社会评价、环境资源评价和战略评价多个方面的指标。因此，比较适合使用综合评价方法，综合评价是指对多属性体系结构描述的对象系统做出全局性、整体性的评价。综合评价方法主要针对评价的共性问题进行研究，为科学、客观地评价提供了一个很好的保证。

信息技术经济综合评价就是建立在上述的指标体系，采用加权计算进行综合评价记分。该模型最重要的就是各因子的权重确定。确定权重的方法一般包括主观赋权法（两两比较法、环比评分法、德尔菲（Delphi）法和层次分析法）、客观赋权法（因子分析法、熵值法、多元统计分析）和组合赋权法。本书以德尔菲法和层次分析法为例简单介绍。

A. 德尔菲（Delphi）法

德尔菲（Delphi）法即向专家发函，征求意见的调研方法。常用于预测及确定指标的权重，其工作程序与预测大体相同，对象和目的不同。首先，将拟定的综合评价指标体系及对指标的说明以信函形式发给各位专家，专家根据对各指标相对重要程度的判断，按规定的量值范围（一般取［0,1］区间）为各指标评定权值。专家意见返回后，组织者要作统计处理，检查各专家意见的集中分散程度，以便决定是否再进行下一轮调查。

B. 层次分析法

层次分析法（Analytic Hierarchy Process，简称 AHP）是美国运筹学家匹茨堡大学萨蒂（Saaty）教授在于20世纪70年代初期为美国国防部研究"根据各个工业部门对国家福利的贡献大小而进行电力分配"课题时提出的一种简便、灵活而实用的多准则决策方法，作为系统工程中对非定量事件的评价分析方法，层次分析法特别适用于那些仅用定量分析难以解决的复杂问题。层次分析法在对复杂决策问题的本质、影响因素及其内在关系等进行深入分析的基础上，将与决策密切相关的因素分解为目标、准则、方案等层次，利用较少的定量信息使决策的思维过程模型化，并在此基础上进行定性和定量分析，为多目标、多准则或无结构特性的复杂决策问题提供了简便的决策方法。目前，层次分析法已广泛地应用于经济计划和管理、能源开发利用与资源分析、城市产业规划、行为科学、军事指挥、交通运输、生物制药、教育以及水资源分析利用等各个领域。

层次分析法首先将复杂问题层次化，根据影响问题不同要素之间的关联关系将各要素进行分类组合，形成一个多层次的分析结构模型，并对各层因素进行两两对比分析，依据1–9比率标度构造判断矩阵，求解其矩阵最大特征根及特征向量得到各因素的相对权重，最后通过计算各方案对于最佳方案的相对权重值，得到方案的优劣排序。

层次分析法的建模赋权过程可以分为四个步骤：

a. 建立多层次递阶结构；

b. 两两比较构造各层次的判断矩阵；

c. 计算权重进行单排序及一致性检验；

d. 加权平均进行总排序并进行一致性检验。

5.3.2 信息技术经济评价模型

在实际评价中，往往需要对信息技术方案作技术、经济、社会、环境资源和战略五个方面做全面评价，只从技术上评价它是先进的，是否可行的，从经济上评价它是否经济、是否合理；都不够，还需要对它进行环境资源和战略评价。由于信息技术经济评价指标之间存在量纲不一样，以及指标价值方向上的不同，有的是正指标，有的是负指标，因而有必要对信息技术的技术、经济、社会、环境资源和战略评价指标做适当的数学处理，常用方法可用层次分析法即AHP法，从而构建一个信息技术方案的综合评价模型，并进行定量计算和评价。

A. 定性指标量化

为了避免主观判断所引起的失误，把定性指标的准确性采用语义差别隶属度赋值法，比如ERP系统这一信息技术方案的技术评价基本指标就可以按照其对应的指标评价标准进行赋值，将“是”与“否”的定性指标值分为1或5分。也可以按照是与否的程度分为优秀、良好、一般、差的、恶劣1~5档。若是采用划分1~5档的方法，就还需要对每个档次内容所反映指标的趋向程度提出明确、具体的要求，建立各档次与隶属度之间的对应关系。每个档次根据指标内容的趋向程度对应指标评价值为5~1分不等：即第一档（优秀）对应指标评价值为5分；第二档（良好）对应指标评价值为4分；第三档（一般）对应指标评价值为3分；第四档（差的）对应指标评价值为2分；第五档（恶劣）对应指标评价值为1分。

B. 定量指标无量纲化

按照对评价对象作用方向的不同，定量指标分为正指标（要求数值越大越好、越优秀）、逆指标（要求数值越小越好、越优秀）和适度指标（要求数值越适中越好、越优秀）。对于逆指标，为了简单化，还将采用逆逆指标法：即把逆指标变为它相反的一个正指标值，如库存损耗率，在计算出库存损耗率后，再用1－库存损耗率得出一个新的正指标：库存完好率。这样，信息技术方案的所有定量评价指标都可以转化为正向指标，转为正指标的目的就是为了统一性，这样在后面的无量纲化处理时更加方便。

采用模糊数学中的隶属赋值方法，以定量指标所适用的评分制中的最大值、最小值和平均值为标准，对正向指标进行无量纲化处理，将定量指标值转换成指标平均值，对应的指标模糊量化模型是：

$$R_{ij}=5/2+5/2\mathrm{Sin}\{\pi[X_{ij}-(X_{jmax}+Xj_{min})/2]/(X_{jmax}-X_{jmin})\},X_{jmin}<X_{ij}<X_{jmax} \quad \cdots(5—1)$$

其中：

R_{ij} 为信息技术方案的评价体系中第 i 项评价要素第 j 项定量指标的评价值；

X_{ij} 为第 i 项评价要素第 j 项定量指标的原值；

X_{jmax} 为第 j 项定量指标所用的评分制中的最大值；

X_{jmin} 为第 j 项定量指标所用的评分制中的最小值；

按照上面的指标模糊量化模型处理，得出定量指标评价值都在0~5分之间，当 $R_{ij}<1$时，取 $R_{ij}=1$；当$1\leqslant R_{ij}\leqslant 5$时，取实际值。这样处理后，各指标评价值就成为同度量指标，具有可比性和可统一计算性。

C. 指标权重的确定

信息技术方案综合评价指标体系中的每个指标的重要性程度是不同的，在各级指标确定后，其指标间的隶属也确定，但还需要确定每一层指标之间的相对权重。信息技术方案的综合评价指标权重的确定有两种方法。一是用判断矩阵确定评价指标权重；二是用专家根据经验和国家有关规定以及方案评价时的实际情况直接给出。

一是用判断矩阵确定评价指标权重。

（1）建立两两相对的比较判断矩阵

对于隶属于同一层次的各指标，分别对两个指标间的重要度进行两两比较。相等的取5/5；相对较强的取6/4；相对强的取7/3；相对很强的取8/2；绝对强的取9/1；其余的介于两者之间的分别取5.5/4.5；6.5/3.5；7.5/2.5；8.5/1.5等。经过上述标度，列出各层面需要比较的指标的判断矩阵，如对于某一层中需要比较的指标构成的判断矩阵可以显示为：

$$\begin{bmatrix} A & B_1 & B_2 & \cdots & B_N \\ B_1 & 1 & b_{12} & \cdots & b_{1n} \\ B_2 & b_{21} & 1 & \cdots & b_{2n} \\ \vdots & \vdots & \vdots & \vdots & \vdots \\ B_n & b_{n1} & b_{n2} & \cdots & 1 \end{bmatrix}$$

图5–1　指标权重的判断矩阵

（2）进行层次单排序与层次总排序

求出上述图5–1指标权重的判断矩阵的特征向量即得到了各指标在各自层面的权重数（即层次单排序）。首先采用上述这种方法确定三级指标之间的权重，得出其二级指标的评价值，然后同样采用上述方法，再次计算二级指标之间的权重。最后在评价领域上，每一层次指标（即评价领域层）对总目标的权重数（即层次总排序）又是一个相对权重数，可以通过如下步骤求得。

设第K–1层有m个指标C_1，C_2，$\cdots C_m$，对任意一指标C_i，其对应的第K层指标的相对权重数为：

$$b_j^k=(b_{1j}^k, b_{2j}^k, \cdots b_{nj}^k)^T \qquad \cdots(5—2)$$

其中：

j为第K–1层的指标个数，$j=1,2,\cdots,m$

又知上一层m个指标的组合权数为：

$$a_j^{k-1}=(a_{1j}^{k-1}, a_{2j}^{k-1}, \cdots a_{nj}^{k-1})^T \qquad \cdots(5—3)$$

这样，可以求出每一层次所有指标对总目标的权重数为：

$a^k=b^k\times a^{k-1}=b^kb^{k-1}\cdots b^3a^2 \quad (3<k\leq h)$ …(5—4)

其中：

h 为综合评价指标层数；

a^2 为第二层指标的排序向量。

二是专家直接确定评价指标权重。

用判断矩阵法确定指标间的权重，计算起来比较复杂，特别是层次越多、指标越多，过程越复杂，计算越麻烦。专家直接确定指标权重则非常简便、实用，也是可行的，但有主观人为因素影响。专家直接确定指标权重就是一组专家根据经验和有关国家规定、常例及方案特殊情况等因素，直接确定信息技术方案评价指标体系中的各层次指标之间的权重，取各专家的平均值，然后根据评价值，加权综合得出总的信息技术方案的评价值。

D. 信息技术的综合评价模型

根据上述定性指标的定量化、定量指标的无量纲化处理和层次排序权重确定后，或者直接采用专家确定指标权重，并对有关指标进行直接打分后，最终可以得出一个信息技术方案的综合评价模型，计算公式为：

$V_{IT}=\Sigma R_{ij}A_{ij}$ …(5—5)

其中：

V_{IT} 为信息技术方案的综合评价值；

R_{ij} 为第 i 项层次第 j 项指标的评价值；

A_{ij} 为第 i 项层次第 j 项指标对总目标的权重数。

需要说明的是，这个综合价值计算方法，除了适用于上述的多个评价区域和多层的指标评价，也可以用在评价单独的某一层的信息技术经济评价和比较，那样则 R_{ij} 为该层所属的下面的各指标评价值；A_{ij} 为该层所属的下面的各指标对该层指标即该层总目标的权重数。比如只评价或比较信息技术方案的技术上是否可行？是否先进？那么 R_{ij} 就仅仅是技术评价指标领域的评价值，A_{ij} 是各技术评价指标在技术评价指标领域的权重，就不涉及其他如经济、社会、环境等评价领域；同样如果只评价或比较信息技术方案在经济上是否经济？是否合理？那么 R_{ij} 就仅仅是经济评价指标领域的评价值，A_{ij} 是各经济评价指标在经济评价指标领域的权重，也不涉及如技术、社会、环境资源等其他评价领域。同样的，依次类推，一样有效。

5.4 本章小结

本章介绍了以现代微电子为基础的信息和通信技术（ICT）的狭义信息技术，分析了信息技术经济评价九大原则，详细地从技术评价、经济评价、社会评价、环境与资源评价、战略评价五大评价领域构建了信息技术经济评价指标体系。其中，出于信息技术的多样性带来的技术标准和评价标准的不同性，本章中还以信息技术的代表之一：ERP 软件技术为例，给出了具体的技术评价指标和标准，也同时给出来有关经济效率上的评价指标。本章最后还讨论了信息技术经济评价方法和模型，以便对上述信息技术经济评价指标体系进行定量计算和综合评价。

6

软件技术经济理论与方法

6.1 软件技术

6.1.1 软件技术的概念

从信息技术经济角度看，软件技术是信息技术的一种，是软信息技术的代表之一。软件（中国大陆及香港用语，台湾作软体，英文：Software）自20世纪60年代进入我国以来，还没有一个公认的精确的定义，目前学术界对软件的普遍性解析为：软件是一系列按照特定顺序组织的计算机数据和指令的集合，是计算机系统中与硬件相互依存的另一部分，它是包括程序、数据及其相关文档的三个部分的完整集合①。其中，程序是指按照事先设计的功能和性能要求执行的指令序列；数据是指使程序能正常操纵信息的数据结构；文档是与程序开发、维护和使用相关的图文资料。

软件还有另一种解析，如城市软件环境等，这里的软件是泛指社会结构中的管理系统、思想意识形态、思想政治觉悟、法律法规等。

本书讨论的软件技术是信息技术的一个典型软信息技术。软件技术最核心的就是程序，程序设计的最终结果就是软件，软件最直接的表现形式就是用户与硬件之间的接口界面。用户主要是通过软件与计算机进行交流。软件是计算机系统设计的重要依据。为了方便用户，为了使计算机系统具有较高的总体效用，在设计计算机系统时，必须全局考虑软件与硬件的结合以及用户的要求和软件的要求。

6.1.2 软件技术的分类

学术界与产业界目前对于软件技术还没有一个严格的分类标准。常见的分类方法有按照功能进行分类，或者按照规模进行分类，或者按照标准化程度进行分类，也有按照与硬件的关联方式进行分类等。

按照软件技术的功能进行分类通常可以分为三大序列，即系统软件技术、支撑软件技术和应用软件技术，详细如表6-1②。

---

① 百度知识文库：http://baike.baidu.com/view/327945.htm.

② 赵玮. 软件工程经济学［M］. 西安：西安电子科技大学出版社. 2008年9月. 第2~16页.

表6–1 软件技术的分类表一——按功能

序号	类别名称	类别含义	典型软件技术
1	系统软件技术	泛指能与计算机硬件相互配合，使得计算机系统各个部件、相关程序和数据能协调、高效工作的基础性的软件	如操作系统、数据库管理软件、设备驱动程序、文件编辑系统、系统检查与诊断软件等
2	支撑软件技术	泛指能协助程序人员来开发软件的工具性软件和中间件，以及协助管理人员控制开发进度的工具	如商业图形软件、文件/文字处理软件、数据库模型构造器、统计软件包、流程图设计软件等
3	应用软件技术	泛指在某一特定领域内开发，为特定目标服务的一类软件	如企业资源管理系统（ERP）、客户关系管理软件（CRM）、办公自动化软件（OA）、供应链管理系统（SCM）、生产计划管理系统（MRPII）、高速公路收费系统、银行业务系统、学生管理系统等

按照标准化程度可以分为标准化软件、半定制软件和软件服务3大类[①]**。详细如表6–2。**

表6–2 软件技术的分类表二——按标准化程度

序号	类别名称	类别含义	典型软件技术
1	标准化软件技术	泛指标准化的，可以封装发售，用户买来即可使用的软件技术	如Windows各版本的操作系统、Office各版本的办公软件、各个厂家的杀毒软件系统等
2	半标准化软件技术	具有相当一部分公共性功能，且固定和标准化；但在应用时还要做一定的客户化开发工作，才能满足客户的需求	如企业资源管理系统（ERP）、客户关系管理软件（CRM）、供应链管理系统（SCM）、生产计划管理系统（MRPII）、高速公路收费系统，银行业务系统，学生管理系统等
3	软件服务技术	泛指根据特定客户的需求，量身定做的软件，其特点就是专用性强，可复制性不高	如各种外包软件系统，系统集成服务等

① 赵玮．软件工程经济学［M］．西安：西安电子科技大学出版社．2008年9月．第2~16页．

按照与硬件关联方式可以分为嵌入式软件、组织型软件和半独立型软件[①]，列表如表6-3。

表6-3 软件技术的分类表三——按与硬件关联方式

序号	类别名称	类别含义	典型软件技术
1	嵌入式软件技术	该软件技术要求在与其有紧密联系的硬件、软件和操作的限制条件下运行，通常与某些硬件设备结合或嵌入在一起，对接口、数据结构及算法要求较高	如大型或超大型操作系统、航天测控系统、军事作战指挥系统、大型而复杂的事务处理系统等
2	组织型软件技术	该软件技术一般规模较小，结构简单，软件需求不苛刻，受硬件约束较少	如一般的数据库管理系统、操作系统、系统检查与诊断系统等
3	半独立型软件技术	泛介于上述两类之间	如大多数事务处理系统、供应链管理系统（SCM）、生产计划管理系统（MRPII）、高速公路收费系统等

软件技术的分类还可以按照工作方式分为实时处理软件技术、多用户分时软件技术、交互式软件技术、批处理软件技术；按照应用特性还可以分为科学计算软件技术、工程控制软件技术、事务处理软件技术、数据分析与决策支持软件技术等。

6.1.3 软件技术的特征

软件技术不同于一般的技术，软件技术本身是不直接可见，需要借助其他介质来体现的一种软信息技术。综合有关文献[②,③,④,⑤,⑥]，软件技术有

① 赵玮．软件工程经济学［M］．西安：西安电子科技大学出版社．2008年9月．第2~16页．

② 李欢．软件产业市场结构研究［D］．大连：东北财经大学．2007年11月．第15页．

③ 赵玮．软件工程经济学［M］．西安：西安电子科技大学出版社．2008年9月．第2~16页．

④ 张才明 周正卿 王烨． 我国软件上市公司全要素生产率实证分析［J］．《技术经济与管理研究》．2011年2月．

⑤ 百度知识文库：http://baike.baidu.com/view/327945.htm.

⑥ 张才明 王烨． 软件技术的经济性分析［J］．南昌：《企业经济》．2011年1月．

如下特征：

1. 软件技术普遍具有无形性、抽象性、可复制性和共享性。软件技术作为一种典型的软信息技术，与一般的硬信息技术如计算机硬件相比，软件技术体现的是一种逻辑实体而非物理实体，它可以记录在纸面上，保存在计算机的软盘、硬盘、光盘里，但一般都必须通过使用、测试、分析等途径才能了解它的功能、性能和其他特性，而不能通过一般的观看就可以知晓。

2. 软件技术的本身生产过程（除了复制外）几乎都是从头开始，和大部分的软信息技术一样，一般来说要经历规划与计划、需求分析、设计、编程、测试、运行和维护等环节来成型并使用，与一般硬信息技术如计算机硬件不同，硬信息技术的生产过程是以原材料器件的采购、运输、库存开始，然后经过规划、设计、研制、生产、销售、运行和维护等环节来成型并使用。

3. 软件技术是知识的结晶，创新成为软件技术发展的动力和竞争核心。产品周期短、技术更新快、集成化程度高，已经成为软件技术的重要特征。与硬信息技术如计算机硬件相比，软件技术开发更多的依赖于开发人员的业务素质、智力创新以及经验和人员的组织与管理、沟通与协作能力。

4. 软件技术的成本构成与硬信息技术相比，也有很大不同。软件信息技术基本上不需要库存成本，甚至通过因特网网络销售使得销售成本也很低，但是一般来说，软件技术的开发成本通常比较高，而且在整个成本构成中的比率也比较高。因此，软件技术具有明显的高固定成本，低变动成本，边际成本甚至为零或者可以忽略不计。但随着软件向服务方向的转移，运行维护成本的比率将越来越高，在一些免费使用许可软件，以服务费用的形式在线租赁使用的 SaaS 模式，其维护服务的成本也可以看作是固定成本，因为每增加一个软件用户带来的维护服务成本的变动几乎为零或者可以忽略不计。

5. 软件技术市场竞争激烈，与硬件相比而言，市场的进入壁垒一般较低，尤其在一些个人软件或者小型软件开发市场中，只要有适当经验和开发技术，就可以提供软件技术开发服务，甚至开发并销售自己的软件系统。软件企业竞争十分激烈，这也迫使软件企业不能固守传统产品，必须不断的推陈出新，更新换代，推出新版本或新产品，从而保持市场竞争优势。

6. 软件技术明显的软信息技术的所有特征，比如对用户具有"锁定"效果的"路径依赖特征"。具有高度知识密集性、高扩散性、高创新性、高收益性、高风险性等信息技术的特性。软件技术的成本基本上都集中在开发阶段，批量复制和生产阶段的成本几乎为零，但收益却仍然有保证。因此，软件技术的经济性和一般硬信息技术和一般通用目的技术都会有不同。

7. 软件技术的使用必须是与其他硬件或系统配套使用，才能发挥作用。而不能单独使用或发挥作用。

软件技术的这些特征与通用目的技术不一样，使得软件技术的经济性也不一样，软件技术的产业特征和市场结构特征与通用目的技术也不一样，软件技术的经济评价理论、方法和指标、标准同样也不一样。

6.2 软件技术产业

6.2.1 软件技术产业

伴随着电子计算机的迅猛发展，软件技术逐步深入到人们的工作、学习、生活等各个领域，从而赋予其强大的生命力和发展源泉，并逐步成为国民经济与社会发展的重要支柱之一。但对于软件技术产业的定义，目前还没有一个统一的标准，在我国政府与学者中，大部分认同：软件技术产业是指与软件技术产品和软件技术服务相关的一切经济活动和关系的总称。

根据中国软件行业协会发表的《2005年中国软件产业研究报告》，软件技术产业包括软件技术产品和软件技术服务两大部分产业。其中软件技术产品包括系统软件技术产品、支撑软件技术产品和应用软件技术产品；软件技术服务包括信息系统集成、信息系统运行和维护服务、数据中心与资源外包服务、数据加工与处理服务、软件技术测试服务、信息系统咨询和评估服务、信息系统监理、软件技术与信息系统管理与人才工程培训等。上述软件技术服务中，前三个属于软件技术产品的支撑与维护服务，后五个属于软件技术专业化服务。

国外对软件技术产业的划分与我国有一些差异，以国际数据公司（International Data Corporation，简称IDC）为例，它对软件技术产业的划分为表6–4。

表6–4　IDC对软件技术产业的分类

序号	软件技术产业领域类别	软件技术产品或重要功能
1	系统基础软件产业	系统管理软件产品、网络管理软件产品、系统安全软件产品、服务器软件产品、网络软件产品、中间件产品等
2	应用开发和配置软件产业	信息/数据管理软件产品、应用设计和构建工具软件产品、应用软件生命周期管理产品、应用服务器产品等
3	应用解决方案产业	消费应用技术产品（如家庭、游戏、娱乐系统等）； 协作应用技术产品（如集成协作环境、消息应用系统等）； 内容管理应用技术产品（如内容及文件管理应用系统）； 协作应用技术产品（如文字加工等）； 说话及自然语言应用技术产品（如翻译、自然语言处理系统等） 企业资源管理技术产品（如人力资源管理系统、财务管理系统、设备管理系统等）； 服务行业应用技术产品（如银行、证券、保险、电信及其他公用事业等业务与管理应用系统等）； 产品供应链应用技术产品（如制造、零售、批发流通、CAD/CAM、ERP等系统）； 客户关系管理应用技术产品（如销售支持、客户管理、呼叫中心等系统）； 其他企业类应用技术产品（如商务业绩管理与评价系统等）

国际软件技术产业在经过不断的创新、重组和发展，分别形成了以下五种具有明显特色的软件技术产业类型和结构：

（1）以美国为代表的技术与服务领导型；

（2）以印度为代表的国际加工和服务外包型；

（3）以爱尔兰为代表的生产本地化型；

（4）以西欧和日本为代表的楔入式系统开发型；

（5）以中国为代表的本地业务应用开发型。

我国软件技术产业起步于20世纪80年代中期，从90年代初到现在，随着国民经济信息化和社会信息化进程的加快和政府的支持，软件技术产业取得了突飞猛进的发展，从有关数据可以看出来，年平均增长率都保持在30%以上。

表6–5　2000~2005年我国软件市场规模信息表（单位：亿元）

指　标	2000年	2001年	2002年	2003年	2004年	2005年
软件技术产品销售额	238	330	507.4	805	965.8	2066.5
软件技术服务收入	322	406	468.6	630	1003.2	1833.9
软件技术出口	33	60	124	165	231	287.2
合计	593	796	1101	1600	2200	3900
增长率/%	34.6	34.2	38.3	31.1	37.5	77.2

（数据来源：中国软件行业协会。）

我国软件产品也由20世纪80年代的国外软件的汉化和简单工具软件开始发展到现值的包括平台软件、中间件、应用软件、工厂服务和软件孵化在内的相对完整的软件产业链，并形成了基础软件商、应用软件商、系统集成商和专业服务商等多种模式的软件厂商。

经过30多年的发展，尽管我国软件技术产业取得了长足的发展，但与欧美、日本和印度等软件技术大国相比，我国软件技术产业仍然存在诸多的问题与不足。

（1）我国软件技术研发投入不足，资金少，缺乏软件技术产业中的核心产品和核心技术，无力进入产业价值链的上游，大多是在产业价值链的下游参与有限的利益分配。而且我国的软件企业大部分还是以中、小型企业为主。

（2）由于我国在系统软件和部分支撑软件技术上受制于国外，因而在产业发展的上层空间无法打开，扩大再生产的能力十分有限。

（3）软件技术市场结构上，我国处于劣势地位。由于资金和核心底层技术的缺乏，造成我国信息技术产业多年来建立在外国公司提供的技术平台基础上，自主创新能力弱，国外软件技术产品占据了2/3的国内软件市场，其中在系统软件方面几乎没有我国自主版权软件的立足之地，在支撑软件和应用软件方面同样面临激烈的竞争。

（4）大量的利润和人才流入外国软件企业，严重影响了我国软件技术产业的积累和再生产能力，甚至还严重影响到了我国信息安全。

（5）我国软件人才结构呈现出高端和低端人才相对较少，特别高端人才的缺乏，而以中端人才居多的“橄榄形”结构，从而使得企业的成功更多是依赖于个别高端人才而不是团队，同时也让大量的中端人才从事低端人才的工作，浪费大量的人力资源。再加上外部市场机制不完善，企业管理不够先进科学，手工作坊式的业务流程，缺乏龙头企业等，都极大地阻碍了我国软件技术产业的发展。

6.2.2 软件技术产业特征

综合有关文献[①,②,③,④,⑤]，软件技术产业与一般的通用技术产业有很大不同，一般说来，软件技术产业具有如下特征：

---

① 李欢．软件产业市场结构研究［D］．大连：东北财经大学．2007年11月．第15页．

② 赵玮．软件工程经济学［M］．西安：西安电子科技大学出版社．2008年9月．第2~16页．

③ 张才明 周正卿 王烨．我国软件上市公司全要素生产率实证分析［J］．太原：《技术经济与管理研究》．2011年2月．

④ 百度知识文库：http://baike.baidu.com/view/327945.htm．

⑤ 张才明 王烨．软件技术的经济性分析［J］．南昌：企业经济．2011年1月．

1. 高技术、高附加值与高效益的典型“三高”。

软件技术产业是典型的技术密集、知识密集的高技术产业。高技术化、创新化是软件技术产业的基本特征。技术创新是软件技术产业的发展动力，各国兴起的信息化浪潮，刺激了软件技术产品的市场需求；多媒体技术、可视化技术与面向对象技术等的发展，给软件技术提供商带来了新的生机；JAVA 语言的问世，应用领域的开拓，为软件技术产业带来了新的市场需求，且软件技术产业与制造产业相比，不需要大量的资金和设备投入、土地投入等，同时由于高技术的特征，软件技术产业的成本中研发、人员费用的比重大大超过其他产业，人才的创造性思维和劳动成为产业高增加值的根本因素，从而使得软件技术产业成为具有高附加值、高效益的“绿色产业”。

2. 与其他产业的高度关联性。

软件技术产业作为信息技术产业的核心和灵魂，目前正广泛渗透到国民经济的第一、第二和第三产业，成为改造和提升传统产业，推动产业结构调整、产品技术改造的重要基础和支撑。软件技术产业由于其“服务性”的宗旨，其服务领域已经涉及国民经济的任何一个部门，任何一个行业。软件技术产业和相关信息服务业已广泛渗透到经济、社会、军事、文化的各个方面，成为推动经济结构调整和产品结构更新换代的重要基础和支撑。从信息制造业到信息服务业、从生物技术到新材料再到光机电领域，软件技术产业提供了全面的技术支持，并延伸其产业生命周期。软件技术服务涉及国民经济的任何一个部门，涉及技术开发和创新活动的任何一个领域。

3. 国际化特征特别明显。

随着经济全球化、一体化的发展，软件技术平台的日趋统一，软件技术市场的开放，软件技术的标准化，为软件技术产业的国际化提供了技术保障。一大批跨国软件技术公司兴起，领导国际软件技术市场和软件技术标准的发展，为软件市场的国际化提供了市场空间，同时，近期的国际间的软件技术代加工、软件技术外包和服务的兴趣也为软件技术的国际化提供了新的发展领域。

4. 专业化分工越来越细。

软件技术产业发展至今，还没有真正一家能够提供所有各类软件技术的“全能”软件技术开发商。那些能够提供众多类型的软件技术，也大部分是在软件技术的相应产业链条上的各类技术，例如微软能提供操作系统和办公系统等；甲骨文（Oracle）能提供数据库和ERP软件系统等；这很大一部分原因就是操作系统、办公系统有一定的产业链关系，数据库系统和ERP系统更是有上下游的密切链条关系。

软件技术产业的分工越来越细化的根本原因是：由于软件技术提供商不可能涉足或满足国民经济及社会的所有领域的应用开发需求，因而在各个产业领域的开发、生产、销售、服务过程中的任何一个环节都可能为软件技术提供商的成长和竞争优势提供足够的空间，从而使得软件技术产业的专业化分工越来越细。

5. 规模经济效益明显。

软件技术产业由于门类广、种类多，从而形成众多的企业。软件技术产业的许多技术创新和创意来源于中小企业，创新绝非跨国公司的专利。当然，在基础软件等需要大量研发投入的领域，市场进入壁垒高，使一般企业难以企及，核心技术都控制在几家大企业手中。但在应用软件、专业服务等更为广泛的领域，更多的平等竞争机会开放着，为新的进入者和替代产品提供了竞争机会。软件技术产业的服务化越来越明显，软件技术产业的竞争中有集中，规模经济效益正在越来越明显的得到实证。

6. 人力资本密集。

软件技术产业是高附加值的智力密集型产业，软件技术企业的竞争力不依赖于任何的自然资源，而主要依赖于人力资源——软件开发人员、软件市场人员和企业管理人员等。所以软件专业人才的培养成为产业发展的关键。

7. 高投入、高风险、高回报

在基础软件等需要大量投入的领域，市场进入壁垒高，一般企业难以企及，可观的宣传营销投入自然也在所难免，即使是一般的应用软件的开发也需要投入大量的人力和财力。如果软件产品没有成功占据一定的市场份额，那么，软件开发投入厂商是要承担很大风险。但是由于软件产品的物质承载者的成本很低，且复制成本极低，边际成本几乎为零，因此软件产品推向市场以后一旦为市场所接受，又有超乎常规的高回报。

8. 互连和锁定效应。

软件产品是一种智力产品，具有层级互连和锁定效应。锁定是指由于各种原因，导致从一个系统（可能是一种技术、产品或是标准）转换到另一个系统的转换成本高到一定程度，导致转换不经济，从而使得系统在达到某个状态之后就很难退出，系统逐渐适应和强化这种状态，从而形成一种“选择优势”，把系统锁定在这个均衡状态。要是系统从这个状态退出，转移到新的均衡状态，就要看系统的转换成本是否能够小于转换收益。转换成本实际上是对锁定程度的衡量。软件技术产业的锁定主要与两方面原因有关：一是网络效应造成的成本，二是由其导致的其他转换成本的产生，主要包括学习和使用经验、原有投资和培训等巨大转移成本。

6.2.3 软件技术产业市场结构理论

6.2.3.1 传统市场结构理论

根据市场集中度、产品差异、进入退出壁垒以及信息完全与否等标准，传统的市场结构划分为四种：完全竞争、完全垄断、垄断竞争和寡头垄断[①]。

完全竞争也称为“纯粹竞争”，也就是说市场上不存在任何垄断因

① [美]保罗 · A. 萨缪尔森 威廉 · D. 诺德豪斯《经济学》[M]. 北京：中国发展出版社，1992年 . 第12版 . 第975~1078页 .

素。这种市场结构的特点：一是产业集中度很低。市场拥有众多的买者和卖者，每个卖者提供的产品数量与每个买者购进的产品数量在市场总量中所占的比例很小，因此市场集中度很低，没有一个买者或卖者对市场价格有显著的影响力。价格由市场总供给和总需求决定，对于每个买者或卖者而言，只能是价格的接受者，而不是影响者。二是产品同一性很高。市场内每个企业生产的产品几乎是同质的无差异产品，产品之间具有完全的可替代性，因此如果其中一个企业提高产品价格（无论幅度多大），所有的消费者都会转而购买其他企业的产品，即该产品的需求价格弹性趋于无穷大。三是不存在任何进入与退出的壁垒。市场中不存在资金、技术或法律的进入和退出壁垒，新的企业进入该市场或原有的企业退出这个市场都是完全自由。换句话说，在该产业的预期利润率很高的情况下，就会有许多企业试图进入，而如果产业的利润率下降到低于正常水平时，企业也会不断退出。四是完备信息。所有的买者和卖者都掌握与交易有关的一切信息。顾客和生产企业全都知道各个企业的价格，企业不仅知道自己的销售收入和成本函数，而且也知道其他企业的销售状况和成本函数等。完备信息使交易双方能够充分比较，择优淘劣，促进竞争。同时，完备信息还使买卖双方都能做出最优的决策。大多数农产品市场接近于完全竞争的状态，除此之外，现实社会中几乎没有一个行业市场真正具备以上四项条件，所以，完全竞争其实只是一个理想的经济模型。

完全垄断是与完全竞争相对的另一个极端的市场结构，即只有一个买者或卖者的市场，称为买方垄断或卖方垄断。完全垄断的市场结构的特点：一是产业的绝对集中度为100%。因为市场上只有一个提供产品的企业或者一个购买产品的需求者。二是没有替代产品。完全垄断企业出售的产品没有直接替代产品，所以它的产品的需求交叉弹性为零。三是进入壁垒非常高。如果某个行业市场的进入壁垒高不可越，它就成了垄断市场。首先是资本壁垒，即完全垄断企业的起始资本量很大，因此一般的企业难以进入；其次是技术性壁垒，即垄断者掌握了某种生产技术和诀窍，其他企业则没有，这个市场也就自然成了垄断市场，规模经济是一种被研究得最多的技术性壁垒；还有法律壁垒，有些独家经营的特权是由法律所规定并受到法律保护的，专利和版权就是法律特许的垄断；最后是策略性壁垒，企业即使没有上述三种壁垒，也可以通过其他方式高筑壁垒，例如巨额广告投入。

寡头垄断市场是指少数大企业控制着产业市场绝大部分产品的供给，它们具有较高的市场份额。这是一种介于完全竞争和完全垄断之间、以垄断因素为主同时又具有竞争因素的市场结构。它的主要特点：一是产业集中度高。由于产业市场被少数大企业所控制，它们生产和销售的产品在产业总生产量和总销量中占据了很高的比例，因此产业的集中度很高。二是产品基本同质或差别较大。存在两种情况：一种情况是几个大企业提供的产品基本同质，没有大的差别，相互之间的依存度很高；另一种情况是产品有较大差别，彼此相关度较低。三是进入和退出壁垒较高。产业内的少数大厂商在资金、技术、生产和销售规模、产品知名度和美誉度、销售渠道等方面占有绝对优势，因此新企业很难进入这个行业市场与之抗衡，同时，由于垄断企业的生产规模大、投入资本量也很大，所以企业退出市场的壁垒很高。寡头垄断是一种很普通的市场结构形式。

垄断竞争是一种比较接近现实经济状况的市场结构，它介于完全竞争和完全垄断之间，且偏向完全竞争。它的主要特点：一是产业集中度较低。产业市场内企业数量较多，因此每个企业的市场占有率较低，没有市场力量。这是垄断竞争市场和完全竞争市场的共同点。二是产品有差别。这是垄断竞争与完全竞争市场结构的主要差别。产业市场内不同企业生产的产品是不“同质”的，它们销售在质量、外观、商标、售后服务和声誉等方面有差异的品牌产品，并且各个企业是它自己品牌的唯一生产者。由于这些产品差异的存在，使得企业能够在一定程度上排斥其他产品，享有一定的定价自主权，它所具有的垄断实力的大小取决于它在将自己的产品区别于其他竞争企业的产品方面获得的成功。因为实际上不同企业的差别产品之间仍具有较高的替代性（需求的交叉弹性大但不是无穷大），所以这种垄断性非常有限。三是进入和退出壁垒较低。新企业带着某种新品牌的产品进入市场和原有企业在它们的产品无利可图时退出市场都比较容易。垄断竞争市场内企业的规模都不大，原始投入资本也比较低，因而新企业进入或原有企业退出的资本壁垒和技术壁垒都比较低。

6.2.3.2 软件技术产业市场结构理论

对照上述传统市场结构理论和特征，可以发现这四种传统市场结构中的任何一种都无法准确描述软件技术产业所体现出来的特征，它既具备类似于寡头垄断的市场结构特征，又与垄断竞争的市场结构特征相似。在软件技术产业中，由于技术的不断创新与进步，垄断与竞争的性质都发生了很大的变化，垄断的标准由单一化过渡到多样化，垄断的市场主体与垄断行为也随之有所变化；竞争也在不断打破原本清晰产业界限，在新的平台上展开。也就是说垄断的程度越高，竞争的程度也就越激烈，激烈竞争的结果或者导致市场集中度更高，或者使市场结构变得更细微化，更分散。软件技术产业的垄断与传统的垄断虽然都是建立在竞争的基础上，但软件技术产业的垄断不是竞争的终点而是下一轮更激烈竞争的起点。

对于软件技术产业垄断的市场结构下，厂商表现出的全然不同的行为特征以及竞争与垄断的关系特征，我国学者李怀和高良谋于2001年在《经济研究》第10期发表了《新经济的冲击与竞争性垄断市场结构的出现——观察微软案例的理论框架》一文，对软件技术产业的市场结构特征进行了总结和研究，并明确提出了竞争性垄断市场结构的概念，刻画网络经济下软件技术产业新的市场结构特征。暨南大学朱卫平、孙有平在《暨南学报》发表的《新经济下竞争性垄断市场的新古典主义探析》（2004）中认为新经济（网络经济）是以技术创新为主的经济形态，并从新古典微观方面做出诊释，在竞争性垄断市场结构理论上为新经济找到支撑点，利用正反馈效应构建了信息产品供需模型来解释竞争性垄断市场结构中竞争与垄断的相互作用。郑奇宝在《电信行业的竞争性垄断和有效率竞争》（2004）中应用竞争性垄断市场结构理论分析电信行业的市场结构和效率。山东大学的尹莉莉在其博士论文《竞争性垄断市场研究——依据软件产业对传统产业组织理论的反思》（2005）中应用SCP（Structure-Conduct-Performance：结构—行为—绩效）的基本范式对竞争性垄断市场结构进行了研究，以掌握其产生、发展、动态变化的规律。同时描述了厂商在这种市场结构中的运行方式与行为特点、绩效如何，揭示出其与传统的工业经济中的垄断与竞争的不同之处。并且构建了一个双寡头模型来说明竞争性垄断市场结构的动态变化，并结合产业融合理论说明信息产业竞争与垄断相互强化对产业结构的影响。南开大学经济研究所的罗若愚和王卫东在《信息产业发展的新特点及对我国的启示》(2006)中分析了全球信息产业发展的四个新特点即呈现为竞争性垄断市场结构、产业内部分工层次明晰与产业联系紧密、产业全球分工与专业整合趋势明显、产业的集群化发展趋势明显，在此基础上指出了对我国信息产业发展的几点启示。闫军印博士在博士论文《信息产业市场结构的理论研究》(2007)，从垄断性和竞争性两个方面对于信息产品进行了理论研究和分析，揭示了信息产品市场通过标准竞争形成竞争性垄断市场结构的动态过程，并对竞争性垄断市场结构的效率性进行了分析。

综上所述，软件技术产业市场结构目前大多数研究者定义为一种新型的市场结构——竞争性垄断市场结构[①]。

竞争性垄断市场结构规范定义目前没有统一的概念。本书认为：竞争性垄断市场是一种竞争态势为主又客观存在垄断的市场结构，它既具备类似于寡头垄断的市场结构特征，又与垄断竞争的市场结构特征相似。在一定市场上由于技术标准和品牌等因素，存在垄断如操作系统软件市场、数据库软件市场等，但垄断不足于影响竞争，在一些应用软件市场上，由于门槛进入低，竞争仍然是主导，尤其是行业应用软件市场。

竞争性垄断市场主要特点：一是部分细分产业集中度高，如操作系统软件市场、数据库软件市场等；部分细分产业集中度低，如行业应用软件市场、移动互联软件市场等。二是产品由于采用的技术或平台的差异存在较大性能差别，但同类产品的功能差别不大。三是部分细分软件技术产业进入和退出壁垒较低如应用软件、中间件软件等；部分细分软件技术产业进入和退出壁垒较高操作系统软件市场、数据库软件市场等。四是信息存在双向不完备性，由于软件属于知识性的软产品，在没有经过实际使用前，无法通过表面判断软件产品的好坏或者判断是否适合消

① 李欢．软件产业市场结构研究［D］．东北财经大学．2007年11月．第15页．

费者使用，而软件产品提供者则对软件产品熟悉，但对客户的需求的完全了解存在不完备性，也就是说软件本身从满足用户需求角度永远存在不足。因此，软件技术产业市场上存在客观的现实的消费者或用户与软件技术产品提供者双向的信息不完备性，但也正是这种不完备性，间接推动软件技术不断创新和软件技术产业的不断发展。

6.3 软件技术经济基础理论

6.3.1 软件技术效用理论

经济学中的边际效用[①]递减规律认为，在外部其他条件不变的情况下，随着消费者对某种商品消费量的增加，商品的边际效用（即消费一定量的商品中最后增加的那一个单位商品所增加的效用）是递减的[②]。因此刚开始随着消费量增加总效用增加，但是总效用增加速度放慢，并且可能达到一个极大值以后，由于边际效用为负，总效用会开始递减。

而软件技术的边际效用和它们则不同，软件技术的边际效用是递增的[③]。产生这种差别的原因是软件技术普遍具有“外部性[④]”。软件技术的边际效用递增主要有以下两个原因：一是由于软件技术都具有路径依赖性，一旦消费者选定了某一软件技术，很难再转移消费，具有“消费锁定”效果，因为转换的软、硬件的成本和时间、精力等各种成本都太高，一般消费者都不会轻易更换软件。二是软件技术都具有自动处理或增值

① 边际效用：经济学名词，是指消费者增加或减少一个单位商品消费量所引起的总效用的增加或减少量。见［美］保罗·A.萨缪尔森 威廉·D.诺德豪斯.经济学［M］.北京：中国发展出版社.1992年.第12版.第676页.

② ［美］保罗·A.萨缪尔森 威廉·D.诺德豪斯.《经济学》［M］.北京：中国发展出版社.1992年.第12版.第675~678页.

③ 张才明 王烨.软件技术的经济性分析［J］.南昌：《企业经济》.2011年1月.

④ 外部性：指在生产或消费的过程中，给他人带来非自愿的成本或收益，即成本或收益被强加于其他人身上，而这种成本或收益并没有由引起成本的或接受收益的人加以补偿。见［美］保罗·A.萨缪尔森 威廉·D.诺德豪斯.经济学［M］.北京：中国发展出版社.1992年.第12版.第518页.

的功能[①]，一旦某种软件技术得到广大消费者的认同，这种技术的用户基数会很快迅速扩大，与该技术配套的辅助信息技术也会越来越多，同时消费者对辅助技术的种类和该技术的功能的预期也会越来越多、越来越强，进而用户也越来越多，消费者获得的产品效用也更大。这种正反馈循环的状态促使了软件技术具有自发性的扩张态势，而在这一扩张的过程中，消费者使用该软件技术的边际效用也就自发性的随之越来越大。微软的Office就是一个典型例子，随着更多的用户采用Office，会直接使现有的用户可以更容易分享文件，增加了Office的价值。而现有的用户如果放弃Office的使用去选择另一种办公软件，其成本是巨大的，不但要增加支出、花费学习时间，而且会使自己处于比较小的网络之中，不能充分获得文件共享价值。所以说，软件技术遵循边际效用递增规律，设总效用为TU（Total Utility），边际效用为MU（Marginal Utility），则它们的趋势和关系可以用图6-1来表示：

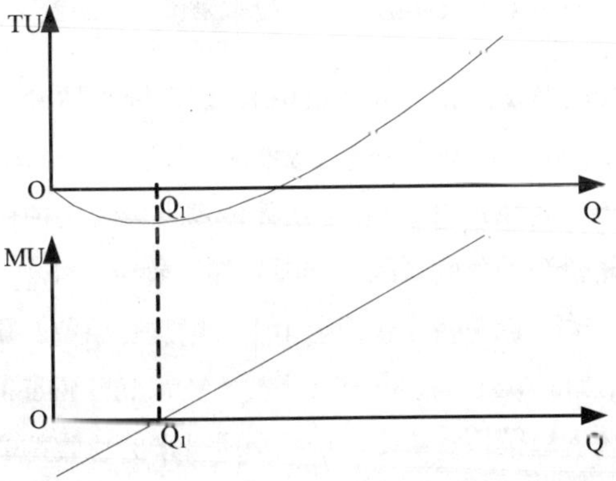

图6-1 软件技术总效用与边际效用趋势与关系

当某种软件技术消费量小于Q_1时，MU小于0，TU小于0并且递减。这时不但边际效用小于0，总效用也是小于0。当某种软件技术消费量等于Q_1时，MU为0，TU为最小值；当某种软件技术消费量大于Q_1时，MU大于0，TU为递增。软件技术的边际效用递增规律用数学公式表示如下：

dMU/dQ=d2TU（Q）/dQ>0 …（6—1）

① 张小蒂 倪云虎.《网络经济》[M]. 北京：高等教育出版社，2002年8月. 第49页.

6.3.2 软件技术外部性理论

6.3.2.1 正版软件技术外部性理论

外部性是指在生产或消费的过程中，给他人带来非自愿的成本或收益，即成本或收益被强加于其他人身上，而这种成本或收益并没有由引起成本的或接受收益的人加以补偿。[①]“更为确切地说，外部性是一个经济主体的行为对另一经济主体的福利产生影响，而这种影响并没有从货币或市场交易中反映出来”[②]。由此，外部性有积极的，也有消极的，前者称为外部经济性或外部正效应，后者成为外部非经济性或外部负效应。传统的经济学认为，一般私人商品不会具有外部性，而公共商品如市政设施等则普遍具有外部性，因而一般公共商品都应该是政府投资。

一般来说对于软件技术，基本上或多或少的都具有外部性，而且是具有外部正效应，但对于盗版非法的软件技术来说，则具有外部负效应。

设 MB 为边际收益（Marginal Benefit），表示软件技术供应者每销售一单位软件技术，给自己所带来的总收益的增加；MEB 为边际外部收益（Marginal External Benefit），表示软件技术供应者每销售一单位软件技术，给他人所带来的总收益的增加即外部正效应；MC 为边际成本（Marginal Cost），表示软件技术供应者由于每增加一单位产量，给自己带来的总成本的增加；MSB 为边际社会收益（Marginal Social Benefit），表示软件技术供应者每销售一单位，给社会所带来的总收益的增加，是供应者的自己的边际收益 MB 和外部边际效益 MEB 之和。根据新古典经济学原理，设定 MB 为递减，MC 为一个基本水平值，具有外部正效应的软件技术，它的外部正效应程可以看作是均等的，如一套 Office 办公软件，可以看作对所有的用户产生的收益都是固定的（当然假定所有的用户获得的价值信息一致，人的智力也一样）；因此，可以用水平的 MEB 反映，这时 MB 和 MEB 之和的边际社会收益 MSB 则是与原

① [美]保罗·A.萨缪尔森 威廉·D.诺德豪斯．经济学［M］．北京：中国发展出版社.1992年．第12版．第518页．

② 张小蒂 倪云虎．网络经济［M］．北京．高等教育出版社.2002年8月．第26页．

MB 平行的斜线即同斜率；但是一旦 Office 软件有在线共享功能，则软件技术的外部边际收益是递增的，因为越多的消费者使用，带给消费者的边际收益越大，而且最后一个消费者一定比以前一个消费者所获得的边际收益大，即外部边际收益递增，那么它的外部边际收益曲线为虚线 MEB'，这时，MB 和 MEB 之和的边际社会收益 MSB 则不再是与原 MB 平行的斜线，而是表现为斜率更低的虚线 MSB'。当然，如果外部边际收益递减的软件技术（但只要存在外部正效应，外部边际收益就不会递减到小于 0），则其外部边际收益曲线为虚线 MEB''，边际社会收益为虚线 MSB''，表现为斜率更陡。因此，具有外部正效应的软件技术市场均衡和社会效率曲线如下图 6–2 表示：

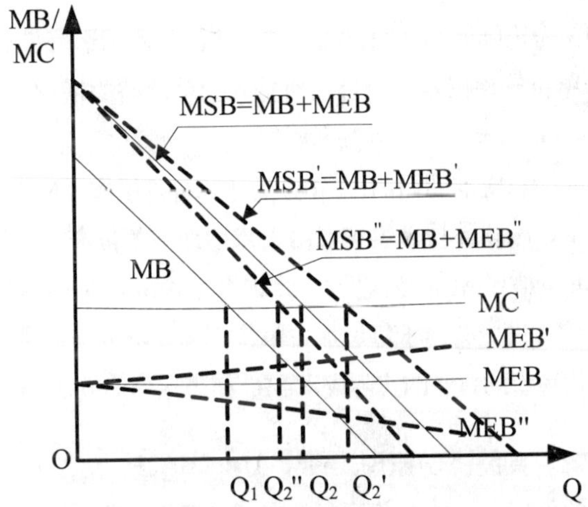

图 6–2　外部正效用的软件技术市场均衡与社会效率关系

如果不考虑该软件技术的外部性，即忽略掉边际外部收益 MEB，那么均衡点对应的产品数量将是 Q_1 点，即 MB 和 MC 的交点所对应的数量，Q_1 点也是市场均衡点。由于存在外部性，MB 发生了右移，在边际外部收益均等的情况下，变成了 MSB，与 MC 交点对应的产品数量是 Q_2 点，即社会效率水平点；在边际外部收益递增的情况下，变成了 MSB'，与 MC 交点对应的产品数量是 Q_2' 点；在边际外部收益递减的情况下，变成了 MSB''，与 MC 交点对应的产品数量是 Q_2'' 点。而 $Q_2>Q_1$、$Q_2'>Q_1$、$Q_2''>Q_1$，说明只要存在外部正效应，市场均衡的规模都是低于社会效率水平的规模。这个结果也说明，具有外部正效应的软件技术往往容易出现生产不足，导致市场均衡数量低于社会最优水平。为此，理论上这类软件技术在这个阶段往往需要国家进行补贴，鼓励生产者把 Q_2 和 Q_1、Q_2' 和 Q_1、Q_2'' 和 Q_1 之间的产量尽可能的生产出来，则可以最大化社会收益，即实现社会福利最大化。因此，我国实施对软件企业税务优惠和补贴是有道理的，符合软件技术外部正效应理论。

6.3.2.2 盗版软件技术外部性理论

盗版软件技术是指未经过软件技术版权所有人授权使用的软件技术，盗版软件技术具有明显的外部负效应性。

设 MB 为边际收益（Marginal Benefit），表示盗版软件技术供应者每销售一单位软件技术，给自己所带来的总收益的增加；MC 为边际成本（Marginal Cost），表示盗版软件技术供应者由于每增加一单位产量，给自己带来的总成本的增加；MEC 为边际外部成本（Marginal External Cost）表示盗版软件技术供应者由于每增加一单位产量，给他人所带来的总成本的增加；MSC 为边际社会成本（Marginal Social Cost），表示盗版软件技术供应者由于每增加一单位产量，给社会所带来的总成本的增加，是供应者的自己的边际成本 MC 和边际外部成本 MEC 之和。

根据新古典经济学原理，设定 MB 为递减，MC 为一个基本水平值，盗版软件技术的外部负效应程度可以看作均等。因此，可以用水平的 MEC 反映它的外部负效应程度，此时边际社会成本 MSC 为 MC 和 MEC 之和，表现为与 MC 和 MEC 平行的水平线；当然，也许还有外部边际成本递增或外部边际成本递减的盗版软件技术，即它的外部边际成本线还有可能是 MEC' 或 MEC''，这时边际社会成本同样是与 MEC' 或 MEC'' 同斜率的斜线，并在其 MC、MEC' 或 MEC'' 之上（但只要存在外部负效应，外部边际成本就不会递减到小于 0）。具有外部负效应的盗版软件技术的市场均衡和社会效率关系曲线可以用如下图 6–3 表示：

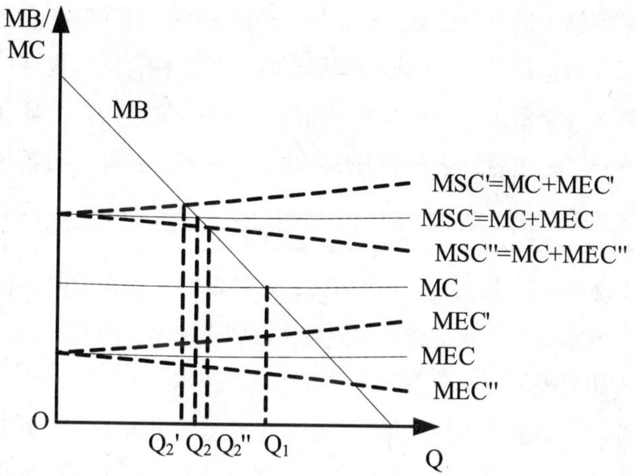

图6–3 外部负效用的盗版软件市场均衡与社会效率关系

如果不考虑该盗版软件技术的外部性，即忽略掉边际外部成本MEC，那么均衡点对应的产品数量将是Q_1点，即MC和MB的交点所对应的数量，Q_1点也是市场均衡点。由于存在外部性，MC发生了上移，在边际外部成本均等的情况下，变成了MSC，与MB交点对应的产品数量是Q_2点，即社会效率水平点；在边际外部成本递增的情况下，变成了MSC'，与MB交点对应的产品数量是Q_2'点；在边际外部成本递减的情况下，变成了MSC''，与MB交点对应的产品数量是Q_2''点。而$Q_2<Q_1$、$Q2'<Q_1$、$Q_2''<Q_1$，说明只要存在外部负效应，市场均衡的规模都是大于社会效率水平的规模。这个结果也说明，具有外部负效应的盗版软件技术往往容易出现生产过量，导致市场数量高于社会最优水平。也说明在数量Q_2和Q_1、Q_2'和Q_1、Q_2''和Q_1之间，所生产出来的盗版软件技术的边际社会成本超过了生产者获得的边际收益。为此，理论上盗版软件技术在这个阶段往往需要国家进行征税或惩罚，当生产者的产量超过了Q_2或Q_2'或Q_2''，即进行惩罚，使得Q_2和Q_1、Q_2'和Q_1、Q_2''和Q_1之间的产量不生产出来，则可以减少社会所负担的成本。

6.3.2.3 软件技术外部性修正理论

软件技术的外部性存在破坏了完全市场竞争对市场资源配置上的优

越性，必须给予适当的措施，修正外部性的影响，以降低或消除外部效应多带来的效率损失。目前经济学界对修正外部性有两种观点：一是由市场机制本身来解决，如外部效应内部化、明确界定产权、社会道德制裁等方式；二是由政府干预的方法解决，如税收、补贴、罚款、制定法令等[①]。

外部效应内部化：采用某种方式，将外部成本或收益内部化，使得市场决策者本身承担或享受外部效应，以纠正决策，改善配置。如扩大企业规模和组织就是一个重要方式。在软件技术产业里面，由于软件技术具有外部正效应，不少大型软件企业都是通过扩大上下游组织和经营范围和规模获得更多效益，如美国的甲骨文公司，就是不断兼并上下游软硬件企业，以获得更多效益。

产权是指某种资源的所有权、使用权和自由转让权等[②]。通过产权界定实现解决外部效应问题是由美国经济学家——1991年诺贝尔经济学奖获得者罗纳德·科斯（Ronald. Coase）提出来的。他认为产权不明是外部效应的根源，如果产权明确界定，且协商无成本，那么在有外部效应的市场上，交易双方总能通过协商达到某一帕累托最优[③]配置，且不管产权划归哪一方，这就是著名的科斯定理。由于软件技术具有明显的外部正效应，软件著作权登记制度保护了软件技术的知识产权，促进了软件技术的发展和研发效率。

罚款和征税主要是用来解决外部负效应问题。在外部负效应存在的情况下，如果政府向有关的生产者或提供者进行相当于他造成的社会边际成本的罚款和征税，这样外部成本将变成了有关的生产者或提供者的内部成本。有关的生产者或提供者决策时就会考虑避免这些成本，避免

① 马费成 靖继鹏．信息经济分析［M］．北京：科学技术文献出版社．2005年3月．第一版．第149页．

② 马费成 靖继鹏．信息经济分析［M］．北京：科学技术文献出版社．2005年3月．第一版．第149页．

③ 帕累托最优是指无法不让他人福利受损而提高某人“福利”这样的一种状态。见张小蒂 倪云虎．网络经济［M］．北京：高等教育出版社．2002年8月．第26页．

效率损失。在软件技术产业中，典型的应用就是政府对盗版软件进行高额罚款或没收，使得盗版软件的供给曲线左移到 S_1，从而减少盗版软件的市场均衡产量，从而纠正市场失灵，如下图6-4：

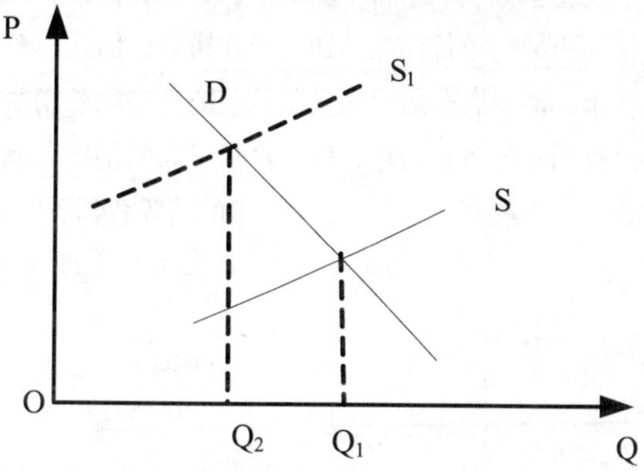

图6-4　盗版软件效用修正——罚款或征税

补贴是在外部正效应存在的情况下，为了扩大实际产量，政府给生产者或提供者提供额外的奖励或补贴，降低生产者或提供者的边际成本，从而使生产者或提供者在一定的价格下扩大供给量，达到纠正市场失灵的作用。在软件技术产业中，很多国家政府包括我国，都对软件企业进行返税、退税或减免税务、奖励等各种方式进行补贴，目的就是使软件企业生产成本降低，引起供给量的增加，使供给曲线右移到S1，从而使市场均衡数量尽量达到帕累托最优点，如下图6-5：

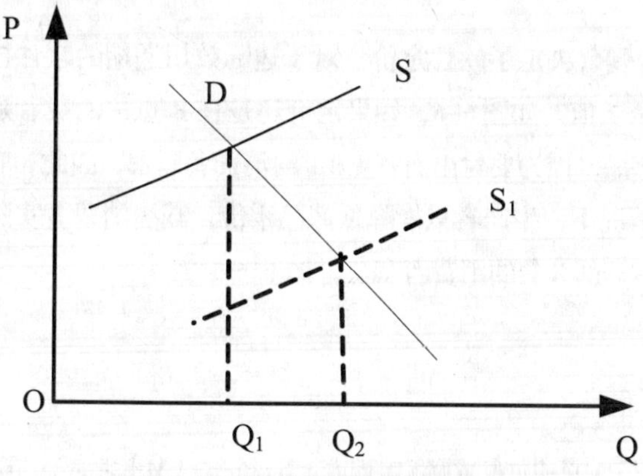

图6-5　正版软件效应的修正——补贴

6.3.3 软件技术消费者行为理论

消费者剩余是消费者消费一定数量商品愿意付出的价格和实际付出价格之间的差额或者是一种商品的总效用与其市场价值之间的差额[①]。由于商品的价格是由最后单位商品的边际效用决定，因此，对于边际效用递增的软件技术，消费者在最后购买单位前的商品的效用所对应的愿意价格都低于最终的实际支付价格，因此产生了负的消费者剩余，根据边际效用递增的软件技术需求曲线，软件技术的消费者剩余如下图6–6：

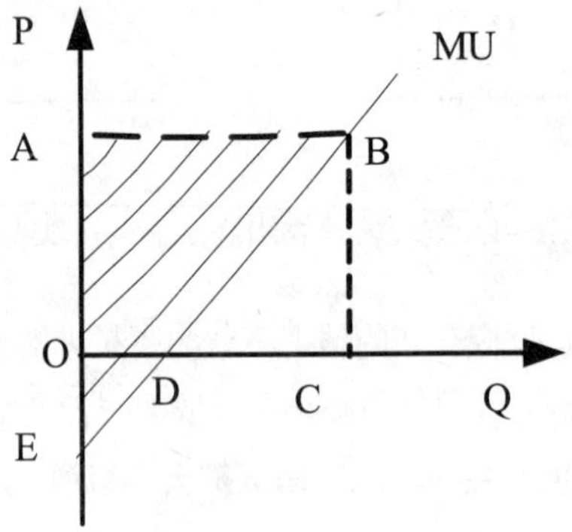

图6–6 边际效用递增的软件技术的消费者剩余

面积DCB–EDO就是消费者愿意支出的价格，面积OCBA是消费者实际支出的价格，面积EBA就是两者的差额，是一个负值。

消费者剩余决定了软件定价。对于边际效用递增的软件技术，其消费者剩余是负值，如图6–6，如果定价还是在B点，消费者是不会购买C点前的产品，因为要付出面积EBA的消费者剩余，因此，在消费者行为不变的情况下，生产者只能降低产品定价，减少消费者实际支付的价格来弥补这一部分负的消费者剩余，如下图6–7：

① [美]保罗·A.萨缪尔森 威廉·D.诺德豪斯.经济学[M].北京：中国发展出版社.1992年.第12版.第686页.

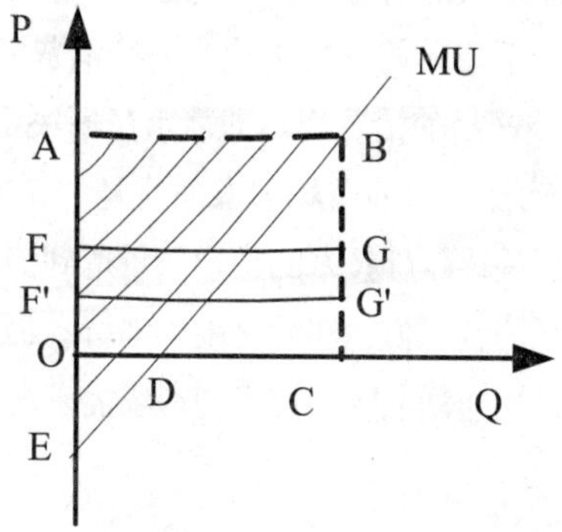

图6–7 边际效用递增的消费者剩余定价补偿

产品定价在G点，消费者的剩余可以获得面积ABGF的补偿，并且随着产品数量的增加，负的消费者剩余会迅速增加，因此，生产者产品的定价也会迅速降低，远离需求曲线，如图6—7的G'点。这就是为什么很多软件技术价格经常迅速降低的原因，而软件技术供应商要维持一定的价格水平，必须不断推出新版本的软件，并以新的定价出现在市场上。

6.3.4 软件技术需求理论

需求曲线由边际效用规律决定。对于边际效用递减的产品，消费者需求曲线规律是由它的边际效用递减规律下消费者追求效用最大化所决定，消费者均衡的条件仍然是MU/P=λ，（其中MU为边际效用Marginal Utility，P为价格Price。）λ在收入不变的情况下假定不变，随着消费量的增加，边际效用递减，而货币购买力不变，因此，消费者愿意支付的价格越来越低，从而使得消费者均衡得以维持。因此，只要是边际效用递减的，它的消费者需求曲线就和传统私人商品的消费者需求曲线类似，也是递减，向下方倾斜。

而对于边际效用递增的软件技术，由于具有外部性，对包括了所有消费者的整个市场来说，软件技术的外部性必须考虑进来，并且可以把其外部性看作一种内生变量，且某个消费者的消费导致的其他消费者效用的增加，抵消了该消费者的边际效用的减少，从整个市场来说，边际效用仍然是递增的。边际效用决定需求价格，对于外部正效用的软件技术来说，随着市场需求量的增加，市场上消费者愿意支付的价格也随之提高，即软件技术的需求价格取决于该产品给消费者带来的边际效用，而边际效用又是由该产品的消费规模即需求量所决定的。因此，这时，具有外部正效应的软件技术的市场需求曲线是一条向右上方倾斜的曲线。但其有一个前提是该软件技术的用户数量达到消费者认为的该产品能产生边际效用递增的临界值，在此之前，消费者仍然会认为边际效用递减。因此，边际效用递增的软件技术的市场需求曲线可以归纳为如下图6–8示：

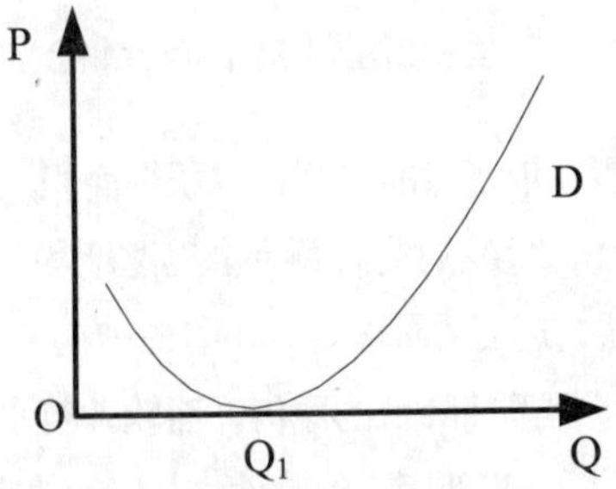

图6–8 软件技术市场需求曲线

在市场需求量 $Q<Q_1$时，需求曲线是一条向右下方倾斜的曲线；当$Q>Q_1$时，需求曲线是一条向右上方倾斜的曲线。即当市场需求量低与某一临界值时，需求价格随需求量的增加而下降，随需求量的减少而上升；当市场需求量超过该临界值后，需求价格随需求量的增加而上升，随需求量的减少而下降。

6.3.5 软件技术成本理论

传统经济是由物质变量决定的，由于物质享赋是稀缺的，并具有不可重复使用的性质，所以成本约束才使规模经济的有效范围受到限制，即合理的经济规模是有限的，超过这一限度，成本约束就会使得平均成本和边际成本的递减出现停滞。

知识作为软件技术主要的生产要素，具有非消耗性、共享性，在生产过程中具有外部性，对于有形生产要素的节约具有明显的作用，在使用的过程中通过大脑加工实现知识的融合，从而创造出新的知识，实现以知识生产知识。由于知识的特点，使得软件技术不存在物质资源稀缺性的约束。如果不考虑信息的物质载体，由于信息制造、使用和销售的可重复性，软件信息的复制成本几乎接近于零，导致软件产品的平均成本递减，表明存在着的规模经济的区间趋向于无穷大。一般来说，作为知识性产品，软件技术的研发成本非常高，初始投入非常大，但一旦第一单位产品研制成功，后面各单位技术产品的生产只不过是对第一单位产品的简单复制，而复制的成本仅仅就是一张光盘的成本，产品数量的变化引起成本变化仅仅就是光盘本身的成本。光盘本身的成本相对于软件开发成本来说，基本上可以忽略，同时随着软件技术产量的增加，单位软件所分摊的平均成本不断下降，因而软件的规模效应也越来越大。软件技术供应商可以继续不断地扩大规模生产，其利润也可以越来越大。AC（Average Cost）为平均成本，MC（Marginal Cost）为边际成本，则软件技术的成本曲线如下6–9：

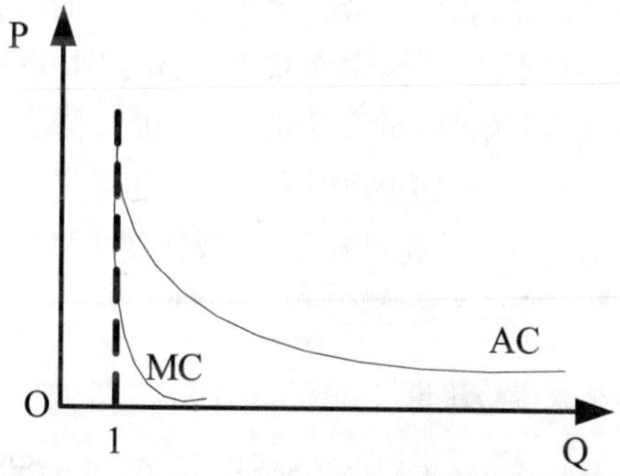

图6–9 软件技术成本曲线

边际成本在第一个单位技术产品以后几乎都近似为零，所以表现为急剧下降后与横轴接近重合，但将永远低于平均成本曲线，平均曲线也无限趋近于零并与横轴接近重合。

若把软件技术的成本曲线的纵轴换成是边际成本和平均成本，而不是价格P，则软件技术成本曲线还可以为下图6–10：

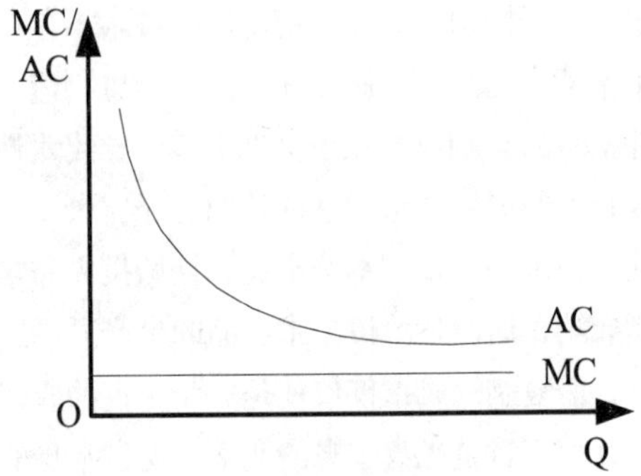

图6–10　软件技术边际成本曲线

图6–10反映的关系和图6–9是一样的，说明了MC随Q数量变化为0，而AC则递减。

在软件技术的总成本中，起始研发投入的成本即固定成本占了很大一部分，而后续生产复制的产量增加带来可变成本的增加相对要小很多很多，甚至可以忽略不计，所以软件技术产品的平均成本随产量增加持续下降，而边际成本开始时一个很大的值，随后下降的非常快，最后几乎可以近似的看成是一个很小的固定值。这种报酬递增的普遍存在使进入软件技术产业具有巨大的利润吸引力，导致现实和潜在的竞争都很激烈，造成了软件技术产业市场结构的不稳定性。

6.3.6　软件技术供给理论

对于软件技术来说，随着产量的增加，由于边际成本几乎为0，平均成本无限接近于0，因此，对于厂商来说，价格对其愿意提供的产品数量的影响相当有限，即使产品价格很低，重要的是只要数量足够多，厂商仍然可以获利。因此，供应量决定价格，价格不是自变量，而供应量是自变量。这可以从两个方面理解：一是大部分软件技术具有边际效应递增规律，产品市场规模越大，对消费者的效用也越大，价格反而可以逐步提高；而市场规模越小，消费者也只愿意出较低的价格，因此，软件技术的价值取决于市场规模，二是由于边际成本几乎为0，平均成本无限接近于0，这为厂商降低价格提供了基础。因此，可以归纳软件技术的供给曲线为递减，即随着产量的增加，软件技术的价格越来越低，而且即使在价格越来越低的情况下，只要软件销售出去了，软件厂商也可以获利，因为其边际成本近乎为0。软件技术的供给曲线如下图6–11：

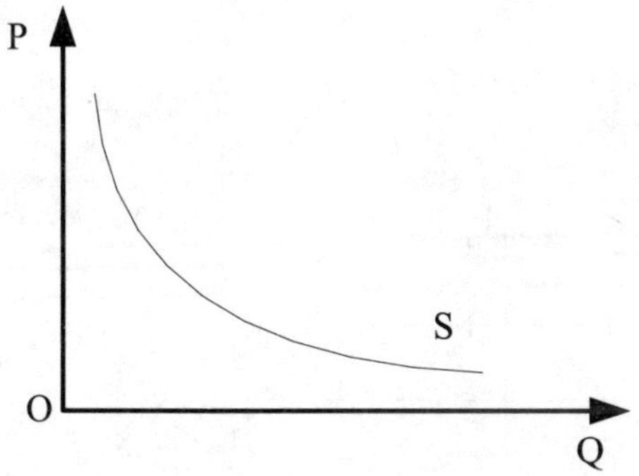

图6-11 软件技术供给曲线

也正如美国麻省理工学院的著名经济学家保罗·克鲁格曼所说“在互联网经济中，供给曲线下滑而不是上扬。”互联网本身也是一种软件技术，网络经济也是一种典型的软件技术经济。

6.3.7 软件技术供求均衡理论

在经济学中，正反馈是一个对动态的经济过程的描述。它是指在边际收益递增的假设下，经济系统中能够产生一种自增强机制，导致“强者恒强，弱者恒弱”。由于软件技术本身的成本特点以及网络效应的作用，市场价格阶段性下降，消费者需求因价格下降而增加，消费者需求的增加会创造更高的效率和报酬，导致企业供给量增加，价格进一步下降，从而创造出更多的需求，形成正反馈机制。

设企业的需求函数为：

$Q_d=a-bp$ …（6—2）

供给函数为：

$Qs=c+dp+\sum a_i$ …（6—3）

其中 c,d,a_i 均为正系数；

a_i 代表在第 i 次价格下降过程中，由于需求增多导致技术与生产率提高而对价格的贡献程度，且降价的各个点可以观测到，即 P_1，P_2，P_n……是一个已知的量，根据市场出清原则可得到均衡量价格：

$P_i=(a-c-\sum a_i)/(b+d)$ …（6—4）

简单以斜线表示，可用图6–12表示如下[①]：

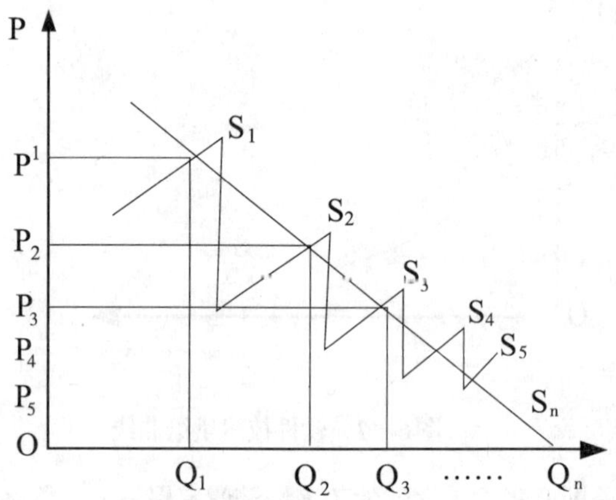

图6–12 竞争性垄断市场均衡行为

（数据来源：孙有平、朱卫平.《新经济下竞争性垄断市场的新古典主义探析》。）

如图6–12可知，当企业产量达到Q_1后，由于需求量的增加从而导致企业的技术与生产率的提高，价格会降到P_2，创造了更多的需求，企业的供给曲线由S_1向右平移到S_2，形成了一个新的均衡点，同理可得到S_3，S_4...S_n，故企业的供给曲线是由多个不同的供给曲线组成，每个不同的供给曲线都与需求曲线有一个交点，即企业有多个均衡产量，供给曲线围绕着需求曲线做不断减幅的运动，直到企业的价格等于平均成本，从而形成了正反馈机制，企业生产规模不断扩大，达到了规模效益[②]。

在软件技术产业市场达到临界规模，在网络效应、规模经济以及两者的相互作用等报酬递增因素作用下，供给与需求形成正反馈，很快达到赢者通吃的垄断状态，而居于垄断地位的厂商在多变的需求面前仍

① 孙有平 朱卫平.《新经济下竞争性垄断市场的新古典主义探析》.［J］. 广州 . 暨南大学学报 .2004年第5期.

②［美］奥兹·谢伊. 张磊译《网络产业经济学》［M］. 上海：上海财经大学出版社. 2002年.

然不断推出新产品，以维持垄断地位；竞争者则通过技术竞争和发现新的需求来赶超或者形成替代性垄断[①]。

但对于我国在线租赁 SaaS 模式的软件产业中，则不存在垄断行为和现象，仍然处于竞争激烈状态。其根本原因是由于我国“占有”文化或不安全的信任环境影响，加上我国软件技术应用的落后，导致目前我国 SaaS 模式的赢利发展非常迟缓，远远落后于美国等发达国家。

6.4 软件技术全要素生产率理论与应用

全要素生产率是近来研究的热点。它是反映一个国家、地区、产业内生增长的一个重要指标。诺贝尔经济学奖得主索罗（R.Solow）在1987年提出的“IT 生产率悖论”：即社会信息技术投入不断增加，信息技术对社会产出的贡献也不断增加，但献幅度很小，也就是说 IT 投资增长很快，但 IT 投资增大并未使经济增长幅度加大。根据数据统计和分析，大家确实发现：IT 技术和信息产业确实对 GNP 或总体生产率在2000年前没有什么显著贡献。软件技术是典型的“软信息技术”，软件产业与一般的产业有很大不同，软件技术本身就是替代脑力劳动为主的一门“软信息技术”，因此研究软件产业的内生增长需要重点考虑人力因素。本书从全要素生产率的角度，运用非参数估计方法对于我国软件产业的10个上市公司进行考察，同时通过对软件行业近10年的全要素生产率变化变动情况，以及通过人力资本模型在总量增长模式两个方面进行详细分析与描述。从而，有针对性地提出相关对策建议，这对于政府制定软件产业发展政策、合理配置人力资本资源有重要意义。

6.4.1 软件技术与全要素生产率

软件技术与一般的技术有很大不同，作为一种要素投入，软件技术具有明显的边际效用递增（或规模报酬递增）特征，因此，软件技术的

① 李欢. 软件产业市场结构研究[D]. 大连: 东北财经大学. 2007年11月. 第15页.

全要素生产率的计算必须要考虑规模报酬递增因素，同时结合可计算原则，本书将采用基于非参数法的DEA的Malmquist生产率指数估计方法来计算软件技术全要素生产率。

6.4.1.1 基于Malmquist指数法估计全要素生产率

对于全要素生产率的核算，分为参数法和非参数法，参数法主要以随机前沿法及自由分布法等；非参数法则包括DEA和自由处置壳等方法（Free Disposal Hull，FDH）[①]。参数方法一般都以生产函数作为研究基础，配合相应的多元统计方法，综合得出全要素生产率。例如索罗剩余模型，是对参数进行估计，将残差部分作为技术的进步部分。这种方法存在的问题是残差部分除了有技术进步的因素之外，还包括了其他的影响因素而无法观测或度量，因此估计是有偏差的，而这种方法建立在规模报酬不变的假设条件之下，是否能够运用于行业或者更为微观的范围内还需要进一步讨论。特别是对于规模报酬递增行业中，参数估计法的应用前提就值得考虑了。特别是在尚未发展完善的软件行业中，应当允许无效率行为的存在以及行业规模扩张速度较快的现状（格洛斯科夫Grosskof，1993）。

为了避免出现参数法中的偏差，本书使用非参数估计的方法。对于非参数的方法的全要素生产率估计，应用的最多的是数据包络方法（Hulten，2000；Coelli，2005），尤其是Malmquist指数的估计方法。基于DEA的Malmquist生产率指数及其分解是分析多投入—多产出决策单元（Decision Making Units，DMUs）全要素生产率变动情况及相对效率的有效方法。这种方法的优点是无需设定生产函数、不需要对参数进行估计、允许无效率行为的存在，能对全要素的变动进行分解等优点。该方法由瑞典经济学家曼奎斯特（Malmquist）（1953）提出，紧接着谢泼德（Shephard）（1970）提出了“距离函数”，之后由卡乌斯（Caves）（1982）将这种思想运用到生产分析中，而法雷尔（Farrell），格洛斯科

① 章祥荪　贵斌威.《中国全要素生产率分析：Malmquist指数法评述与应用》[J].北京；数量经济技术经济研究. 2008年第6期.

夫（Grosskof），林格伦（Lindgren），鲁斯（Roos）和诺里斯（Norris）等（1989、1994a、1997）在卡乌斯，克里斯坦森（Christensen）和戴沃特（Diewert）（1982）将Malmquist指数从理论变成了实证指数（这个指数是基于谢泼德的距离函数和法雷尔的技术效率），并进一步将其分解，充分发挥了其实证解释的优势。章祥荪、贵斌威的《中国全要素生产率分析：Malmquist数法评述与应用》（《数量经济技术经济研究》2008年6期），这篇文章首先对Malmquist指数法进行了回顾，对Malmquist指数各种分解的分歧和争论做了一个比较全面深入的介绍，并指出国内已有研究在指数分解方面存在的不足。

本书强调软件行业中的全要素指数测算，属于微观领域的全要素生产率衡量范围。国内也有学者使用类似方法测算过其他行业的全要素指标。例如蔡跃洲、郭梅军的《我国上市商业银行全要素生产率的实证分析》（《经济研究》2009年第9期），采取"中介法"，选取利息收入、非利息收入和贷款总额为产出指标，利息支出、营业支出和存款总额为投入指标，对2004年以来上市商业银行的全要素生产率进行了实证分析。得出的结果是上市商业银行全要素生产率在2004年后总体略有下降，纯技术效率和规模效率略有提高；且技术变化的下降与宏观调控、货币信贷政策等有关。王大鹏、朱迎春的《我国高技术产业全要素生产率动态分解评价研究》（《科技进步与对策》2009年9月第26卷第18期），运用非参数Malmquist指数动态方法及其分解所得的技术效率、技术效率变化、纯技术效率和要素利用率变化，对2002 ~ 2006年中国高技术产业六大分类效率逐期变化情况进行评价。

6.4.1.2 基于人力资本解释产业规模报酬及行业全要素生产率变动

本节最为重要的目的是要探索中国软件行业中全要素生产率的变动以及人力资本要素在软件行业发展的地位与作用。研究人力资本与经济增长的关系，特别是在解释经济增长效率方面的文献已经有很多。舒尔茨（Schultz）（1962）明确地提出了人力资本可以作为解释经济增长的一个重要元素，很大的程度上可以解释为什么相近的要素投入差别较大的产出，包括二战后日德经济增长之谜等。之后，以卢卡斯（1988、

1990)、罗默(1986、1990)等为代表的内生增长理论以及鲍莫尔(Baumol)(1989)、巴罗(Barro)(1991)、曼昆(Mankiw)(1992)、列希滕贝格(Lichtenberg)(1994)、恩格尔伯里特(Engelbrecht)(1997)、穆尔蒂(Murthy)和钱肯(Chien)(1997)等从理论和实证方面证明了人力资本对现代经济增长的重要性。包括坦布尔(Temple)(2001)、米勒(Miller)和阿帕德海耶(Upadhyay)(2000)、艾雅尔(Aiyar)和费勒(Feyrer)(2002)等在内的研究进一步认为人力资本会对TFP增长产生重要作用。国内对于用人力资本生产函数方法的相关文献如王小鲁、樊纲、刘鹏(2009)使用卢卡斯(1988)的人力资本生产函数判断我国近10年TFP水平呈上升趋势。杨立岩、潘慧峰(2003)在其建立的经济增长模型中证明,经济增长率是由基础科学知识增长率或从事研发人员的数量决定的。李健伟(1998)在关于经济增长决定要素的论述中认为:在制度因素给定的条件下,决定经济增长的要素是人力资本、产业资本和技术进步,而不是传统理论下的劳动力、资本和技术进步。刘海英、赵英才、张纯洪(2004)中,量化了人力资本"均化"指标,在实证研究基础上得出了人力资本"均化"水平对经济增长的促进机制。人力资本在经济发展中的重要性已经有很多研究证实了。

6.4.1.3 软件行业全要素增长率

现阶段国内学者们对软件行业的绩效研究主要集中在生产优势的比较、管理模式、人力资源的贡献以及未来的发展方向等方面。软件行业关于绩效及现状的研究可以分为实证和非实证两类。

在非实证类的文献中,崔海潮的《中国软件业的管理模式及其发展趋向》(《科技管理研究》2007年第12期)从中国软件业的从业人员结构、生产"项目管理"模式和发展趋向三个角度来分析中国软件业的发展走势。

在实证类的文献中,郭斌的《规模、R&D与绩效:对我国软件产业的实证分析》(《科研管理》2006年1月第27卷第1期)利用国家统计局2002年度我国软件开发企业统计资料和收集的杭州软件企业数据,利用计量模型,对中国软件产业是否存在着可观测的规模效应、中国软件产业研究开发(R&D)活动对绩效是否存在着一致性的正向影响这两个问题进行了实证研究，并且在此基础上，就结论的政策含义进行了讨论。目前，国内对于软件行业全要素生产率的研究相对比较少，没有其他比较成熟的方法，也没有见到其他相关文献。

6.4.2 软件技术全要素生产率理论与模型

6.4.2.1 基于行业规模报酬不变的 Malmquist 指数理论

在对全要素生产率的估算中，现存方法大致分为参数估计法和非参数估计法两种。参数估计法的理论依据主要来自于索洛余值的思路，即预先设定生产函数，用回归分析的方法来确定表达式中参数，将误差项分为管理误差以及随机误差。非参数估计法无须预先设定生产函数形式，如常见的 DEA（数据包络分析方法），直接利用线性规划给出边界生产函数与距离函数的估算，从而避免了较强的理论约束。其优势是不需要人为设定各指标的权重，也无需事先给定生产前沿生产函数形式，同时能处理多个输入和输出[①]。

本书采用的理论方法主要基于 Fare 等人（1994）的研究成果——以产出为基础的 Malmquist 生产率变化指数，其表达式为：

$$M_i^{t,t+1}(x^{t+1},y^{t+1},x^t,y^t)=\left(\frac{DV_i^{t+1}(x^{t+1},y^{t+1})}{DV_i^t(x^t,y^t)}\right)\times\left[\frac{DV_i^{t+1}(x^t,y^t)}{DC_i^{t+1}(x^t,y^t)}\Big/\frac{DV_i^{t+1}(x^{t+1},y^{t+1})}{DC_i^{t+1}(x^{t+1},y^{t+1})}\right]\times\left[\frac{DC_i^{t+1}(x^t,y^t)}{DC_i^{t+1}(x^t,y^t)}\times\frac{DC_i^t(x^{t+1},y^{t+1})}{DC_i^{t+1}(x^{t+1},y^{t+1})}\right]^{\frac{1}{2}} \quad \cdots(6\text{—}5)$$

其中 $DV_i^t(x^t,y^t)$ 代表 t 期规模报酬可变下的投入产出组合 (x^t,y^t) 的距离函数。$DC_i^t(x^t,y^t)$ 代表 t 期规模报酬不变下的投入产出组合（x^t，y^t）的距离函数，可以解释为 t 期技术条件下给定投入向量 X^t[②]，产出向

① 章祥荪　贵斌威.《中国全要素生产率分析：Malmquist 指数法评述与应用》[J]. 北京：数量经济技术经济研究. 2008年第6期.

② X^t 为 K*N 的向量，Y^t 为 M*N 的向量。

量 Y^t① 最大可能扩张倍数的倒数，具体表达式为：

$$D_i^t(X^s,Y^s)=\inf\{\theta\,|\,(X^s,Y^s)/\theta\in S^t\}=(\sup\{z\,|\,(X^s,zY^s)\in S^t\})^{-1}$$

…（6—6）②

其中 S^t 定义为t期生产可能集。$D_i^t(X^s,Y^s)$ 可以用线性规划来表示

$$\begin{aligned}[D_i^t(x^t,y^t)]^{-1} &= Max_{\phi,\lambda}\phi \\ s.t. -\phi y_i^t+Y^t\lambda &\geqslant 0 \\ x_i^t-X^t\lambda &\geqslant 0 \\ \lambda &\geqslant 0\end{aligned}$$

…（6—7）③

方程（6—7）中第一项为纯技术效率变化（Pure Technical Efficiency Change），用Peuch来表示。第二项为规模效率变化（Scale Efficiency Change），用Sech来表示。第三项为技术水平变化（Technical Change），用Tech来表示。第一项与第二项的乘积为技术效率变化（Technical Efficiency Change），用Effch来表示，又称之为追赶效应。当$M_i^{t,t+1}>1$④时，表示TFP进步；当$M_i^{t,t+1}<1$时，表示TFP退步。若Pech、Sech、Tech或者Effch即表明它是TFP增长的源泉，反之就是对于TFP有降低的作用。

6.4.2.2 基于人力资本解释产业规模报酬及行业全要素增长率变动的理论

在对软件行业进行实证研究之前，需对此行业的规模报酬⑤是否不变进行验证，这既是实证研究的前提条件，也是对于研究结果的分析的基

---

① X^t 为K*N的向量，Y^t 为M*N的向量。

② 章祥荪　贵斌威.《中国全要素生产率分析：Malmquist 指数法评述与应用》[J]. 北京：数量经济技术经济研究. 2008年第6期.

③ 蔡跃洲　郭梅军.《我国商业银行全要素生产率的实证分析》[J]. 北京：经济研究 2009年第9期.

④ Malmquist 指数还可以有多种其他的方法来计算。（Caves 等，1982）本文中使用的是 DEA 线性规划的非参数方法。

⑤ 规模报酬指生产函数的规模报酬，有三种情形：一是规模报酬固定，即如果把所有投入的生产要素都增加 *n* 倍，那么产出也增加 *n* 倍，则称该生产函数为规模报酬不变；二是规模报酬递增，即如果把所有投入要素扩大 *n* 倍那么产出增加大于 *n* 倍，则称该生产函数为规模报酬递增；三是规模报酬递减，即如果把所有投入的生产要素都增加 *n* 倍，产出的扩大小于 *n* 倍，则称该生产函数为规模报酬递减。

础。首先需要设定生产函数，本书采用卢卡斯（1988）著名的人力资本内生经济增长模型：

$$Y = AK^{\beta}(uhL)^{1-\beta}h_a^{\gamma} \quad (\gamma > 0) \qquad \cdots (6\text{-}8)$$

其中 Y 代表公司总产出，A 是 TFP（全要素生产率），K 是物质资本存量，u 是劳动者的工作时间比例，L 是公司雇佣总员工数，h 是工人的技能水平（代表以教育水平衡量的劳动力质量），取值范围是（0,∞），uhL 为人力资本，h_a 是人力资本的外部效应。根据 Lucas（1988）中的表述：

$$h_a = \int_0^{\infty} hL(h)dh \Big/ \int_0^{\infty} L(h)dh \qquad \cdots (6\text{—}9)$$

因此，可以看出在人力资本生产函数中资本与人力资本是规模报酬不变的；但是若是人力资本的外部效应对于总产出有正的外部性时，生产函数是规模报酬递增的。人力资本函数在软件行业中具有特殊的现实意义。众所周知，软件行业是属于高技术行业，软件开发人才是必不可少的要素，而且在软件行业中占有核心的地位。所以，若中国软件业中人力资本外部效应存在，且具有显著的正效应，中国的软件行业因此也是规模报酬递增的行业。

将（6-8）对数化处理得到：

$$\ln Y_t = \ln A_t + \beta \ln K_t + (1-\beta)\ln(uhL_t) + \gamma \ln h_a + \varepsilon_t \qquad (6\text{—}10)$$

在本书中，我们使用卢卡斯（1988）的概念，将人力资本定义为其质量取决于教育程度的有效劳动力。因此人力资本存量就等于受过一定教育的公司职员与他们受教育年限的乘积。[⑥] 因此上述方程变为：

$$\ln Y_t = \ln A_t + \beta \ln K_t + (1-\beta)\ln(uhL_t) + \gamma h_a + \varepsilon_t \qquad \cdots (6\text{-}11)$$

⑥ 王小鲁　樊纲　刘鹏.《中国经济增长方式转换和增长可持续性》[J]. 北京：经济研究. 2009. 第1期.

6.4.3 软件技术全要素生产率应用

6.4.3.1 软件技术全要素生产率模型的实证数据收集及变量说明

在使用DEA的Malmquist index方法估算软件行业的全要素生产率时，需要运用面板数据（Panel Data），因此通过考察软件行业10家上市企业财务年报，选取2000年至2008年的相关数据①可以较好满足这个数据要求。恒生电子（600570）②、信雅达（600571）、用友软件（600588）、东软集团（600718）、浪潮软件（600756）、浙大网新（600797）、宝信软件（600845）、工大首创（600857）、南天信息（000948）、金证股份（600446）这10家上市的软件公司作为决策单元。样本容量为90。选择的理由是：

（1）这10家上市软件公司能够代表中国软件业近10年来的发展状况，而且在软件业中的影响力较大。因此，具有较强的代表性。

（2）上市公司均是软件企业，可比性较强。结合我国软件上市公司产出与投入结构特征，给出如下指标选取方法。

分析变量分别如下：

1）产出指标选取：企业的总产出指标选取营业总收入和营业外收入。根据上市公司新会计准则下的合并年报提供的信息，营业外总收入包括：营业收入③、利息收入、已赚保费和手续费及佣金收入。本书上市公司信息均来自Wind资讯数据库。营业总收入算作产出指标内的数据，原因好理解，就是代表企业赢利能力。而把营业外收入也考虑算作产出指标，有特别的原因，因为营业外收入包括很大一部分的营业收入和佣金收入。在考虑企业人力资本要素时，这些收入就必然算作产出指标。

2）资本存量投入指标选取：选用公司的非流动资产存量。

3）劳动力投入指标选取：选用公司雇佣人员总数。

---

① 数据来源：wind资讯数据库。

② 括号中的数字代表该企业在上证所的编号。

③ 营业收入构成：商品销售、系统集成、定制软件、系统维护和技术服务、建安工程、内部抵消、自行开发研制的软件产品销售以及硬件销售。

4）人力资本投入指标的选取：在巴罗（1993）中人力资本存量用教育年数乘以就业人数来表示，并把25岁以上的年龄分成5个层次，每个层次求出平均的教育年数（作为人力资本的溢出效应）和就业人数。这种方法的好处是操作简便同时对不同教育程度的人口有区分度。在本书中，使用卢卡斯（1988）的概念，将人力资本定义为其质量取决于教育程度的有效劳动力，并在这基础上根据有限的数据对于其进行简单的变化。从数据中可以得到每个公司不同学历的就业人员①。因此人力资本存量就等于受过一定教育的公司职员与他们受教育年限的乘积。

5）人力资本的溢出效应：是公司每一年的职员平均受教育年限。

表6–6 整理后我国上市软件公司HR资本数据

公司	年份	主营收入（元）	营业外收入（元）	非流动资产（元）	人力资本（年）	平均教育年限（年）
1	2000	346307385.91	250700.79	29970381.19	6383.02	15.76
1	2001	315270857.34	42162.73	39245713.47	7601.11	15.77
1	2002	214775572.34	48189.58	50793620.54	9051.65	15.80
1	2003	215381090.15	66641.02	97026034.13	10779.00	15.83
1	2004	266943384.18	5205633.35	157201954.57	11398.00	15.85
1	2005	236739329.65	385104.49	205152935.26	11568.00	15.89
1	2006	345856891.05	14671032.67	232880802.73	14676.00	15.81
1	2007	572428264.87	25770824.58	395821801.53	20814.00	15.86
1	2008	668681653.38	35957973.46	333898846.15	24871.00	15.94
2	2000	109242421.33	23055.50	19618545.08	4836.93	15.91
2	2001	159153284.64	280288.50	33521244.36	5219.81	15.91
2	2002	190400101.28	226.00	70829371.62	5633.00	15.87
2	2003	241651993.06	3834.21	143665472.44	6575.00	16.04
2	2004	367228031.44	142908.60	182400644.26	7507.00	15.57
2	2005	363618642.92	15820.02	203515501.30	4132.00	15.53
2	2006	405574408.45	10562294.27	301856773.94	2875.00	15.63
2	2007	426311233.05	12232497.99	241949579.74	5715.00	15.70

① 根据每个公司报表的情况分成：大专以下学历12年，大专15年，本科16年，研究生以上为20年。

（续表）

公司	年份	主营收入（元）	营业外收入（元）	非流动资产（元）	人力资本（年）	平均教育年限（年）
2	2008	568838727.55	28553879.00	297946367.97	5326.00	15.66
3	2000	212885320.00	1472444.00	73817285.00	28115.40	14.70
3	2001	333483187.00	281506.00	109292221.00	34123.00	14.55
3	2002	488215150.00	203074.00	164367558.00	44343.00	15.42
3	2003	601572932.00	237811.00	321072786.00	52833.00	15.52
3	2004	725871735.00	135966.00	397674303.00	53100.00	22.67
3	2005	1000763354.00	234357.00	512487785.00	81036.00	19.02
3	2006	1113567923.00	88614118.00	727342366.00	81429.00	15.99
3	2007	1356849693.00	114340083.00	1837737491.0	98316.00	15.92
3	2008	1725632957.00	224380308.00	1580861720.0	124014.00	15.97
4	2000	1108999418.41	383103.37	467816182.12	46872.51	17.33
4	2001	1758647799.00	397869.00	535615161.00	57984.00	17.21
4	2002	1907247541.00	552274.00	561367075.00	66985.00	15.96
4	2003	2016947717.00	581692.00	592698548.00	70863.00	16.00
4	2004	2245675877.00	481013853.00	698756694.00	68241.00	16.08
4	2005	2441949742.00	14767372.00	691803912.00	82516.00	16.09
4	2006	2753172249.00	30861079.00	831091150.00	102106.00	15.15
4	2007	2895556680.00	26982975.00	938458466.00	126311.00	16.23
4	2008	3711345600.00	68612511.00	3231685520.0	227357.00	16.38
5	2000	57137745.11	858718.67	234839669.89	16374.38	14.02
5	2001	332159821.38	7056888.70	134622769.18	16230.56	14.25
5	2002	555768600.51	211946.52	116057258.35	16088.00	14.48
5	2003	646621838.43	1413789.50	134550634.34	17532.00	11.44
5	2004	553732614.65	78326.06	227193001.44	24116.00	13.96
5	2005	550830836.04	953901.42	280904532.78	27145.00	17.40
5	2006	547302156.62	22397398.64	261895102.63	24759.00	17.13
5	2007	602564563.76	15586768.48	288915710.20	24801.00	16.00
5	2008	493952180.59	4455678.94	266429208.43	10977.00	16.00
6	2000	644374338.92	1781040.16	596610977.40	8574.27	5.55
6	2001	1114304625.28	2077887.18	660365802.90	11383.83	6.47
6	2002	1998549184.07	124783.89	662495678.89	15114.00	7.53

（续表）

公司	年份	主营收入（元）	营业外收入（元）	非流动资产（元）	人力资本（年）	平均教育年限（年）
6	2003	2913337975.29	217917.49	741648329.12	31060.00	10.73
6	2004	3547407081.30	9671611.25	550489835.56	44169.00	11.36
6	2005	4335612703.94	1247998.74	501173858.83	62107.00	15.44
6	2006	4942516685.89	23592032.32	795844129.35	65704.00	16.03
6	2007	5446046578.60	30001373.41	704128720.98	69236.00	16.28
6	2008	5248702458.65	27550579.52	686239012.34	67238.00	16.38
7	2000	231286851.22	5402024.67	268987103.04	10788.66	16.30
7	2001	396445839.90	171281.81	136431817.11	12133.00	15.74
7	2002	639696569.21	183123.11	154538916.45	14275.00	15.88
7	2003	964717881.55	143374.07	164167969.33	15310.00	16.59
7	2004	1311488207.61	389463.34	158442430.53	19461.00	16.33
7	2005	1336822430.56	3716015.08	151558040.45	23760.00	16.67
7	2006	1527185748.76	2786800.64	170436939.60	29235.00	16.54
7	2007	1828650065.08	16089673.51	179528589.73	33048.00	16.50
7	2008	2146809996.75	18443872.31	201518754.70	37166.00	16.79
8	2000	661417368.57	1028221.72	348491555.59	7590.43	14.08
8	2001	595723144.21	3430255.00	320258550.97	10765.00	21.40
8	2002	614938830.77	10788305.88	323139013.58	5963.00	12.71
8	2003	671148300.80	943816.20	319530002.74	5783.00	12.65
8	2004	718392602.95	976083.15	319999153.68	5252.00	12.78
8	2005	778866023.80	1728903.24	284484573.09	4801.00	13.08
8	2006	763430400.19	47248.87	256500716.11	4715.00	13.10
8	2007	960095751.39	317239.59	252408577.97	4343.00	13.12
8	2008	960039453.93	2277657.42	309325280.91	4048.00	13.19
9	2000	672416550.68	4740124.43	169846953.82	10863.26	10.68
9	2001	893575508.83	2201445.31	157968546.77	18846.35	16.78
9	2002	736591740.57	6460438.92	214658056.56	32696.00	26.37
9	2003	627584625.68	663953.37	223604508.36	31103.00	23.82
9	2004	1257615074.78	2764004.23	319655564.31	19489.00	14.96
9	2005	1265025387.38	180082.53	296508503.84	20349.00	15.04
9	2006	1444093715.92	7516090.25	349024453.54	21047.00	14.25

（续表）

公司	年份	主营收入（元）	营业外收入（元）	非流动资产（元）	人力资本（年）	平均教育年限（年）
9	2007	1665719228.56	10860960.28	390986283.84	5081.00	2.94
9	2008	1917791978.53	56830104.46	494674033.30	33085.00	15.00
10	2000	185731740.61	8362688.93	16659695.42	4527.86	15.83
10	2001	278093083.43	9224956.89	21819608.99	5452.78	15.76
10	2002	223382573.15	4768342.16	15836186.21	6566.62	15.71
10	2003	225934729.15	561460.13	13576732.59	7908.00	15.66
10	2004	475132420.75	297466.74	16458545.81	5436.00	15.67
10	2005	706145542.81	210893.03	19669521.89	9718.00	15.43
10	2006	932495918.35	905430.30	26720994.08	9207.00	15.42
10	2007	958335785.26	3248240.24	29823762.26	13289.00	15.43
10	2008	1098632379.66	8116811.40	115703809.96	15355.00	15.54

6.4.3.2 软件技术全要素生产率实证计算及结果解释

1. Malmquist 指数法计算

运用数据包络分析软件Deap2.1软件对上述整理后数据进行Malmquist指数计算。需要指出的是，这里模型选择的是输入（input）的类型；同时，考虑到软件业是一个规模报酬递增的行业，因此应该运用规模报酬变化的算法，即在Deap2.1中选择VRS（Variable Returns to Scale）算法，但是事实上在此选择CRS（Constant Returns to Scale）或VRS，并未有任何不同的影响，因为这两者都用来估算不同的间距（Distances）。

Deap2.1软件首先估算出2000年至2008年指数估Distances数值（各年distances数值均值见表6–7），进而得到Malmquist指数，同时将其分解为技术效率变化指数和技术变化指数，其中后者又分解为纯技术效率变化指数和规模效率变化指数。

表6-7 Distances summary 均值表

	t-1	t	t+1	Vrs te
Year=1（2000）	0.000	0.674	1.029	0.793
Year=2（2001）	1.470	0.849	2.264	0.930
Year=3（2002）	0.786	0.817	0.596	0.894
Year=4（2003）	1.370	0.752	1.343	0.905
Year=5（2004）	1.163	0.763	0.817	0.856
Year=6（2005）	1.159	0.870	0.890	0.974
Year=7（2006）	1.588	0.872	1.525	0.913
Year=8（2007）	0.833	0.921	0.838	0.941
Year=9（2008）	7.397	0.901	0.000	0.991

（注：当 year=1 时，t-1 以及当 year=9 时，t+1 的 distances 数值无法计算。其中 t-1 表示 the previous periods CRS DEA frontier，t 表示 the current period CRS DEA frontier；t+1 表示 the next period CRS DEA frontier；Vrs te 表示 the current period VRS frontier。）

表 6-8 2000年至2008年软件业上市公司全要素生产率变化表

Firms	Year=2 (00-01)	Year=3 (01-02)	Year=4 (02-03)	Year=5 (03-04)	Year=6 (04-05)	Year=7 (05-06)	Year=8 (06-07)	Year=9 (07-08)
1	1.089	0.619	1.280	0.711	3.509	0.926	0.989	1.491
2	1.085	0.501	4.742	0.176	3.603	1.451	0.713	2.832
3	1.035	0.638	1.734	1.094	0.843	1.363	0.439	5.377
4	0.970	0.463	1.854	0.981	1.173	0.723	1.517	3.873
5	1.075	0.730	1.341	1.666	0.899	1.140	0.908	1.788
6	1.078	0.309	0.970	1.242	1.212	3.957	0.263	5.210
7	1.095	0.766	0.154	10.570	1.126	1.528	1.252	3.412
8	0.991	0.334	0.952	2.050	1.085	1.221	1.140	3.420
9	1.033	1.177	1.193	1.600	1.268	1.267	0.958	3.022
10	0.979	1.209	1.284	1.537	1.322	1.328	1.020	1.695
Mean	1.225	0.613	1.190	1.309	1.395	1.341	0.831	2.944

（注：其中的 mean 代表几何平均值。）

表6-9　2000～2008年软件业上市公司
MALMQUIST INDEX及分解指数均值表

Firms[①]	Effch (1)	Techch (2)	Pech (3)	Sech (4)	Tfpch (5)
1	1.000	1.035	1.000	1.000	1.035
2	1.034	1.101	1.015	1.018	1.139
3	1.109	1.059	1.070	1.036	1.174
4	1.100	1.176	1.076	1.022	1.294
5	0.981	1.268	1.063	0.923	1.243
6	1.108	1.228	1.079	1.026	1.361
7	1.032	1.378	1.022	1.009	1.422
8	1.009	1.286	1.006	1.003	1.297
9	1.000	1.228	1.000	1.000	1.228
10	1.072	1.109	0.997	1.075	1.189
mean	1.043	1.182	1.032	1.011	1.233

（注：其中的mean是几何均值，Effch（1）代表technical efficiency change（relative to a CRS technology）; Techch（2） 代 表 technological change; pech（3）代表Pure technical efficiency change（relative to a VRS technology）; Sech（4）代表scale efficiency change; Tfpch（5）代表total factor productivity（TFP）change。）

① 10家上市公司1-10编号顺序如下：1. 恒生电子（600570）、2. 信雅达（600571）、3. 用友软件（600588）、4. 东软集团（600718）、5. 浪潮软件（600756）、6. 浙大网新（600797）、7. 宝信软件（600845）、8. 工大首创（600857）、9. 南天信息（000948）、10. 金证股份（600446）

表 6-10 2000 ~ 2008 年软件业上市公司
MALMQUIST INDEX 及分解指数年均值表

year	Effch（1）	Techch（2）	Pech（3）	Sech（4）	Tfpch（5）
2（2000~2001）	1.331	0.920	1.206	1.104	1.225
3（2001~2002）	0.949	0.646	0.945	1.004	0.613
4（2002~2003）	0.813	1.464	0.901	0.902	1.190
5（2003~2004）	1.099	1.192	1.053	1.044	1.309
6（2004~2005）	1.177	1.185	1.170	1.006	1.395
7（2005~2006）	1.027	1.305	0.932	1.102	1.341
8（2006~2007）	1.055	0.788	1.026	1.028	0.831
9（2007~2008）	0.975	3.019	1.066	0.915	2.944
mean	1.043	1.182	1.032	1.011	1.233

（注：其中的 mean 是几何均值，Effch（1）代表 technical efficiency change（relative to a CRS technology）；Techch（2）代表 technological change; Pech（3）代表 pure technical efficiency change（relative to a VRS technology）；Sech（4）代表 scale efficiency change；Tfpch（5）代表 total factor productivity（TFP）change。）

在对每个企业每一年计算出四个 Distances 数值之后，进一步得到了 Malmquist index 及其分解。根据表6-8、6-9、6-10，可以做出以下几点判断①**：**

1. 在表格6-9中可以看到10家软件上市公司历年的TFP变化有起伏，分布不均，但是整体行业增长周期较为明显。

在2000年到2001年间，只有东软集团、工大首创和南天信息三家公司的TFP呈现降退态势，其余公司都呈现增长，而且基本分布较为均匀。但是2001到2002年间，中国软件行业遭受了一些负面的影响，只有南天信息与金证股份的TFP呈现上升态势，其他企业都出现了明显的不同幅度的降退。从2002年开始，到2006年年末，10家上市公司的整体情况较好。更是在2004年开始，进入到一个整体快速发展的道路上。TFP的增幅都比较大。2006年开始，整体行业TFP倒退趋势比较明显，只有东软

① 张才明 周正卿 王烨.《我国软件上市公司全要素生产率实证分析》[J]. 太原:《技术经济与管理研究》. 2011年2月.

集团、宝信软件、工大首创和金证股份四家上市公司还保持着TFP增长态势，其余公司都经历较大幅度的下降。从2007年明显出现好转，TFP没有出现下降。

9年间，10家上市公司的变化程度不同。宝信软件在2003到2004年间到达TFP最高值10.570，浙大网新也在2006至2007年间，出现TFP最低值0.263。行业总体出现周期性变化。2002年到2006年时增长时期，而且增长幅度比较明显。但是在TFP的倒退时期，整体上市公司TFP都不理想，并且倒退幅度较大。说明我国软件属于刚起步阶段，行业运行还不成熟，抗风险能力还有待完善。

2. 整个软件行业的平均全要素生产率呈现提高势态，其中在规模报酬变化的假设下，纯技术效率提高占据效率的提高的主要部分，而规模效率变化表现为正增长。

由于在Malmquist index分解项中，主要分为技术效率变化指数TECI（Technical Efficiency Change Index）和技术变化指数TCI（Technological Change Index）。因此在表4中可以看到10家上市公司的各项指数9年间变化的均值。在2000～2008年间整个行业的平均全要素生产率变化为正，Malmquist index值为1.233，其中没有一家上市公司的平均TFP变化为负，但是每个公司的增长幅度差别比较大。

从分解项来看，在规模报酬不变的前提下软件行业技术变化指数TC（Technological Change）呈现增长状态，其平均技术变化指数为1.182，没有一家企业的这项指数小于1，说明软件业技术进步是显著的；技术效率变化指数TEC（Technical Efficiency Change）整个行业平均值为1.043，较为接近于1，说明其增长程度不明显，亦即追赶效率不显著。在规模报酬变化的假设前提下，分解技术效率变化指数后得到的纯技术效率变化指数（Pure Technical Efficiency Change）呈现正增长，规模效率变化指数（Scale Efficiency Change）平均增长为正，Sech值为1.011，但是不太显著。其中规模效率变化平均值为1的企业只有恒生电子和南天信息两家企业，说明这些上市公司在扩大生产规模销售的投入中，获得了报酬递增或不变的收益回报。

3. 整个软件行业在2001至2003年间，技术效率变动为负，追赶效应达到最低点，技术进步则在2000 ~ 2001达到最低点，但技术效率变化与全要素生产率的几何平均值为正。

从整个行业的年度变化指数角度来看（见表6–10），2000年至2006年以及2007年之后，软件业都处于生产率提高的旺盛时期，表现为技术的进步以及与最优DUM的差距缩小。但在2000年至2002年间与2006年至2007年间，10家上市公司的TFP数据都反映出一个相对退后的状态，技术进步变化指数为0.646和0.788，但是技术效率变化指数为0.949和1.055，表现为与最优DUM差距的是缩小的，两个分解值的变化不一致，甚至是相反方向。

技术变化指标、技术效率变化指标、纯技术效率变化指标和规模效率变化指标同时为正的年份为2003年到2005年，说明软件行业在这段时期的发展就为迅速，行业的变动较大。但是即使是在扩展时期，软件行业的规模效率并没有扩张得很明显。技术变化指标、技术效率变化指标、纯技术效率变化指标同时为负的时期是2001年到2002年，由此说明在这段时期正是我国软件行业经历发展的低谷时期。通过图6–13可以更为直观的看到我国软件行业全要素生产率以及其分解指数的年均值的变化。

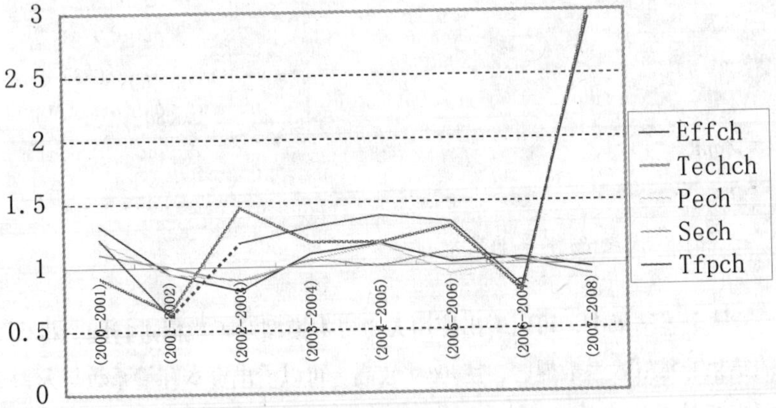

图6–13　2000年至2008年软件业上市公司全要素生产率及分解指数年均值变化关系图

其中和TFP变化最吻合的分解指数为Techch，即技术进步变化指数，说明软件生产技术的进步和创新对软件技术行业全要素生产率的提高贡献最为显著。

2. 进一步说明行业报酬递增来源

从表6–10中，可以看出2000年到2008年间，行业的整体变动情况，特别是技术效率的变动呈现出增长的趋势。由技术效率指标分解成的纯技术效率指标和规模效率指标也都呈现出增长的态势。这说明我国软件行业在这九年间，不仅技术有所增加，而且对于技术的消化利用、制度的变化以及人力资本的引进都有所增加。这对于行业的整体发展有很好促进作用。下面利用人力资本模型，先判定行业的规模报酬是否是递增。因此对方程（6—12）进行估计：

$$\ln Y_t = \ln A_t + \beta \ln K_t + (1-\beta)\ln(uhL_t) + \gamma h_a + \varepsilon_t \quad \cdots（6—12）$$

运用统计软件STATA9.0对已有数据进行OLS回归。需要说明的是这里的劳动力投入改为人力资本投入。而溢出效应使用的是公司每年的平均教育年限。得到如下结果：

表6–11 人力资本模型回归结果

变量	人力资本模型
$\ln K_t$	0.3232（0.0734**）
$\ln(uhL_t)$	0.3307（0.0822**）
h_a	0.6684（0.0693**）
Adj,R^2	0.9991
N	90

（注：** 代表5%水平下显著。）

从上述结果中，可以看出使用人力资本模型对于数据进行回归得到的结果非常好。系数显著，且 Adj,R^2 较高。可以看出资本存量系数与人力资本存量系数为正，而且分别为0.3232和0.3307。这意味着资本存量与人力资本对于公司收入增长具有正的贡献。特别要说明的是：人力资本溢出效应变量的系数也为正。虽然在表6中使用的溢出效应本身作为解释变量，显示出系数为正值，并且为显著。实际操作中已经将溢出效应带入公式，并检验得出同样的结果，系数为正。不同的只是系数的大小不同，对于研究问题的结果分析并无影响。

从表6–11中可以看出，溢出效应的系数为正值。这意味着用人力资本生产函数来判断中国软件行业的规模报酬是否为递增的结果是肯定的。也就是说平均教育年限每增加1年，行业的总收入就增加66%。这也就是说人力资本的溢出效应对于公司的收入的贡献度非常大。从2000年到2008年上市公司的纯技术效率变化值中也可以看出，人力资本对于企业的全要素增长率有贡献作用。

6.4.3.3 软件技术全要素生产率实证结论与政策建议

利用2000年到2008年的10家软件上市公司面板数据，使用非参数Malmquist指数可以客观度量中国软件上市公司全要素生产率的动态变化，并可以进一步分解为技术变化、技术效率变化、纯技术效率变化和规模效率变化，有助于从动态的和深层次的反映我国软件上市公司9年来发展的根本问题。通过10家软件上市公司的实证研究，也间接反映了我国软件技术产业特征，从而有助于我们制定相关产业政策。

研究表明，10家软件上市公司近9年间，TFP呈现出整体的增长态势。但是更为明显的是出现了周期性的增长。在9年间，上市公司的TFP平均增长率为23.3%。TFP的进步主要得益于技术进步和技术效率进步，分别为18.2%和4.3%。说明TFP的增加更为主要的是来源于技术进步。这种变化可以通过我国软件大量吸收外国技术中体现出来。因此，为了促进软件产业的发展，政府部门应该鼓励我国软件企业进行技术创新和吸收；可以通过出台相关政策，比如减免相关税收，对于软件企业的创新成果进行奖励，继续实行大规模的软件企业的高新企业认证制度，并实行差异化的税收政策，促使我国软件行业加大技术创新，进一步发挥TFP增长效应，促进国民经济的发展。9年间上市公司平均规模效率变化呈现增长态势，增长率为1.1%。这说明在行业技术进步的同时，对于技术利用、吸收消化的能力也有了提高，但是这种增长幅度还不能与技术进步的增长相比较。也就是说，在未来的软件业发展中，不仅要对于技术加强引进，而且对于技术的吸收消化要求也不能放松。因此，我国除了对国内软件技术的自主创新需要鼓励外，对于引进和吸收的国外软件技术同样需要鼓励和支持。

在进一步的讨论中，使用卢卡斯（1988）人力资本模型，一方面指出在规模效率以及纯技术效率的增长中，人力资本的增长是重要因素；另一方面，通过对行业数据的回归分析，得出我国软件行业现在为规模报酬递增的行业。其中，人力资本的溢出效应对于行业的规模报酬有至关重要的影响。在软件行业中，平均教育年限每增加1年就会对行业收入产生66.8% 正向增长幅度。因此，国家应该进一步加强对于软件行业人力资本的投入，加大软件人才的培养；除了大专院校的基础教育培养外，还需要鼓励在职教育，尤其是对于高级软件技术人才，需要加大培养支持力度；同时加大对软件技术人才应用的支持力度，出台相关政策，调动社会人才成为软件人才的积极性。比如北京对于高新技术企业人才实行个人所得税的退税政策就十分必要；建议继续加大类似的政策制定和出台，比如对于软件企业的软件人才都可以实行适当减免个人所得税的办法，包括在户口、子女教育等相关领域政策上都可以给予软件人才的适当倾斜。

当然，软件技术产业的发展，是一个综合系统，不仅是技术创新问题，人力资本问题，还有相应的环境问题，以及配套问题，同时还有上下游的产业链的协同发展问题等等。关于人力资源要素的生产率只是软件技术产业发展进步中体现的一个因素，实际上软件技术产业资本、软件技术产品创新、软件技术服务创新和软件技术管理创新等要素都会有相应的生产率，一般来说，纯技术和产品创新容易导致正的递增生产率。

6.5 软件开发技术经济评价理论与方法

6.5.1 软件开发模式与开发流程

6.5.1.1 软件开发模式

软件技术作为一种特殊的技术产品，为了获得高效率的生产和质优、价低的软件技术产品，就必须运用科学的理论和方法来指导软件技术开发的全过程，并进行必要的定量分析与评价。软件技术的开发有其自身的规律和模式，一般来说，软件技术的开发过程都需要经过以下几个阶段：可行性方案立项、需求分析、概要设计、详细设计与编码、单元测试、集成测试、验证与确认、运行与维护等阶段。国际软件行业界，通常把软件技术的开发模型划分为：快速原型模型、增量模型、原型模型、喷泉模型、螺旋模型、瀑布模型等。

以带反馈的瀑布模型为例，可以用图6–14如下[①]：

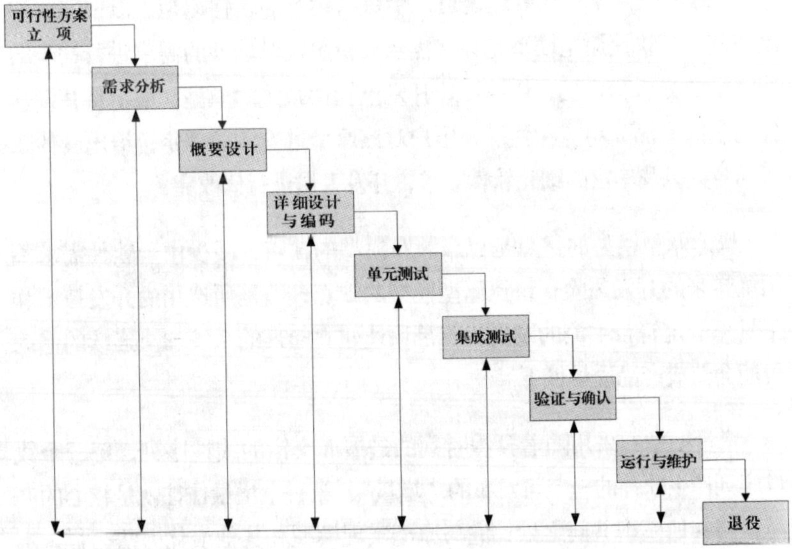

图6–14 软件开发流程——瀑布型

① 赵玮. 软件工程经济学 [M]. 西安: 西安电子科技大学出版社. 2008年9月. 第36页.

瀑布模型从可行性方案立项阶段开始，逐步进行阶段性变化，直到软件技术运行与维护阶段和最终退役为止。为了保障每一阶段成果的正确性，每一阶段任务完成后都必须进行评审，确认以后再进入下一阶段工作。若评审发现有错误或疏漏，则反馈到前面的有关阶段进行改错或弥补疏漏。该模型各个阶段定义清晰，采用文档驱动，方便管理，非常适合中小型软件技术项目的开发管理。

对于一些大型或超大型的软件技术项目的开发，通常则采用面向过程的软件开发模式，如螺旋模型。螺旋模型是由一系列螺旋线不断旋转并逐步扩大范围而构成的，螺旋线每旋转一周，表明软件技术开发前进一层次，从而使得系统生成一个新的版本，如此不断旋转，直到获得满意的软件技术版本为止，每一个周期都包括计划制订、风险分析、工程实现和评审四个阶段，它非常强调在开发中存在规避风险，并采用逐步迭代方式组织开发。

各种开发模式都有优缺点，不同的软件项目可以选择不同的开发模式。

快速原型模型：需要迅速造一个可以运行的软件原型，以便理解和澄清问题。快速原型模型允许在需求分析阶段对软件的需求进行初步的非完全的分析和定义，快速设计开发出软件系统的原型，展示待开发软件的全部或部分功能和性能，用户对该原型进行测试评定，给出具休改善的意见以及丰富的细化软件需求，开发人员进行修改完善。

快速原型模型的优点是克服瀑布模型的缺点，减少由于软件需求不明确带来的开发风险；快速原型模型的缺点：一是所选用的开发技术和工具不一定符合主流的发展；二是快速建立起来的系统加上连续的修改可能会造成产品质量低下。

增量模型：采用随着日程时间的进展而交错的线性序列，每一个线性序列产生软件的一个可发布的“增量”，第一个增量往往就是核心的产品，与其他模型共同之处：它与原型实现模型和其他演化方法一样，本质都是迭代与原型实现模型。不同之处：它强调每一个增量均发布一个可操作产品，它不需要等到所有需求都出来，只要某个需求的增量包出来即可进行开发。

增量模型的优点：一是人员分配灵活，一开始不需要投入大量人力资源；二是当配备人员不能在限定的时间内完成产品时，它可以提供一种先推出核心产品的途径，可先发布部分功能给用户；三是增量能够有计划的管理技术风险；增量模型的缺点主要是如果增量包之间存在相交的情况且未很好处理，就必须做全盘系统分析；增量模型将功能细化后分别开发的方法较适应于需求经常改变的软件开发过程。

原型模型：即样品模型，采用逐步求精的方法完善原型。主要思想是先借用已有系统作为原型模型，通过“样品”不断改进，使得最后的产品就是用户所需要的。原型模型通过向用户提供原型获取用户的反馈，使开发出的软件能够真正反映用户的需求，使得原型能够“快速”开发，避免了像瀑布模型一样在冗长的开发过程中难以对用户的反馈作出快速的响应。

原型模型的优点：一是开发人员和用户在“原型”上达成一致后，可以减少设计中的错误和开发中的风险，也减少了对用户培训的时间，而提高了系统的实用性、正确性以及用户的满意程度；二是缩短了开发周期，加快了工程进度；三是降低了成本。原型模型的缺点：一是当重新生产该产品时，难以让用户接收，给工程继续开展带来不利因素；二是不宜利用原型系统作为最终产品。采用原型模型开发系统，用户和开发者必须达成一致。

喷泉模型：以用户需求为动力，以对象为驱动的模型，主要用于采用对象技术的软件开发项目；它认为软件开发过程自下而上周期的各阶段是相互迭代和无间隙的特性相互迭代：软件的某个部分常常被重复工作多次，相关对象在每次迭代中随之加入渐进的软件成分：它在各项活动之间没有明显边界。

喷泉模型的优点是可以提高软件项目开发效率，节省开发时间，适应于面向对象的软件开发过程；喷泉模型的缺点：一是由于喷泉模型在各个开发阶段是重叠的，因此在开发过程中需要大量的开发人员，因此不利于项目的管理；二是这种模型要求严格管理文档，使得审核的难度加大，尤其是面对可能随时加入各种信息、需求与资料的情况。

螺旋模型：适合用于需求经常变化的项目，适合于大型复杂的系统；

它主要是风险分析与评估，沿着螺线进行若干次迭代的过程。其步骤包括：首先制订计划：确定软件目标，选定实施方案，弄清项目开发的限制条件；然后进行风险分析：分析评估所选方案，考虑如何识别和消除风险；其次开始实施工程：实施软件开发和验证；最后进行客户评估：评价开发工作，提出修正建议，制订下一步计划。

螺旋模型的优点在于它由风险驱动，强调可选方案和约束条件，从而支持软件的重用，有助于将软件质量作为特殊目标融入产品开发中。螺旋模型的缺点：一是难以让用户确信这种方法的结果是可以控制的；二是建设周期长；三是存在风险的概率大，客户需求存在不能满足的可能。

瀑布模型：其核心思想是按工序将问题化简，将功能的实现与设计分开，便于分工协作，采用结构化的分析与设计方法将逻辑实现与物理实现分开，依照软件生命周期自上而下，相互衔接的次序，从瀑布流水逐级下落。从本质来讲，瀑布模型是一个软件开发架构，重复应用；

瀑布模型的优点：一是为项目提供了按阶段分的检查点；二是当完成一个阶段后，只需要去关注后续阶段；三是可在迭代模型中应用瀑布模型；瀑布模型的缺点：一是在项目各个阶段之间极少有反馈，各个阶段的划分完全固定，阶段之间产生大量的文档，增加了工作量；二是用户只有在项目生命周期的后期才能看到结果，增加了开发的风险；三是需要过多的强制完成日期和里程碑来跟踪各个项目的阶段；四是在每个阶段都会产生循环反馈，如果有信息未被覆盖或是发现了问题，必须返回到上一个阶段，甚至更前面的活动，并进行适当的修改，只有当上一阶段都被确认后才进行下一阶段；五是早期的错误可能要等到开发后期的测试阶段才能发现，进而带来严重的后果。

6.5.1.2 软件开发流程

软件开发流程是指软件设计思路和方法的一般过程。包括设计软件的功能和实现的算法和方法、软件的总体结构设计和模块设计、编程和调试、程序联调和测试以及编写、提交程序。一般来说，步骤包括：

第一步：需求调研分析

相关系统分析员和用户初步了解需求，然后列出要开发的系统的大功能模块，每个大功能模块有哪些小功能模块，对于有些需求比较明确相关的界面时，在这一步里面可以初步定义好少量的界面。

系统分析员深入了解和分析需求，根据自己的经验和需求再做出一份系统的功能需求文档。这个文档会清楚列出系统大致的大功能模块，大功能模块有哪些小功能模块，并且还列出相关的界面和界面功能，系统分析员和用户再次确认需求。

第二步：概要设计

首先，开发者需要对软件系统进行概要设计，即系统设计。概要设计需要对软件系统的框架进行考虑，包括系统的基本处理流程、系统的组织结构、模块划分、功能分配、接口设计、运行设计、数据结构设计和出错处理设计等，为软件的详细设计提供基础。

第三步：详细设计

在概要设计的基础上，开发者需要进行软件系统的详细设计。在详细设计中，描述实现具体模块所涉及的主要算法、数据结构、逻辑层次结构及调用关系，需要说明软件系统各个层次中的每一个程序（每个模块或子程序）的设计考虑，以便进行编码和测试。应当保证软件的需求完全分配给整个软件。详细设计应当足够详细，以便能够根据详细设计报告进行编码。

第四步：编码

在软件编码阶段，开发者根据《软件系统详细设计报告》中对数据结构、算法分析和模块实现等方面的设计要求，开始具体的编写程序工作，分别实现各模块的功能，从而实现对目标系统的功能、性能、接口、界面等方面的要求。

第五步：测试

测试编写好的系统。交给用户使用，用户使用后一个一个的确认每个功能。

第六步：软件交付准备

在软件测试证明软件达到要求后，软件开发者应向用户提交开发的目标安装程序、数据库的数据字典、《用户安装手册》、《用户使用指南》、需求报告、设计报告、测试报告等双方合同约定的产物。《用户安装手册》应详细介绍安装软件对运行环境的要求、安装软件的定义和内容、在客户端、服务器端及中间件的具体安装步骤、安装后的系统配置。《用户使用指南》应包括软件各项功能的使用流程、操作步骤、相应业务介绍、特殊提示和注意事项等方面的内容，在需要时还应举例说明。

第七步：验收

用户验收。

6.5.2 软件开发成本确定与方法

6.5.2.1 软件开发成本确定

软件开发成本是指软件在整个开发周期内（包括系统规划、需求分析、设计、构建、验收），为取得各种软硬件资源的支持及维持系统的研究、生产与管理等正常开展所有投入的人、财、物而支付的一切费用。软件开发成本不等于软件成本。软件开发成本仅仅是软件成本的一部分，软件要正常使用还有实施应用成本及维护成本等。

以通用型商品化软件为例，软件开发成本构成大致可以用以下对照表6–12表示。

表6–12 软件开发成本构成表

序号	软件开发阶段	成本要素	说明
1	系统规划阶段	需求调研	主要是出差费用及有关人员工资及附加费用
		可行性分析	
		需求分析	
2	系统分析与设计阶段	系统分析	分析与设计人员工资及附加费、技术资料及咨询、评审费
		系统概要设计	
		系统详细设计及评审	

（续表）

序号	软件开发阶段	成本要素	说　明
3	系统构建阶段	开发环境中的硬件购置与安装	购置计算机、通信设备、传感器、路由器等以及系统软件与有关应用软件等开发环境的软、硬件的费用；软、硬件生产过程中所消耗的水、电、运输以及材料消耗费等
		开发环境中的软件购置与安装	
		基建与有关设施建设	
		数据与技术资料收集	
		人员培训	
		有关硬件原材料购置	
		有关硬件生产、测试及废品损失	
		有关软件编程	
		有关软件测试	
		有关文档编辑	
4	系统验收	验收评审	验收评审费
5	其他管理费用	财务费用	财务费用以及行政管理分摊费用
		行政及管理费用	

以上成本费用按照通用成本类型，可以归纳为如下成本费用：

（1）硬件购置费用。该费用是系统硬件中有关计算机（服务器以及工作站等）及其相关设备，如不间断电源、空调设备、输入输出设备的购置以及安装费用。

（2）网络通信费用。有关通信网络设备、通信线路器材等购置费用以及安装费用、租用公共通信网络线路费用与远程通信话务费用以及其他网络服务费等。

（3）软件购置费用。主要是包括用来购买软件开发环境所需要的一些软件，如操作系统、数据库系统等软件以及其他相关中间件等工具软件以及所需要的其他应用软件的费用。

（4）基建费用。包括新建、扩建或改建机房、办公场所、购置计算机台子、柜子等费用。

（5）人力资源费。包括各类规划、设计、生产、开发、编程、测试以及管理人员的工资、福利及附加费用；这部分费用占软件成本费用中的大部分。

（6）软件开发及测试费用。包括软件的分析、设计、开发、测试等过程的费用。

（7）水、电、运输等费用。包括软件在系统设计生产、运行、测试等期间所消耗的水、电、设备物质运输等费用。

（8）消耗材料及废品损失费用。包括软件开发各阶段中所消耗的材料费用以及特殊的设备损失费用等，如打印纸、色带、硬盘、墨盒等费用。

（9）培训费用。包括软件开发各阶段中对有关技术人员和管理人员的培训费用。

（10）管理费用。包括办公费用、差旅费用、会议费用等。

（11）财务费用。包括在软件开发各阶段中，因财务行为所发生的费用。

（12）其他费用。包括设备、厂房等固定资产折旧、办公租金、罚金、数据与资料收集、技术咨询等费用。

如果是项目定制型软件的开发，成本将还会有竞标投标的费用以及对客户的开发培训费用等。

6.5.2.2 软件开发成本测算方法

软件开发成本的测算如果是在软件开发完成后，那么将是一个很容易实现的工作，只需要对发生的直接成本费用进行归集，对发生的公共成本费用按照一定的比率或者规则进行分摊，合计就可以得出软件开发的所有成本。常用3种方法进行成本确定[①]。

A. 按照开发成本要素进行评估，其计算公式如下：

重置全价 = Σ（实耗材料量 * 现时价格）+ Σ（实耗工时量 * 现时工时费用）+ Σ（原劳务消耗量 * 现时收费标准）。 …（6—13）

B. 按照开发过程成本进行统计。这种方法是把软件开发分为系统分

① 赵玮．软件工程经济学［M］．西安：西安电子科技大学出版社．2008年9月．第10~100页．

析、系统设计、程序设计和软件测试等多个阶段，按照每个阶段的工作量（人.月）和每个工作量的成本来计算各个阶段成本，从而加总求得整个开发过程的总成本。

C.按照语句行数进行评估。这种方法是根据所开发软件的源程序语句行数和每行源程序语句的成本来计算软件成本。也就是根据软件的程序数目、编码行数、每日工作量、工作日成本以及该软件的陈旧贬值率，计算软件的重置成本，其计算公式为：

软件重置全值＝工作日成本＊工作日数。 …（6—14）

其中：

工作日数＝编码行数/日工作量定额（行/日） （6—15）

这里的要求工作量定额合理、准确、稳定、否则影响评估价值的准确性。该方法在西方评估界得以应用，是由于西方发达国家的人员工资水平远远高于发展中国家，在软件设计中的物料消耗相对于人工费用可以忽略不计，软件开发成本主要是人工成本费用。

以上本质上属于开发后软件成本的确定或者计算，但实际上软件开发成本的确定往往是发生在软件开发前期，是对即将发生的软件开发行为进行成本预测估算，以便用于软件开发立项或者竞标投标用。要在系统规划阶段对软件开发成本作出估算，加上测算人员对目标软件的功能与性能需求以及环境等情况的不明朗或不完全理解，毫无疑问，软件开发成本测算是很难做到特别准确的技术经济活动，行业惯例是测算成本和实际成本上下不超过20%均为合理准确，即为测算成功[①]。

以通用型商品化软件为例，12种软件开发成本中，其中属于固定成本的有固定资产折旧、办公租金、罚金、办公费用、差旅费用、会议费用、财务费用以及长期聘用的管理和技术人员的工资等；其他成本为变动成本。

变动成本的影响因素主要是软件系统的功能和需求，从而导致的工

①赵玮.软件工程经济学［M］.西安：西安电子科技大学出版社.2008年9月.第73页.

期变动，工期决定主要开发成本。软件系统的功能和需求决定工作量，人员效率决定工期长短。因此，要测算好软件开发成本就需要对软件需求和功能做分析，同时分析人员成本与工期的变化。对软件成本与工期测算的方法有功能分解法、价值工程法、统计模型法、影响因子法、类别法、表格法等[①]。这些方法都有一个前提条件就是有历史记录，即需要软件开发记录，比如相同或类似的软件功能模块（需要细分到最底层）所需要的代码行数，所投入技术和测试人员的工作天数或者技术与测试人员的工作效率。以功能分解法为例，首先将软件功能模块和操作性能在软件开发周期阶段内做分解，若软件有 n 个开发阶段，软件按照功能和操作性能分有 m 个子系统，则 N_{ij} 表示软件第 i 个功能和操作性能子系统在第 j 个开发阶段中的成本或工作量。然后由专家对每一个模块工作量的最小可能、最大可能和最可能值进行估计，并利用历史信息库中的参数（经验值或统计值）如成本费用率、劳动生产率 、工时费用率等综合汇总计算系统的总成本[②]。

IBM 公司提出的软件成本模型：

工作量 $E=5.2\times L$ （人.月） …（6—16）

项目持续时间 $D=4.1\times L$ （月） …（6—17）

项目人员要求 $S=0.54\times E$ （人） …（6—18）

文档页数 $DOC=49\times L$ （页） …（6—19）

SLIM 模型（Putnam 模型）

源代码行数 $L=C_kK^{1/3}Td^{4/3}$ …（6—20）

K: 整个生存周期的工作量（人.年）

Td: 开发持续时间（年）

C_k: 技术状态常数

据有关调查，国内管理软件领域，一个不超过60个字段和5个功能按钮的软件功能界面实现，需要一个至少有3年经验的需求分析师大概6个小时，需要代码行数大概在2,300~2,800行；而一个有3年编程经验的技术人员每天8小时编写代码行数大概也在1,000~2,000行，另外还需要

① 赵玮．软件工程经济学[M]．西安：西安电子科技大学出版社.2008年9月.第75页．
② 同上．第76页．

测试人员4个小时左右的时间；而不同界面之间的逻辑关系及权限控制都会增加工作量，正常一般来说，一个软件系统可能会包括多个子系统，一个子系统会包括多个功能模块，一个模块会包括多个界面，每个界面会包括多个操作按钮。

软件开发成本估算，国内外有很多学者和实践工作者都提出了很多方法[①]，在此不做过多介绍。

6.5.3 软件开发技术经济评价理论与方法

6.5.3.1 软件开发技术评价

对于任何软件技术开发的定量评价几乎都会涉及软件技术规模、软件技术复杂性、软件技术可靠性、软件技术安全性和软件技术质量等上面的技术评价。

（1）软件技术的规模定量评价

目前在软件行业内，对软件技术的开发规模进行定量评价主要有两种模式：一是程序源代码行数（Lines of Code，LOC）；二是功能点数（Functional Points，FP）。

程序源代码行数就是对源程序直接计算行数数量，既可以用人工计算，也可以用计算机软件工具进行测量，这是一种直接对软件技术进行规模定量计算的方法，也是最方便和简单的方法。

功能点数评价方法目前在欧洲比较普遍使用，它是一种间接的定量计算方法。基本思路是首先计算软件技术的五个基本信息量：外部输入数（External Input：EI）、外部输出数（External Output，EO）、外部查询数（External Query，EQ）、内部逻辑文件数（Internal Logical File，ILE）、外部接口文件数（External Interface File，EIF），然后计算这五个数据的加权总和CT，并对其通过14个环境复杂性因子做出结

① 赵玮．软件工程经济学［M］．西安：西安电子科技大学出版社．2008年9月．第75~109页．

果修正。即[①]：

$FP=CT*PCA$ …（6—21）

$CT=\sum_{j=1}^{5} w_j*d_j$ …（6—22）

$PCA=0.65+0.01\sum_{i=1}^{14} F_i$ （6—23）

其中 w_j 为第 j 个基本信息量 d_j 的加权系数或复杂程度系数，d_1~d_5 分别为外部输入数、外部输出数、外部查询数、内部逻辑文件数、外部接口文件数。F_i 分别体现了数据通信、分布式数据处理、软件性能、硬件负荷、事务频度、联机数据输入、界面复杂度、内部处理复杂度、代码复用性要求、转换和安装、备份和恢复、多平台考虑、易用性等环境属性的复杂程度。

（2）软件技术的复杂性定量评价

对于即使同等规模而复杂性不同的软件，其需要的成本和工期都会有很大差异。马格耳（Magel）认为可以从如下 6 个方面描述软件复杂性：一是理解程序的难度；二是纠错、维护程序的难度；三是向他人解析程序的难度；四是按指定方法修改程序的难度；五是根据设计文档编写程序工作量的大小程度；六是执行程序时需要资源的多少程度。

20 世纪 70 年代哈斯蒂德（Halstead）从统计学和心理学的角度提出用程序中可执行代码的词汇量（操作符和操作数）来计算和分析软件复杂性，并在此基础上还可以将其转换成软件规模的测算。通过数学推导，有如下公式[②]：

$N=n_1\log_1^{n1}+n_2\log_2^{n2}$ …（6—24）

其中 n_1 为程序中不同操作符的个数；n_2 为不同操作数的个数。

（3）软件技术的可靠性定量评价

可靠性指标是反映产品维持良好功能与性能的持久能力和持久耐用的能力，技术性指标是用来反映产品所具备的功能与性能的技术水平，

① 赵玮．软件工程经济学［M］．西安：西安电子科技大学出版社．2008 年 9 月．第 14 页．
② 同上．第 15 页．

软件对数据的处理能力、存储空间、算法复杂性、计算的准确性等都是技术性指标。软件的可靠度是指软件在规定的条件下，在规定的时间内，完成规定功能的概率，其中规定的条件通常是指软件的运行环境如运行平台、操作系统等，规定的时间是指软件使用的连续时间，规定的功能是指软件完成的目标功能。

设程序按照规格说明从初试时刻 t=0 开始运行到发生故障为止这一连续时间段为软件的寿命，软件寿命为非负随机变量，则 F（x）=p（ξ<x）称为软件寿命的分布函数，而软件在时刻 t 的生存概率 R(t)=P(ξ>t)=1–F(t) 称为软件的可靠度。反过来用失效率表示，函数为[①]：

若软件寿命的概率为 f（t），则由概率论知：

f（t）=dF（t）/dt …（6—25）

t 时刻软件的失效率（或称为故障率）λ（t）为：

λ（t）=f（t）/（1–F（t））=f（t）/R（t） …（6—26）

除了上述 2 个指标可以表示软件的可靠性，还有平均寿命、维修率、平均维修时间、残存差错数等指标。

（4）软件技术的质量定量评价

国际标准化组织 ISO 在 1991 年发布了 ISO/IEC9126 质量特性国际标准，并建立了 ISO 软件质量度量模型，模型中最高层为软件质量需求准则（SQRC），共 8 个指标，中层为软件质量设计评价准则（SQDC），共 23 个指标，底层为软件质量度量评价准则（SQMC），共 23 个指标，并规定对每一个 SQDC 作为度量的 SQMC 可以根据用户的实际需要自行给出[②]。

软件质量需求准则（SQRC）包括：

正确性：指程序满足需求说明及用户目标的能力；

可靠性：指程序按照要求的精度完成预期功能的能力；

效率：指程序完成其功能所需要的资源及代码的数量；

① 赵玮. 软件工程经济学 [M]. 西安：西安电子科技大学出版社 .2008 年 9 月 . 第 17 页 .

② 同上. 第 19~21 页.

安全性：指对未经许可的人员接近软件或数据加以控制的能力；

可使用性：指熟悉程序操作，为程序准备输入数据和翻译程序输出所需付出的努力；

可维护性：指确定可运行程序中的错误所需要付出的努力；

灵活性：指修改可运行程序所需要付出的努力；

连接性：指程序与其他系统耦合的能力。

软件质量设计评价准则（SQDC）包括：

可追踪性：指在规定的开发和运行环境中，联结软件需求和实现的线索清晰程度；

完备性：指软件需求功能全面实现的程度；

一致性：指软件设计技术、实现技术和标识符的协调和统一程度；

准确性：指软件计算和输出的精确程度；

容错性：指软件在非正常条件下，具有的继续运行的能力；

简单性：指实现软件规定功能所采用方式的简单和容易理解的程度；

模块性：指软件具有独立模块结构的程度；

通用性：指软件可履行功能的跨度；

可扩充性：指软件的功能和数据存储，允许扩充的程度；

工具性：指软件为错误识别和应用测试所提供条件的程度；

自描述性：指软件解析执行功能的清晰程度；

执行效率：指软件执行的快速程度；

存储效率：指软件运行所需要的存储量的精简程度；

存取控制：指对接近软件和存取数据的控制程度；

存取审查：指对接近软件和存取数据所做的审查的严格程度；

可操作性：指软件运行所需操作的复杂程度；

培训性：指熟悉软件操作的困难程度；

通信性：指吸收、利用程序输入输出的困难程度；

软件系统独立性：指软件对环境的依赖程度；

机器独立性：指软件对于硬件系统的依赖程度；

通信共享性：指软件采用标准协议和常规接口的程度；

数据共享性：指软件采用标准数据结构的程度；

简明性：指软件实现预期功能所需要代码量的精简程度。

6.5.3.2 软件开发过程评价

全球权威的软件成熟度认证SEI CMM 5级认证是软件工程过程学科中的一个管理与改进软件过程的模式，也是一种衡量软件开发能力和成熟度的标准。CMM（软件能力成熟度模型：Capability Maturity Model For Software）是由美国卡内基梅隆大学的软件工程研究所（SEI：Software Engineering Institute）受美国国防部评估软件供应商能力的要求，1986年开始研究制定，并在美国，随后在全世界推广实施的一种软件评估标准和软件质量控制体系，主要用于软件开发过程和软件开发能力的评估和改进。CMM标准共分五个等级描述了如何实现有效开发软件的作业模式，由低到高分别为：初始级、可重复级、已定义级、定量管理级和优化级。

（1）初始级

软件开发过程是一个偶然的甚至无序的过程，很少有明确的定义，成功完全依赖于个体的能力。

（2）重复级

实施基本的项目管理：跟踪软件成本、进度和功能。依照以往项目成功的经验来建立基本的过程规则，使得其他相似项目能重复以往的成功。这个阶段的主要改进过程是：软件配置管理、软件质量保证、软件子合同管理、软件项目跟踪和监督、软件项目策划、需求管理等。

（3）定义级

软件过程的管理和实行方法都已文档化、标准化，使开发商有一个开发过程的标准。即所有项目都可以依照标准来开发和维护软件。这个阶段的主要改进过程是：同行评审、组间协调、软件产品工程、集成软件管理、培训大纲、组织过程定义、组织过程集点等。

（4）管理级

定义了评估软件过程和产品质量的度量。利用此度量对软件过程和产品做出推断和控制。这个阶段的主要改进过程是：软件质量管理、定量过程管理。

（5）优化级

系统地引导新理念及技术的反馈，从而不断改进软件过程。这个阶段的主要改进过程是：过程更改管理、技术改革管理、缺陷预防。

目前CMM认证在国际软件业得到公认，国内也有部分大的软件厂商加入认证的行列，有的已经获得了CMM5认证。

6.5.3.3 软件开发评价指标与计算方法

软件技术开发过程的评价——CMM认证毕竟不是所有的软件企业都可以通过或者都需要认证，基于软件开发技术评价的ISO软件质量度量模型，结合软件开发和管理经验，参照行业内一般的做法，软件技术开发评价指标可以对照23项SQDC，进行相应设置23项SQMC指标，如下表6–13。

表6–13 软件开发技术评价指标及标准

序号	SQDC	SQMC	计算说明	标准①		
				差	一般	好
1	可追踪性	功能代码备注率	功能代码备注数②/功能数	≤75%	≥75%，≤95%	≥98%
2	完备性	功能实现率	实现功能数/需求功能数	≤75%	≥75%，≤95%	≥98%
3	一致性	标识异常率	不同标识符/总标识符数	≥10%	≥3%，≤10%	≤3%

① 评判的标准这里只是依据项目经验，结合行业内的惯例，做出参考判断标准。实际上，不同的软件公司和企业有不同的标准，但大致能在这个值上下浮动。

② 功能代码备注数是指在代码编写中，为了帮助他人理解代码，帮助跟踪需求实现质量或修改方便，每个功能需求的代码实现，都需要在代码中加入备注说明，说明本段代码是实现哪部分需求，那部分功能。一般备注说明越详细表示越容易跟踪和理解。

序号	SQDC	SQMC	计算说明	标准[①]		
				差	一般	好
4	准确性	测试数据差错率	差错数据条数 / 总测试数据条数	≥10%	≥3%，≤10%	≤3%
5	容错性	断电后数据丢失率	数据丢失次数 / 总测试断电次数	≥10%	≥1%，≤10%	≤1%
6	简单性	平均页面代码行数	代码总行数 / 总页面数	≥5000	≥2000 ≤5000	≤2000
7	模块性	功能可移植使用率	可移植重复使用功能数 / 总功能数	≤50%	≥50%，≤75%	≥75%
8	通用性	模块功能通用率	使用时不用修改功能数 / 总功能数	≤50%	≥50% ≤75%	≥75%
9	可扩充性	可扩充率	可外挂功能节点数 / 已有功能总数	≤10%	≥10%，≤25%	≥25%
10	工具性	错误提示率	报错次数 / 错误操作次数	≤60%	≥60%，≤85%	≥85%
11	自描述性	功能自助提示率	有自主提示功能节点数 / 已有功能总数	≤80%	≥80%，≤95%	≥95%
12	执行效率	平均界面用时	总用时 / 总界面数量	≥10秒	≥3，≤10	≤3秒
13	存储效率	平均数据库表存有字段数	总字段数 / 总数据表张数	≤10	≥10，≤30	≥30
14	存取控制	数据权限层次	对读取数据的权限设置层次	≤1	≥1，≤3	≥3
15	存取审查	进入数据密码层数	存取数据需要输入口令次数	≤1	≥1，≤3	≥3
17	培训性	平均每功能所需培训人天数	总培训人天数 / 功能总数	≥5人.天	≥1人.天，≤5人.天	≤1人天
18	通信性	报表可输出率	能输出报表数量 / 总报表数量	≤75%	≥75%，≤90%	≥90%
19	系统独立性	外协软件数量	所需外部协助运行的外部软件数量	≥10	≥3，≤10	≤3
20	机器独立性	硬件适配率	可运行次数 / 不同硬件总测试次数	≤50%	≥50%，≤75%	≥75%
21	通信共享性	协议共享率	可支持通信协议类型数 / 社会全部通信协议类型数	≤50%	≥50%，≤75%	≥75%

（续表）

序号	SQDC	SQMC	计算说明	标准①		
				差	一般	好
22	数据共享性	数据结构层次	底层数据库数据表结构层次	≤1	≥1，≤3	≥3
23	简明性	平均每功能代码行数	代码行数 / 总功能数	≥10000	≥5000，≤10000	≤5000

软件技术开发评价指标的评价标准，在不同的企业或软件公司在不同的场合下，标准会有所不同，上表是一个参考标准。

6.6 软件比较技术经济评价理论与方法

6.6.1 单方案软件比较技术经济评价理论与方法

单方案软件技术经济评价，是指对某一给定的软件项目投资方案从技术经济角度出发做出是否可行的判断或评价。单方案软件技术评价可以采用多种方法，比如净现值法、内部收益率法和投资回收期法等。净现值法、内部收益率法在信息技术经济效果评价中的应用见本书第4章的信息技术经济标准计算方法，净现值法、内部收益率法对单方案软件技术评价同样适用，此处不做重复介绍，以下仅介绍投资回收期法在单方案软件技术评价中的应用。

软件项目的投资回收期是指该软件工程项目的投资以净收益的形式全部收回的时间。它反映了能将软件项目投资得到回报的速度（单位通常为年）。投资回收期法是通过给定软件工程项目的投资回收期的求解，并将其与行业基准投资回收期作比较来判断该软件投资项目的可行性的方法。用数学表示为：

$$\sum_{t=1}^{n_d} = \frac{B_t - C_t}{(1+i)^t} + \frac{D_{n_d}}{(1+i)^{nd}} = \sum_{t=0}^{n_d} \frac{K_t}{(1+i)^t} \qquad \cdots(6\text{—}27)$$

其中：

n_d 为软件项目投资回收期

B_t 为软件项目在寿命期内 t 期的收益；

C_t 为软件项目在寿命期内 t 期的支出或成本；

D_t 为软件项目在寿命期内 t 期的残值；

K_t 为软件项目在寿命期内 t 期的投资额；

N 为软件项目使用年限；

i 为基准贴现率。

根据数学推导，n_d 求解可以用如下近似求得[①]：

$$\begin{cases} n_d = (t_d-1) + \dfrac{\left|\sum\limits_{t=0}^{t_d-1} F_t\right|}{F t_d} \\ F_t = \dfrac{B_t-C_t-K_t}{(1+i)^t} \end{cases} \quad \cdots (6—28)$$

其中：

n_d 为软件项目投资回收期

F_t 为 t 期净现金流量的贴现值；

t_d 为净现金流量累计贴现值第一次出现正值的年份；

B_t 为软件项目在寿命期内 t 期的收益；

C_t 为软件项目在寿命期内 t 期的支出或成本；

K_t 为软件项目在寿命期内 t 期的投资额；

i 为基准贴现率。

假设软件行业基准投资回收期为 n_c，一般在实际中取4~6年[②]。单方案软件技术经济评价的判断标准为：

若 $n_d<n_c$，则该软件项目投资方案可行；若 $n_d \geqslant n_c$，则该软件项目投资方案不可行。

① 赵玮 温小霓 . 应用统计学教程 [M]. 西安：西安电子科技大学出版社. 2003年.

② 软件价值评估的原则和方法，百度文库 ,http://cache.baidu.com .

6.6.2 多方案软件比较技术经济评价理论与方法

在软件项目的招标、投标以及项目规划和设计时，有时候需要解决多个软件项目投资方案的比较和优选问题，此类问题通常称为多方案排序问题，即进行多方案软件比较技术经济评价问题。多方案软件比较技术经济评价可以采用净现值法、净年值法、投资回收期法和多方案组合排序法以及现行市场法等。净现值法在信息技术经济效果评价中的应用见本书第4章的信息技术经济标准计算方法，净现值法对单方案软件技术评价同样适用：

净现值法通过估算未来预期收益折算成现值。公式为：

$$P=\sum F_t/(1+i)^t \qquad \cdots(6—29)$$

其中P为软件评估值；F_t为未来t收益期的预期收益额；i为折现率；t为收益期。收益期限和预期收益额由评估人员分析预测评估对象的未来经营收益情况确定，由于计算机软件的技术更新很快，所以未来收益期预测一般取3~6年。在多方案中，哪个P值大，则哪个方案为最优。

在多方案软件技术评价中应用最广的是净年值法。净年值法是指通过资金等值换算而将软件项目方案净现值分摊到寿命期内各年的等额年值的方法，简称NAV。当获得对于同一软件项目的不同投资方案对应的净年值时，就可以通过净年值的比较进行比较和优选投资方案。

设i_c为基准贴现率，CRF为资金回收系数，利用资金等额转换关系，同一投资方案的净现值NPV和净年值NAV之间有如下关系：

$$\begin{cases} A=NAV=NPV-CRF \\ NPV=\sum_{t=0}^{N}\dfrac{B_t-C_t-K_t}{(1+i_c)^t}+\dfrac{D_N}{(1+i_c)^N} \\ CRF=\dfrac{i_c(1+i_c)^N}{(1+i_c)^N-1} \end{cases} \qquad \cdots(6—30)$$

其中：

i_c为基准贴现率；

CRF为资金回收系数；

NPV 为净现值；

NAV 为净年值 A；

B_t 为软件项目在寿命期内 t 期的收益；

C_t 为软件项目在寿命期内 t 期的支出或成本；

K_t 为软件项目在寿命期内 t 期的投资额；

D_n 为软件项目在寿命期内 n 期的残值；

i 为基准贴现率。

对于具有不同净年值 A_1，A_2，……，A_m 的对应投资方案（这些方案的寿命期对应为 N_1，N_2，……，N_m），通过比较这些净年值即可比较选择最优方案。

即若有 $A_k=\max A_j$，其中 $m \geqslant k \geqslant 1, m \geqslant j \geqslant 1$，则第 k 个投资方案为最优。

现行市场法是通过比较类似的软件在自愿交易下的价格来确定软件的价值。应用这种方法评估计算机软件的前提条件是，市场上必须有与评估对象类比的同类软件的市场价格可以参考。应用这种方法，被评估的软件通常不是新软件，而是已经有一定的市场年限的成熟软件。哪个软件方案的自愿市场价格高则表明哪个方案的价值高。

6.7 本章小结

本章首先分析了软件技术的概念、分类和特征；在软件技术产业一节中则分析了软件技术产业的概念、产业特征和产业市场结构，并讨论了我国软件技术产业属于竞争性垄断市场结构。接着详细研究了软件技术的经济性问题，详细分析和讨论了软件技术的效用问题、外部性问题，以及外部性的修正问题、软件技术的消费者行为问题、软件技术的需求问题、成本问题、供给问题和供求平衡问题；本章还重点研究了软件技术的全要素生产率问题，不但回顾了软件技术和全要素生产率的研究文献，提出软件技术的两种全要素生产率的估算模型和方法，并以我国上市软件公司做实证分析，根据得出的结论，提出我国软件技术产业发展的政策建议；软件开发技术经济评价理论与方法也是本章的一个重要研究领域，本章讨论了软件技术开发模式和流程，分析了软件开发成本的构成和测算方法，提出了软件开发技术评价指标、过程评价指标和软件开发评价综合指标。本章最后还介绍了单方案和多方案软件比较技术经济评价理论与方法。

信息技术经济评价理论与方法是信息技术经济学的一个应用，软件技术经济研究则是更具体的一种门类信息技术的技术经济应用研究。由总论信息技术经济学理论与方法到信息技术经济评价理论与方法到具体的软件技术经济理论与方法研究，从抽象概括到具体信息技术——软件技术的实证，也是从另一方面对整个信息技术经济学应用做的具体验证。

7

信息技术经济学与信息经济学的异同

7 信息技术经济学与信息经济学的异同

从目前的文献查找结果看，无论是国内还是国外，都没有一门专门系统地从技术经济学角度研究信息技术经济问题的信息技术经济学学科，与之关联的学科主要就是信息经济学，但信息技术经济学与信息经济学之间既有相同交叉点，又有不同点。这两门学科无论是在学科范畴、学科内容，还是在基本理论和方法上，相互之间都存在明显的不可完全替代性。信息经济学本质上是属于传统西方经济学的范畴，而信息技术经济学是属于技术经济学范畴，技术经济学与西方经济学有本质的不同。

7.1 信息经济学概述

早在20世纪20年代，美国经济学家奈特（Knight），就已经把信息与市场竞争、企业利润的不确定性、风险联系起来，认识到企业为了获取完备的信息必须进行投入的活动。他在1921年出版的《风险、不确定性和利润》一书中，发现了“信息是一种主要的商品”，并注意到各种组织都参与信息活动且有大量投资用于信息活动。

信息经济学一词的正式提出是在20世纪50年代末60年代初。1959年美国经济学家马尔萨克（Marschak）发表《信息经济学评论》一文，讨论了信息的获得使概率的后验条件分布与先验的分布有差别的问题。以后他又研究了最优信息系统的评价和选择问题。另一位美国经济学家斯蒂格勒（Stigler）于1961年在《政治经济学杂志》上发表了题为《信息经济学》的著名论文，研究了信息的成本和价值，以及信息对价格、工资和其他生产要素的影响。他提出了信息搜索理论。差不多同一时间，美国普林斯顿大学教授马克卢普（Machlup）把信息生产的理论研究与其统计调查结合起来，在1962年出版了专著《美国信息生产和分配》。他提出了信息生产和信息职业问题，并在1983年对美国信息产业的统计测定进行更新。

7 信息技术经济学与信息经济学的异同

对信息的经济学分析和对经济理论中信息的分析，不少经济学家在考察作为经济行为变量的信息的不完全性和不完备性以及需要支付成本等因素的同时，进一步分析了信息的非对称性对市场运行的影响，导出了各种理论。如阿克洛夫（Akerleifer）在1970年提出的“柠檬”（即二手货）理论、赫什雷夫（Hirshleifer）1971年提出的“信息市场理论”、斯彭斯（Spence）1973年提出的“信号”理论、格罗斯曼（Grossman）和斯蒂格利茨（Stigliz）在1976 ~ 1980年提出和补充的市场信息效率和市场效率的“悖论”等等。其中以阿罗（Arrow）、维克里（Vickrey）和莫里斯（Mirrlees）对信息经济理论的贡献最为突出。阿罗（Arrow）把信息同经济行为、经济分析、风险转移联系起来，对信息的特性、成本和信息在经济中的影响等问题做了开拓性的研究，并在1984年出版了《信息经济学》论文集；维克里（Vickrey）在所得税和投标、喊价的研究中解决了在信息分布不对称条件下使掌握较多信息者有效地运用其信息以获取利益并优化资源配置的问题；莫里斯（Mirrlees）则在维克里（Vickrey）研究的基础上建立和完善了委托人和代理人之间关系的激励机制设计理论。

对信息经济的研究方面，波拉特（Porat）在马克卢普（Machlup）对信息产业研究的基础上于1977年完成了《信息经济》，他把产业分成农业、工业、服务业、信息业，通过产出与就业两方面，运用投入产出分析技术，对1967年美国的信息经济繁荣规模和结构做了详尽的统计测算和数量分析。霍肯（Hawken）在1983年出版的《下一代经济》一书中对企业生产的产品和提供的服务所含的信息成分与物质成分的比重即“信息与物质比”做了探索性的研究，他认为企业的信息经济就是其产品的“信息与物质比”高的经济。除此以外，日本学者梅雕中夫、增田米二等人也研究了信息产业、信息经济问题。

但信息经济学作为独立的一门经济学科的地位是在20世纪70年代末80年代初得到承认。1976年美国经济学会在经济学分类中正式列出信息经济学。1979年首次召开了国际信息经济学学术会议。1983年《信息经济学和政策》（*Information Economics and Policy*）国际学术期刊创刊。

自从进入20世纪90年代至今，在全球信息化浪潮中，国外信息经济学又有了新的发展。主要表现在：传统的经济学理论如生产力要素理论、边际效益递减理论、规模经济理论、企业治理理论、经济周期理论等，不断受到信息经济学研究的进一步审视，并得到修整和完善；有关信息基础设施经济问题的研究，国际信息贸易与相关投资、金融等问题的研究以及电子商务、数字经济、网络经济、知识经济等问题的研究急剧发展，并使得信息经济学的结构，即理论信息经济学与应用信息经济学、微观与宏观信息经济学的比例关系中、应用和宏观信息经济学份额发生了迅速扩大的变化。

我国对信息经济学的研究，开始于20世纪80年代，并且是从新技术革命浪潮中研究信息与经济信息等问题起步的，以乌家培教授、张守一教授等为主要代表的学者先后从美国、日本等海外国家引进和吸收信息经济学的理论和方法体系，并应用于国内问题的研究和解决。1986年国家哲学社会科学"七五"重点科研项目安排了《经济信息合理组织及其效益问题研究》，同时，国家经济信息系统"七五"科技攻关项目安排了《信息经济学及其软件系统》的课题。1987年和1988年先后召开了"全国经济信息理论研讨会"、"全国信息经济理论研讨会"，为中国信息经济学会的成立打下了基础和进行了组织准备。1989年8月8日，中国信息经济学会正式成立，同时还举行了全国信息经济学会学术研讨会。当初把信息经济学的研究主题范围确定为：信息系统建设的经济问题、信息产业的发展问题、信息市场培育与管理问题、信息资源管理与开发问题、信息革命对经济与管理的影响问题、信息经济及其管理问题、网络经济及其对经济理论的影响问题，以及信息经济与知识经济、信息管理与知识管理的关系问题等。

目前，查找到的文献表明[①,②,③,④,⑤,⑥]：国内比较主流的信息经济学的

① 张正德．美国信息技术的发展及其经济影响［M］．武汉：武汉大学出版社．1995年8月．第25~28页．

② 曲维枝．信息产业与我国经济社会发展［M］．北京：人民出版社．2002年．第4~6页．

③ 乌家培 谢康 王明明．信息经济学［M］．北京：高等教育出版社．2002年．第68~136页．

④ 陈禹 谢康．知识经济的测度理论与方法［M］．北京：中国人民大学出版社．1998年．第110~197页．

⑤ 陈禹．信息经济学教程［M］．北京：清华大学出版社1998年．第121~183页．

⑥ 乌家培．经济、信息、信息化［M］．沈阳：东北财经大学出版社1996年．第52~178页．

研究内容主要有以下三个方面：一是信息的经济研究，包括信息的费用与效用问题、信息资源的分配与管理问题、信息系统或信息网络的经济评价问题、最优信息系统的实现问题；二是信息经济的研究，包括信息产业的形成、发展及其规律性的问题、信息市场及其相关问题、信息经济的含义、测度与发展规律等问题、信息基础设施的建设和经营中的经济问题、国民经济信息化的有关问题；三是信息（或信息学）与经济（或经济学）之间的关系的研究，包括信息的非对称性对经济主体行为的影响问题、信息在稀缺资源配置中的作用问题、信息技术的评价与对经济发展的作用问题和信息学与经济学的相互交叉和结合问题。

近五六年来，信息经济学在中国的发展，呈现出以下三个趋势[①、②、③]：第一，从信息系统经济问题的研究扩展到信息网络经济问题的研究；第二，从应用信息经济学的研究扩展到理论信息经济学的研究；第三，从单一的信息产业和信息市场的研究扩展到全方位的多样化的信息经济问题的研究。

7.2 信息技术经济学与信息经济学的相同点

信息技术经济学与信息经济学的交叉相同点主要是集中在学科的部分研究内容上[④,⑤]。信息技术经济学研究的内容主要是各类信息技术经济问题、信息技术经济方案的选择、比较和评价、信息技术经济政策决策等问题；侧重点是信息技术与经济的矛盾关系，偏重于信息技术和经济

① 乌家培 谢康 王明明. 信息经济学 [M]. 北京：高等教育出版社. 2002年. 第68~136页.
② 陈禹. 信息经济学教程 [M]. 北京：清华大学出版社. 1998年. 第121~183页.
③ 陈禹 谢康. 知识经济的测度理论与方法 [M]. 北京：中国人民大学出版社. 1998年. 第110~197页.
④ 张才明 汪向东 姜奇平. 开展信息技术经济研究 丰富技术经济学科 [J]. 太原：技术经济与管理研究. 2010年6月. 第6页.
⑤ 张才明. 构建信息技术经济学学科体系 [J]. 北京：北京交通大学学报（社会科学版）. 2006年12月. 第5卷第4期. 第23页.

的结合来研究信息技术方案的比较和评价；而信息经济学研究的侧重点是信息与经济的关系，侧重于信息的经济性分析，但由于信息技术作为信息的主要载体，信息经济学也关注部分信息技术经济问题，把信息技术的经济评价与对经济发展的作用问题、信息技术对企业管理的作用问题、信息技术与生产率增长和产业结构的调整、信息系统建设的经济问题等也纳入了研究范围，这样就与信息技术经济学的研究内容有了部分交叉和重叠。另外，也有从信息技术科学或管理学方向入手的信息经济学学者在研究信息经济学时还把信息和信息技术的本身发展规律纳入进来，因而有的信息经济学方面的文献还和信息技术经济学的基本概念部分形成交叉。但是不管是信息经济学的研究内容还是信息技术经济学的研究内容都不能完全相互替代、不能完全相互覆盖。

另外，信息经济学和信息技术经济学的一些研究方法、研究领域有相互交叉和重叠的地方，比如信息技术的经济评价与对经济发展的作用问题、信息技术与生产率增长和产业结构的调整、信息系统建设的经济问题等，都有部分交叉[①、②]。

总之，信息技术经济学和信息经济学相同的地方主要集中在研究内容上，这些相同的研究内容有的是基本上完全交叉，有的形式上相同、本质上还是不同。也正是有了这些相同点，所以信息技术经济学和信息经济学在很多地方都可以在各自的发展过程中相互借鉴。

7.3 信息技术经济学与信息经济学的不同点

虽然研究的内容在一些信息技术经济问题上有相同点，但从不同角度研究不同问题甚至同一个信息技术经济问题，也会有不同点产生。信

① 张才明 汪向东 姜奇平．开展信息技术经济研究 丰富技术经济学科［J］．太原：技术经济与管理研究.2010年6月．第6页．

② 张才明．构建信息技术经济学学科体系［J］．北京：北京交通大学学报（社会科学版）.2006年12月．第5卷第4期．第23页．

7 信息技术经济学与信息经济学的异同

息技术经济学和信息经济学毕竟是从属于不同的学科，使用的理论和方法也各不相同，因而，即使在这些相同的研究领域，研究的过程和方法、所得到的研究结果往往也不完全相同[①,②]。比如在信息技术对企业管理的作用问题的研究上，信息技术经济学是采用技术经济学的经济效果理论和评价指标系统进行评价，而信息经济学是通过经济学中的市场竞争理论，特别是博弈论为手段来进行绩效评价。从技术经济学角度研究信息技术与经济之间的问题可以称为信息技术经济问题研究、从管理学角度研究信息技术与经济之间的问题可以称为信息管理问题研究、从信息经济学角度研究信息技术与经济之间的问题可以称为信息经济问题研究。

信息技术经济学和信息经济学的不同点主要是学科属性、学科的研究对象、学科的研究目的、学科的部分研究任务和内容、学科的研究理论指导和方法上的不同[③、④]。

首先，信息技术经济学和信息经济学是属于两个不同的学科门类。信息技术经济学是属于技术经济学的一个分支学科，作为有中国特色的技术经济学有自己特有的理论和方法体系，信息技术经济学就是依据这种理论和方法，从技术经济学的角度来研究信息技术经济问题，它侧重于信息技术和经济相结合的分析，稍微偏重于工科性质，强调应用性和实际性；信息经济学则是属于经济学的一个分支学科，其指导理论和方法是经济学的理论和方法体系，以及博弈论的理论和方法，侧重经济分析，利用市场竞争理论和方法，注重需求分析、供给分析和边际分析等，很少像信息技术经济学那样对信息技术方案做技术经济评价和方案比较，并且需要结果完全定量化和实际可操作执行。

---

① 张才明 汪向东 姜奇平．开展信息技术经济研究 丰富技术经济学科［J］．太原：技术经济与管理研究．2010年6月．第6页．

② 张才明．构建信息技术经济学学科体系［J］．北京：北京交通大学学报（社会科学版）．2006年12月．第5卷第4期．第23页．

③ 张才明 汪向东 姜奇平．开展信息技术经济研究 丰富技术经济学科［J］．太原：技术经济与管理研究．2010年6月．第6页．

④ 张才明．构建信息技术经济学学科体系［J］．北京：北京交通大学学报（社会科学版）．2006年12月．第5卷第4期．第23页．

其次，学科的研究对象各不相同。信息技术经济学研究的对象是信息技术与经济之间的矛盾统一关系、研究的是信息技术与经济之间的发展变化的规律。而信息经济学是把信息和信息活动当作普遍存在的社会经济现象来研究，信息经济学的研究对象包括信息活动的经济机制和经济规律，信息商品的生产、分配、流通、消费的全过程有关的社会关系和经济关系，影响信息活动和信息系统的经济效益的自然因素和社会因素，信息作为生产要素的特征、功能以及对经济系统的作用条件和作用规律，不完全信息和不对称信息条件下的经济活动及经济行为的特征与规律。信息技术经济学研究的“信息技术”从属于生产力范畴，“经济”属于经济效果范畴，是“节约”的意思；信息经济学研究的“信息”从属于社会特殊的商品范畴，“经济”属于部门经济的范畴，是“经济活动”的意思。所以，两者的研究对象不同。

再次，学科的研究目的也不完全一样。信息技术经济学研究的目的就是从多种信息技术方案中寻找技术上可行，经济上合理的最佳信息技术方案，以保证通过最少的投入实现最大可能的经济效益。信息经济学研究的目的主要是帮助人们掌握和利用信息的经济性规律，提高信息资源的配置和利用价值，发展信息产业。

另外，学科的研究任务和内容也不完全一样。信息技术经济学的研究任务和内容主要有三个方面：一是研究各种信息技术方案的经济评价和综合评价理论和方法；二是从总的技术经济分析论证出发，寻找国内外信息技术发展的客观规律以及信息技术进步与经济增长发展的相互关系和发展规律；三是研究并解决具体的实际信息技术经济问题，研究信息技术的开发、加工与处理、应用的各个层面上的信息技术经济问题，并提出具体的结论和建议，以供国家、企业和个人作为实际工作的科学依据。而比较主流的信息经济学学者认为信息经济学研究内容主要是以下三个方面：一是信息的经济研究，包括信息的费用与效用问题、市场信息的经济效用、信息资源的分配与管理问题、信息系统或信息网络的经济评价问题、最优信息系统的实现问题；二是信息经济的研究，包括信息产业的形成、发展及其规律件的问题、信息市场及其相关问题、信息经济的含义、测度与发展规律等问题、信息基础设施的建设和经营中的经济问题、信息社会的经济和国民经济信息化的有关问题；三是信息（或信息学）与经济（或经济学）之间的关系的研究，包括信息的非对称性对经济主体行为的影响问题、信息在稀缺资源配置中的作用问题、信息技术对经济发展的作用问题和信息学与经济学的相互交叉和结合问题。

最后学科的研究理论指导和方法也完全不同。信息技术经济学是以技术经济学的技术经济效果理论为指导，以技术经济效果评价为主要手段，以技术经济学的研究方法为基本方法；而信息经济学是以经济学中的市场竞争理论为指导，以博弈论和边际分析法为主要研究手段，以经济学或产业组织学的研究方法为出发点。这些不同，也决定了这两门学科的本质不同。

7.4 本章小结

本章首先介绍了信息经济学的概况，包括概念、理论和方法体系、发展历史和未来趋势的介绍，然后详细地研究和分析了信息技术经济学与信息经济学之间的相同点和不同点，论证了两者的关系。

从技术经济学角度研究信息技术与经济之间的问题可以称为信息技术经济问题研究；从管理学角度研究信息技术与经济之间的问题可以称为信息技术管理问题研究；从信息经济学角度研究信息技术与经济之间的问题可以称为信息系统经济问题研究。信息技术经济学就是专门从技术经济学角度系统研究信息技术与经济之间的矛盾统一的发展变化规律关系的学科，这也印证了提出信息技术经济学的必要性。

8

后 记

8 后记

由于笔者学术水平有限，本书肯定还存在一些不足，需要今后进一步研究予以完善：

首先，作为独立的一门学科——信息技术经济学，必须有自己独立理论和方法体系，而目前本书中，尤其是理论体系，某种程度上可能还不具有特别鲜明的独特性，从理论上还需要继续深化和发展才能更好地支撑一门学科——信息技术经济学的创立。因此，还需要在信息技术经济学理论上加以更深入的研究和分析。

其次是信息技术经济方法上，有些地方有待于进一步实证检验。尤其是在信息技术经济效果计算方法和信息技术经济增长计算方法上的区别及内在的关联关系，有待于进一步研究和分析。

最后是作为门类众多的信息技术来说，不同的信息技术有不同的特征和技术标准，有不同的效果产生范围和强度。如何设计一套完整的又通用的信息技术经济评价指标和模型以及计算方法，是一个很大的挑战，有必要继续加强信息技术种类的门类分析，并对信息技术具体分析，从而保证设计出来的信息技术经济评价指标和模型的可用性，而对于完整的又通用的信息技术经济评价指标和模型可以是一个粗略的概括性评价指标和模型。但这些是否最佳适当还需要进一步研究和分析。

由于笔者水平有限，本书一定还存在不完全准确或有待于探讨的地方，恳请各位专家学者不吝指正！

本书如有任何不当之处，由本人负责，与导师徐寿波院士和汪向东研究员及其他学者无关。

参 考 文 献

参考文献

参考文献（英文部分）

[1] Dale W.Jorgenson and Kevin J.Stiroh, *Information Technology and Growth*, MIT Press, January 11, 1999.

[2] Linda Low, *Economics of Information Technology & the Media,* MIT Press. March, 2004.

[3] Atsushi Akera, Ayala Cnaan, Ken Fleischmann, Chou Chun and Bo Ma, *The Politics and Economics of Information Technology*, Simon Press, Spring, 2003.

[4] Hal R. Varian, Joseph Farrell and Carl Shapiro, *The Economics of Information Technology,* Cambridge University Press, 2006.

[5] Smith. G. W. , *Engineering Economics*, Iowa State University Press, 2006.

[6] Jorge R. Schement, *Tendencies and tenslons of the Information Age: The Production and Distribution of Information in the United States*, New Jersey: Transaction Publishers, 1999.

[7] J. C. L. Fish, *Engineering Economics*, McGraw–Hill, New York, 1923.

[8] E. L. Grant, *Principles of Engineering Economy*, Ronald, New York, 1930.

[9] Tarquin, A. J. and L. T. Blank, *Engineering Economy: A Behavioral Approach* , McGraw–Hill, New York, 1976.

[10] Carl Shapiro and Hal R. Varian, *Information Rules: a strategic guide to the networks economy*, Harvard Business School Press, Boston, 2003.

[11] R. Buyya, D. Abramson, and J. Giddy, *An Architecture for a Resource Management and Scheduling System in a Global Computational Grid, HPC ASIA'2000, China*, IEEE CS Press, USA, 2000.

[12] Yang, X and Borland, Specialization, Product Development,

Evolution of the Institution of the Firm, and Economic Growth, *Department of economics Seminar*. 1992.

[13] Paullowl, *The management of Technology: Perception and Opportunities*, Chapman & Hall, London, 1995.

[14] Douglass C. North, *Structure and Change in Economic History*, W. W. Norton & Company Inc., 1981.

[15] P. Romer, *Capital Accumulation in the Theory of Long-run Growth* , Mordern University Press, 1989.

[16] Almeida A., Goodhart CAE and Payne R., The Effects of Macroeconomic News on High Frequency Exchange Rate Behavior, *Journal of Financial and Quantitative Analysis*, 33 (3).

[17] Andersen, TG., Bollerslev, T., Diebold, FX. and Vega, C., Micro Effects of Macro Announcements: Real-Time Price Discovery in Foreign Exchange, *American Economic Review*, 2003, 93 (1).

[18] Bauer, C. and Herz, B., Technical Trading, Monetary Policy and Exchange Rate Regimes, *Global Finance Journal*, 2005, 281–302

[19] Bofinger, P. and Schmidt, R., Should One Rely on Professional Exchange Rate Forecasts? An Empirical Analysis of Professional Forecasts for the € /US$ Rate, *CEPR Discussion Paper,* No 4235, 2004.

[20] Brock, W. and Hommes, CH., Heterogeneous Beliefs and Routes to Chaos in a Simple Asset Pricing Model[J], *Journal of Economic Dynamics and Control*, 1998, 1235–1274.

[21] Brock, W., Hommes, CH. And Wagener, F., Evolutionary Dynamics in Markets with Many Trader Types, *Journal of Mathematical Economics*, 2005, 7–42.

[22] Brock, W., Lakonishok, J. and LeBaron, B., Simple Technical Trading Rules and the Stochastic Properties of Stock Returns, *The Journal of Finance*, 1992, 47, 1731–1764

[23] Bagnoli, Mark, and Barton L., Successful Takeovers without

Exclusion, *Review of Financial Studies*, 1(1), 1988, 89–110.

[24] Betton, Sandra, and Eckbo, Toeholds, Bid Jumps and Expected Payoffs in Takeovers, *Review of Financial Studies*, 13(4), (2000) 841–82.

[25] Bradley, Michael, Anand Desai and Han Kim, Synergistic Gains from Corporate Acquisitions and Their Division between the Stockholders of Target and Acquiring Firms, *Journal of Financial Economics*, 21(1) 1988, 3–40.

[26] Franks, Julian R. and Robert S. Shareholder Wealth Effects of Corporate Takeovers: The U.K. Experience 1955–1985, *Journal of Financial Economics*, 23(2), 1989, 225–49.

[27] Grossman, Sanford J. and Oliver D., Takeover Bids, the Free –Rider Problem, and the Theory of the Corporation, *The Bell Journal of Economics*, 11, 1980, 42–64.

[28] Jarrell, Gregg A. and Annette B., Stock Trading before the Announcement of Tender Offers: Insider Trading or Market Anticipation?, *Journal of Law, Economics and Organization*, 5(2), 1989, 225–48.

[29] Jennings, Robert H. and Michael A., Competing Bids, Target Management Resistance, and the Structure of Takeover Bids, *Review of Financial Studies*, 6(4), 1993, 883–909.

[30] Bekaert, Geert and Campbell, Foreign Speculators and Emerging Equity Markets, *Journal of Finance*, 55:2, 2000, 565–613.

[31] Bekaert Geert, Campbell Harvey and Christian Lundblad, Emerging Equity Markets and Economic Development, *Journal of Development Economics*, 66, 2000,465–504.

[32] Davidson, Russell and James G. MacKinnon, *Estimation and inference in econometrics*, Oxford University Press, 1993.

[33] D. Abramson, J. Giddy, and L. Kotler, *High Performance Parametric Modeling with Nimrod/G: Killer Application for the Global Grid? IPDPS'2000*, IEEE CS Press, Mexico, 2000.

[34] Buyya, R., Abramson, D. and Giddy, J., *An Economy Driven Resource Management Architecture for Global Computational Power Grids, The 2000 International Conference on Parallel and Distributed Processing Techniques and Applications (PDPTA 2000)*, Las Vegas, June 26–29, 2000.

[35] Buyya, R., Giddy, J. and Abramson, D., *An Evaluation of Economy-based Resource Trading and Scheduling on Computational Power Grids for Parameter Sweep Applications, The Second Workshop on Active Middleware Services (AMS 2000)*, Kluwer Academic Press, August 1, 2000.

[36] Chance,D. M., Derivatives and Risk Management, *Thomson learning*, 2001.

[37] Melamed, L., *Escape to the Futures*, John Wiley & Sons, Inc. 1996.

[38] Francis, Jack Clark, and Avner Wolf, *The Handbook of Interest Rate Risk Management*, Irwin Professional Publishing, 1994.

[39] Bernanke, B.S., *The Great Moderation, Remarks at the meetings of the Eastern Economic Association*, Washington, February, 2004.

[40] Bernanke, B.S., Boivin, J. and Eliasz, P., Measuring Monetary Policy: A Factor Augmented Vector Autoregressive (FAVAR) Approach, *The Quarterly Journal of Economics*, 120(1), 2005, 387–422.

[41] Blanchard, O.J. and Kahn, C.M., The Solution of Linear Di.erence Models under Rational Expectations, *Econometrica*, 48(5), 1980, 1305–1311.

[42] Boivin, J., and Giannoni, M., Has Monetary Policy Become More E.ective?, *NBER Working Paper* No. 9459, January, 2003.

[43] Clarida, R., Gal í , J. and Gertler, M., Monetary Policy Rules and Macroeconomic Stability: Evidence and Some Theory, *The Quarterly Journal of Economics*, 115(1), 2000,147–180.

[44] Vickrey, W., Counter–speculation, auctions, and competitive sealed tenders, *Journal of Finance*, Vol. 16, 1961.

[45] McKnight, L. and Boroumand, J., Pricing Internet Services.

Approaches and Challenges, *IEEE Computer*, Feb. 2000.

[46] Stockinger, H., Stockinger, K., Schikuta, E. and Willers, I., *Towards a Cost Model for Distributed and Replicated Data Stores, 9th Euromicro Workshop on Parallel and Distributed Processing (PDP 2001)*, IEEE CS Press, Italy, February 7–9, 2001.

[47] Ferguson, D., Nikolaou, C., Sairamesh, J. and Yemini, Y. , *Economic Models for Allocating Resources in Computer Systems, In Market-based Control: A Paradigm for Distributed Resource Allocation,* World Scientific Press, Singapore, 1996.

[48] Smith, R. and Davis, R., The Contract Net Protocol: High Level Communication and Control in a Distributed Problem Solver, *IEEE Transactions on Computers*, Vol. C–29, No. 12, Dec. 1980.

[49] Alessandro Acquisti and Hal R. Varian, *Conditioning prices on purchase history.* [D] Technical report, School of Information Management, UC Berkeley, 2001.

[50] William James Adams and Janet L. Yellen, Commodity bundling and the burden of monopoly, *The Quarterly Journal of Economics*, 90(3):475–498, 1976.

[51] Mark Armstrong, Price discrimination by a many–product firm, *Review of Economic Studies*, 66(1):151–168, 1999.

[52] Lawrence M. Ausubel, The failure of competition in the credit card market, *American Economic Review*, 81(1):50–81, 1991.

[53] Corbett, J.M., Wired and Emotional, *People Management*, 26 June 1997, 26–32.

[54] Duffy, John and Nick , Does observation of others affect learning in strategic environments? An experimental study, *International Journal of Game Theory*, 28, 1999, 131–152.

[55] Kagel, John H., Chung Kim and Donald Moser, Fairness in Ultimatum Games with Asymmetric Information and Asymmetric Payoffs, *Games and Economic Behavior*, 13, 1996,100–110.

[56] Kajii, Atsushi and Stephen Morris , The Robustness of Equilibria to

Incomplete Information, *Econometrica*, 65, 1997, 1283–1309.

[57] Mitropoulos and Atanasios, Learning Under Minimal Information: An Experiment on Mutual Fate Control, *Journal of Economic Psychology*, 22, 2001,523–557.

[58] Albin, P., and Foley, D., Decentralized, dispersed exchange without an auctioneer: A simulation study, *Journal of Economic Behavior and Organization*, 18, 1992, 27–51.

[59] Andersson, M. R. and Sandholm, T. W., Leveled commitment contracts with myopic and strategic agents, *Journal of Economic Dynamics and Control*, 25, 2001, 615–640.

[60] Andreoni, J. and Miller, J., Auctions with adaptive articial agents, *Games and Economic Behavior,* 10, 1995, 39–64.

[61] Arifovic, J., Genetic algorithm learning and the cobweb model, *Journal of Economic dynamics and Control*, 18, 1994, 3–28.

[62] Arifovic, J., The behavior of the exchange rate in the genetic algorithm and experimental economics, *Journal of Political Economy,* 104, 1996, 510–541.

[63] Arifovic, J. and Eaton, C., Coordination via genetic learning, *Computational Economics*, 8, 1995, 181–203.

[64] Arthur, W. B., On designing economic agents that behave like human agents: A behavioral approach to bounded rationality, *American Economic Review*, 81, 1991, 353–359.

[65] Arthur, W. Brian, Positive Feedbacks in the Economy, *Scientific American*, 1990, 92–99.

[66] Black, Bernard, Kraakman and Reinier H., A Self–Enforcing Model of Corporate Law, *Harvard Law Review*, 109, 1996, 1911–1979.

[67] Blanchard, Olivier Jean, Summers and Lawrence H., Hysteresis in Unemployment, *European Economic Review*, 31(2), 1987, 288–295.

[68] Chou, D. and Shy, O., Network Effects without Network Externalities, *International Journal of Industrial Organization*, 1990, 259–270.

参考文献

[69] Church, J and Gandal, Neil, Network Effects, Software Provision, and Standardization, *XL Journal of Industrial Economics*, 1992, 85–104.

[70] Cowan and Robin, Tortoises and Hares: Choice among Technologies of Unknown Merit, *Economic Journal*, 101, 1991, 801–814.

[71] David, Paul A., Clio and the Economics of QWERTY, *American Economic Review*, 75(5),1985, 332–337.

[72] Demsetz, H., Information and Efficiency: Another Viewpoint, *Journal of Law and Economics*, 10, 1973, 1–22.

[73] Dixit, A. and Nalebuff, B., *Thinking Strategically*, New York, 1991.

[74] Economides and Nicholas, Desirability of Compatibility in the Absence of Network Externalities, *American Economic Review*, 79, 1989, 1165–1181.

[75] Black, A., Wright, P. and Bechman, J.E., *In Search of Shareholder Value - Managing the Drivers of Performance, Price Waterhouse*, FT Prentice Hall, London. 2001.

[76] Dixit, A. and Pindyck, R., The option approach to capital investment, *Harvard Business Review*, 64, 1995, 105–115.

[77] Lessard, D.R. and Lorange, P., Currency changes and management control: resolving the centralization/decentralization dilemma, *Accounting Review*, July, 1977, 628–637.

[78] Milgrom, R. and Roberts, J., *Economics, Organization and Management*, Prentice–Hall, New York, 1992.

[79] Banerjee, A., Dolad, J., Galbraith, J. and Hendry, D., *Co-Integration, Error-Correction, and the Econometric Analysis of Non-Stationary Data*, Oxford University Press, 1993.

[80] Bollerslev, T., Modelling the coherence in short run nominal exchange rates: A multivariate generalized ARCH model, *Review of Economics and Statistics*, 72, 1990, 498–505.

[81] Bollerslev, T., Chou, R. Y. and Kroner, K. F., ARCH modeling in finance: A review of the theory and empirical evidence, *Journal of*

参考文献

Econometrics, 52, 1992,5—59.

[82] Culver, S. E. and Papell, D. H., Long run purchasing power parity with short run data: Evidence with a null hypohesis of stationarity, *Journal of International Money and Finance*, 18, 1999, 751—768.

参考文献（中文部分）

[1] 徐寿波 . 积极开展技术经济的研究 [J]. 北京：人民日报. 1963年9月19日 .

[2] 徐寿波 : “技术经济研究的目的、任务和方法” [J]. 北京:《科学通报》. 1964年7月.

[3] 徐寿波 . 技术经济学概论 [M]. 上海：上海科学技术出版社. 1980年3月.

[4] 徐寿波 . 加强技术经济学的研究为开创技术同经济相结合的新局面服务 [J]. 数量技术经济研究. 1983年1月.

[5] 徐寿波 . 技术经济学 [M]. 南京：江苏人民出版社 .1988年 .

[6]（瑞典）埃里克 · 达克著 李和译. 中国的技术经济学 [J]. 北京：数量技术经济译丛. 1983年1月.

[7] 徐寿波. 关于建设具有中国特色的技术经济学 [J]. 北京：数量经济技术经济研究. 1984年1月.

[8] 汪向东等 . 中国: 面对互联网时代的 “新经济” [M]. 北京 : 三联书店 . 2003年 .

[9] 汪向东《信息化：中国21世纪的选择》[M] 北京 社会科学文献出版社 1998年12月 .

[10] 徐寿波. 我国技术经济学发展的几个问题. 数量经济技术经济研究. 1987年1月.

[11] 徐寿波.《关于技术经济方法论问题（之三）》. 中国科学院综考会研究报告. 1963年10月 .

[12] 徐寿波.《技术经济方法论问题（之二、之四）》. 中国科学院综考会 研究报告. 1964年11月.

[13] 徐寿波.《技术经济方法论问题（之一、之五）》. 中国科学院综考

参考文献

会研究报告. 1965年6月.

[14] 徐寿波.《关于技术经济方法论问题》. 中国科学院综考会研究报告.1965年6月.

[15] 王宏伟.技术经济学的理论基础述评[J].北京:数量经济技术经济研究.2009年第11期.

[16] 辞海编辑委员会,《辞海》.上海辞书出版社.1989年.

[17]《哲学大辞典》.上海辞书出版社.1990年.

[18] 蔡建华.论生产力的整体性[J].《生产力经济学文集》.贵州人民出版社.1981年.

[19] 徐斌 李燕芳 杨玉梅.论生产要素与生产力要素的差别[J].《生产力研究》.2006年3月.

[20] 徐斌 徐寿波.生产要素层次理论[J].北京:北京交通大学学报(社会科学版).第五卷第四期.2006年12月.

[21] 齐建国.技术经济评价总公式评介概论[J].北京:技术经济资料.1986年3期

[22] 张才明 周海琴.IT战略对企业管理绩效的影响研究[J].北京:《中国信息界》.2011年6月.

[23] 汪向东 张才明.信息技术经济评价研究[J].北京:《中国信息界》.2011年4月.

[24] 汪向东 张才明.互联网时代我国农村减贫扶贫新思路——"沙集模式"的启示[J].杭州:《信息化建设》.2011年3月.

[25] 张才明 周正卿 王烨.我国上市软件公司全要素生产率实证研究[J].太原:《技术经济与管理研究》.2010年12月.

[26] 张才明.信息技术的概念与分类问题研究[J].北京:《北京交通大学学报(社会科学版)》.2008年6月.

[27] 张才明 王烨.软件技术的经济理论分析[J].南昌:《企业经济》.2010年12月.

[28] 张才明 张全辉.基于信息技术应用模型下的我国调味品企业竞争优势再造研究[J].北京:《中国调味品》.2010年11月.

[29] 张才明 王烨.信息化对我国人力资源管理模式的影响研究[J].北京.《中国信息界》.2010年11月.

参考文献

[30] 张才明 汪向东 姜奇平 . 开展信息技术经济研究 丰富技术经济学科 [J] . 太原:《技术经济与管理研究》. 2010年10月 .

[31] 张才明 汪向东 姜奇平 . 大力开展信息技术经济学研究 @21世纪技术经济学——2010分册 [M] . 北京: 中国社会科学出版社 . 011年 .

[32] 张才明 汪向东 . 信息技术经济评价研究, 2010年全国技术经济论坛。

[33] 张才明 汪向东 姜奇平 . 积极开展信息技术经济学研究 [J] . 2009年全国技术经济论坛 .

[34] 徐斌 徐寿波. 生产要素层次理论 [J]. 北京: 北京交通大学学报. 2006年12月.

[35] 吴添祖. 技术经济学概论 [M]. 北京: 高等教育出版社. 2004年.

[36] 李晓东 . 信息化与经济发展 [M] . 北京 : 中国发展出版社 .2000年 .

[37] 周先波 . 信息产业与信息技术的经济计量分析 [M] . 广州: 中山大学出版社 .2001年 .

[38] 靖继鹏 . 应用信息经济学 [M] . 北京 . 科学出版社 .2002年 .

[39] 许晶华 . 信息技术与经济增长——理论、方法与实证研究 [J] . 兰州: 兰州大学出版社 .2003年 .

[40] 马费成 靖继鹏 . 信息经济分析 [M] . 北京: 科学技术文献出版社 . 2005年 .

[41] 曲维枝 . 信息产业与我国经济社会发展 [M] . 北京: 人民出版社 . 2002年 .

[42] 周先波. 信息产业与信息技术的经济计量分析 [M]. 广州: 中山大学出版社. 2001年.

[43] 拉丰 泰勒尔. 通信竞争 [M]. 北京: 人民邮电出版社. 2001年.

[44] 刘金友. 企业技术创新论 [M]. 北京: 中国经济出版社. 2001年4月.

[45] 张金锁、陈立文. 技术经济学原理与方法 [M]. 北京: 机械工业出版社. 2001年2月.

[46] 孙续元. 技术经济学理论的构建、发展与前瞻 [J]. 北京: 经济评论. 2001年3月.

[47] 吴振峰 向聂琳. 信息技术基础 [M]. 北京: 北京理工大学出版社 2001年9月.

参考文献

[48] 罗刚 乞建勋 张文泉. 技术经济学的现状与发展趋势 [J]. 北京: 技术经济. 2002年2月.

[49] 井浩涌等. 技术经济学 [M]. 南京: 河海大学出版社. 2002年4月.

[50] 高鸿业. 经济学 [M]. 北京: 高等教育出版社. 2002年.

[51] 张小蒂 倪云虎. 网络经济 [M]. 北京: 高等教育出版社. 2002年5月.

[52] 杨永恒. 客户关系管理——价值导向及使能技术 [M]. 沈阳: 东北财经大学出版社. 2002年.

[53] 傅家骥等. 技术经济学前沿问题 [M]. 北京: 经济科学出版社. 2003年4月.

[54] 邵颖红 黄渝祥. 工程经济学概论 [M]. 北京: 电子工业出版社. 2003年.

[55] 希勒. 当代微观经济学 [M]. 北京: 人民邮电出版社. 2003年.

[56] 王凤彬 李东. 管理学 [M]. 北京: 中国人民大学出版社. 2003年.

[57] 王文举等. 博弈论应用与经济学发展 [M]. 北京: 首都经济贸易大学出版社. 2003年5月.

[58] 和锋. 顾问式销售技术 [M]. 北京: 北京大学出版社. 2004年1月.

[59] 张才明. 构建信息技术经济学学科体系 [J]. 北京:《北京交通大学学报》. 2006年4月.

[60] 张莉. 信息技术基础教程 [M]. 上海: 复旦大学出版社. 2006年7月.

[61] 孟晓维 张桂芳. 信息技术解读 [M]. 济南: 山东大学出版社. 2006年8月.

[62] 王彦龙. 企业级数据仓库 (EDW) 原理、设计与实践 [M]. 北京: 电子工业出版社. 2006年9月.

[63] 陶树人. 关于技术经济学的研究对象、性质、理论基础、研究方法与研究范围的几种意见 [J]. 北京: 技术经济. 1986年第5期.

[64] 赵长林. 科学学的发展与命题 [J]. 聊城:《聊城大学学报 (社会科学版)》.2005年5期.

[65] 刘茂才 张伟民. 科学学辞典 [M]. 成都: 四川省社会科学院出版社. 1985年6月.

[66] 马来平 鲁衍平. 科学发展的几条常见规律 [J]. 贵阳: 贵州社会科学. 1992年第10期.

[67] 恩格斯. 自然辩证法 [M]. 北京: 人民出版社. 1971年.

[68] 陈燮君. 学科学导论——学科发展理论探索 [M]. 上海: 三联书店上海分店出版, 1991年7月.

[69] 托马斯·库恩. 科学革命的结构 [M]. 北京: 北京大学出版社. 2003年.

[70] 徐寿波. 能源技术经济学 [M]. 长沙: 湖南人民出版社. 1982年.

[71] 孔祥智. 对重新构建农业技术经济学学科体系的几点看法 [J]. 北京: 农业技术经济. 1996年第5期.

[72] 傅家骥 仝允桓. 工业技术经济学 [M]. 北京: 清华大学出版社. 1996年.

[73] 张汉麟. 商业技术经济学 [M]. 北京: 中国轻工业出版社. 1993年.

[74] 谭世语. 化工技术经济学 [M]. 重庆: 重庆大学出版社. 1991年版.

[75] 郑小晴. 房地产技术经济学 [M]. 重庆: 重庆大学出版社. 1995年.

[76] 隽志才. 公路运输技术经济学 [M]. 北京: 人民交通出版社. 1998年.

[77] 沈景明. 机械工业技术经济学 [M]. 北京: 机械工业出版社. 1981年.

[78] 刘晓君. 建筑技术经济学 [M]. 北京: 中国建筑工业出版社. 1998年.

[79] 刘清志. 石油技术经济学 [M]. 北京: 石油大学出版社. 1998年.

[80] 沈景明. 技术经济学研究对象探讨 [J]. 北京: 技术经济. 1986年第5期.

[81] 王英. "技术经济学"内容体系探讨 [J]. 北京: 技术经济. 1986年第5期.

[82] 周祥源. 基本建设技术经济学 [M]. 北京: 中国人民大学出版社. 1986年8月.

参考文献

[83] 徐寿波. 我国技术经济学发展的几个问题 [J]. 北京: 数量经济技术经济研究. 1987年1月.

[84] 刘与任. 加强技术经济学理论与方法论的研究 [J]. 北京: 数量经济技术经济研究. 1987年1月.

[85] 李京文. 技术经济学的过去、现在和未来 [J]. 北京: 数量经济技术经济研究. 1987年1月.

[86] 张世晴 耿作石. 现代经济学主要学派 [M]. 天津: 南开大学出版社. 2003年.

[87] [美] 亨利.卢卡斯. T产业投资评估 [M]. 北京: 航天出版社. 2000年10月.

[88] 中国驻美国使馆经商处. 美国电子商务发展政策 [J]. 北京: 经济大参考. 2000年.

[89] 司有和. 信息产业学 [M]. 重庆: 重庆出版社. 2001年.

[90] 陈耀盛等. 信息管理学概论 [M]. 北京: 科学技术出版社. 2000年.

[91] 李京文. 技术经济理论与方法 [M]. 成都: 四川科学技术出版社. 1987年第1版.

[92] 黄渝祥. 费用效益分析 [M]. 上海: 同济大学出版社. 1987年.

[93] 杨思远. 简明工程经济学 [M]. 北京: 中国财政经济出版社. 1989年.

[94] 葛伟民. 信息经济学 [M]. 上海: 上海人民出版社. 1989年.

[95] 朱世伟. 浅论工业技术经济学 [J]. 北京: 数量经济技术经济研究. 1989年第5期.

[96] [美] 肯尼思. 阿罗, 何宝玉 姜忠孝等译: 信息经济学 [M]. 北京: 北京经济学院出版社. 1989年.

[97] 熊彼特. 经济发展理论 [M]. 北京: 商务印书馆. 1990年.

[98] 谭世语. 化工技术经济学 [M]. 重庆: 重庆大学出版社. 1991年.

[99] 许质武. 技术经济学内容体系及发展趋势探析 [J]. 北京: 工业技术经济. 1992年1月.

[100] 傅家骥. 对技术经济学研究对象的看法 [J]. 北京: 工业技术经济. 1992年1月.

[101] 张金锁. 技术经济学学科性质的探讨 [J]. 北京: 工业技术经济.

1992年4月 .
[102] 刘长滨．建筑工程技术经济学［M］．北京：中国建筑工业出版社
1992年.
[103] 杨思远．现代工程经济学［M］．北京：学苑出版社．1993年9月.
[104] 范·杜因．经济长波与创新［M］．上海：上海译文出版社．1993年．
[105] R．科斯等著．财产权利与制度变迁［M］．上海：上海三联书店．
1994年.
[106] 诺斯．制度、制度变迁与经济绩效［M］．上海：上海三联书店，
1994年.
[107] 夏大慰．产业组织学［M］．上海：复旦大学出版社，1994年.
[108] 李京文等．信息化与经济发展［M］．北京：社会科学文献出版社．
1994年.
[109] 葛伟民．信息经济学［M］．上海：上海人民出版社．1989年.
[110] 乌家培 谢康 王明明．信息经济学［M］．北京：高等教育出版社．
2002年.
[111] 马费成．情报经济学［M］．武汉：武汉大学出版社．1991年.
[112] 张正德．美国信息技术的发展及其经济影响［M］．武汉：武汉大
学出版社．1995年.
[113] ［美］保罗·A.萨缪尔森 威廉·D.诺德豪斯．经济学［M］．北
京：中国发展出版社．1997年.
[114] 乌家培．经济、信息、信息化［M］．沈阳：东北财经大学出版社．
1996年.
[115] 陈禹．信息经济学教程［M］．北京：清华大学出版社．1998年.
[116] 波拉特著，马费成译．信息经济论［M］．武汉：武汉大学出版社．
1996年.
[117] 马费成．信息经济学［M］．武汉：武汉大学出版社．1999年.
[118] 陈禹、谢康．知识经济的测度理论与方法［M］．北京：中国人民
大学出版社．1998年.
[119] 陈禹．知识经济学教程［M］．北京：清华大学出版社．1999年.
[120] 吕新奎．中国信息化［M］．北京：电子工业出版社．2002年．
[121] 姚建．环境经济学［M］．成都：西南财经大学出版社．2001年

参考文献

[122] 黄宗捷．网络经济学［M］．北京：中国财政经济出版社．2001年．
[123] 张维迎．信息系统建模［M］．北京：电子工业出版社．2002年．
[124] 陈禹．信息经济学教程［M］．北京：清华大学出版社．1998年．
[125] 张昕竹．中国规制与竞争：理论和政策［M］．北京：社会科学出版社．2000年．
[126] 张文泉．企业技术经济学［M］．北京：中国电力出版社．2000年4月．
[127] 陈耀盛等．信息管理学概论［M］．北京：科学技术出版社．2000年．
[128] 周根元 宋乃平．计算机信息技术概论［M］．上海：上海交通大学出版社．2006年9月．
[129] 祝智庭．信息技术学科教师高级研修教程［M］．上海：华东师大出版社．2007年1月．
[130] 胡继武．信息科学与信息产业［M］．北京：经济科学出版社．1999年．
[131] 陶德言．知识经济浪潮［M］．北京：经济出版社．2000年．
[132] 左美云．知识经济的支柱——信息产业［M］．北京：中国人民大学出版社．1998年．
[133] 刘吉丰．技术经济学研究对象之我见［J］．北京：技术经济．1986年5月．
[134] 赵国杰．技术经济学［M］．天津：天津大学出版社．1996年6月．
[135] 傅家骥 仝允桓．工业技术经济学［M］．北京：清华大学出版社．1996年．
[136] 武春友 张米尔．技术经济学［M］．大连：大连理工大学出版社．1998年6月．
[137] 林恩．斯夸尔和赫尔曼·G.范德塔克．项目经济分析［M］．北京：清华大学出版社．1985年．
[138] 齐建国．技术经济评价总公式评介概论［J］．北京：技术经济资料．1986年3月．
[139] 钱颂迪．运筹学［M］．北京：清华大学出版社．1990年．
[140] 吴翊．应用数理统计［M］．长沙：国防科技大学出版社．1995年．
[141] 郑小晴．房地产技术经济学［M］．重庆；重庆大学出版社．

参考文献

1995年.
[142] 钟义信. 信息与信息化——知识·方法·应用 [M]. 北京: 中国经济出版社. 1995年.
[143] 许晓峰. 技术经济学 [M]. 北京: 中国发展出版社. 1996年.
[144] 陈章武. 管理经济学 [M]. 北京: 清华大学出版社. 1996年2月.
[145] 傅家骥. 工业技术经济学 [M]. 北京: 清华大学出版社. 1996年9月.
[146] 张维迎. 博弈论与信息经济学 [M]. 上海: 上海三联书店, 上海人民出版社. 1996年.
[147] 朱幼平. 论信息化对经济增长的影响 [J]. 北京: 情报理论与实践. 1996年.
[148] 施蒂格勒. 产业组织和政府管制 [M]. 上海: 上海三联书店. 1996年.
[149] 雷明. 技术进步、组织管理效率与生产率变动决定 [J]. 北京: 经济科学. 1997年4月.
[150] 赵国杰, 冯振环. 走向21世纪的技术经济学 [J]. 北京: 地质技术经济管理. 1997年6月.
[151] 泰勒尔. 产业组织理论 [M]. 北京: 人民大学出版社. 1997年.
[152] 谢识予. 经济博弈论 [M]. 上海: 复旦大学出版社. 1997年.
[153] 卡尔顿、佩罗夫. 现代产业组织 [M]. 上海: 上海三联书店. 1998年.
[154] 亨利. 马尔科姆. 斯坦纳. 工程经济学原理 [M]. 北京: 经济科学出版社. 1999年.
[155] 刘亚臣. 工程经济学 [M]. 大连: 大连理工大学出版社. 1999年.
[156] 贺卫. 寻租经济学 [M]. 北京: 中国发展出版社. 1999年.
[157] 林晓言等. 技术经济学 [M]. 北京: 经济管理出版社. 2000年8月.
[158] 苏东水. 产业经济学 [M]. 北京: 高等教育出版社. 2000年.
[159] 恩格斯. 自然辩证法 [M]. 北京: 人民出版社. 1971年.
[160] 黄磊. 企业信息化效益及保障体系研究 [D]. 北京. 北京交通大学. 2005年.

参考文献

[161] 刘佳音 . 企业信息化经济效益评价 [D] . 武汉 . 武汉大学 .2005年 .
[162] 罗虹 . 信息安全评估方法的研究与应用 [D] . 北京航空航天大学 . 2004年 .
[163] 赵丽艳，顾基发 . 东西方评价方法论对比研究 [J] . 管理科学 .2000年3月 .
[164] 李学伟，汪晓霞 . 中国铁路信息资源理论基础 [M] . 北京：清华大学出版社 .2004年 .
[165] 王慧明 .ERP 环境下企业信息平台与管理平台配比度测度研究 [D] . 天津大学 .2004年 .
[166] 杨俊 . 企业 ERP 应用绩效评价体系与实例研究 [D] . 复旦大学 .2002年 .
[167] 张篙 .MRPII 对企业管理系统的影响机理及综合评价研究 [D] . 北京理工大学 .2003年 .
[168] 刘英 . 发展电子商务的风险与机遇 [J] .《技术经济》.2001年9月 .
[169] 崔永飞 . 基于评价指标的ERP成功机制研究 [D] . 复旦大学 .2002年 .
[170] 娄勤俭 . 在2004年“IT 年会”上的讲话 [J] . 北京 . http://tech.tom.com/1126/2826/20041114 ~ 138782.html .
[171] 李晓东 .www.people.com.cn 财经\宏观 [J] . 北京 .2000年08月02日 .
[172] 用友软件股份有限公司 . http://www.ufida.com.cn .
[173] SAP 中国网站：http//:www. sap.com.cn .
[174] 百度文库：http://wenku.baidu.com/view/636deb2b3169a4517 ~ 723a336.html .
[175] 百度文库：http://wenku.baidu.com/view/636deb 2b3169a451 ~ 7723a336.html .
[176] 信息产业部统计年鉴分类 :http://www.mii.gov.cn .
[177] 软件价值评估的原则和方法，百度文库 :http://cache.baidu.com .
[178] 数量经济与技术经济研究所：http://iqte.cass.net .